젠더와 경찰활동

한민경 · 고병진 · 곽미경 · 김세령 · 김향화
양지윤 · 이동희 · 이정원 · 조주은 · 최윤희견 공저

서 문

　젠더와 경찰활동 두 표현을 나란히 둔 이 책의 제목이 혹자에게는 형용모순처럼 어색하게 느껴질지도 모르겠다. 아마도 남성이 다수를 차지하고, 남성 중심적인 것이 지극히 당연해 보이는 경찰활동에 있어 젠더를 염두에 둘 필요가 있는가에 대한 의문에서 비롯된 느낌일 것이다. 이 책은 바로 그렇게 젠더와 경찰활동을 서로 무관한 것으로 여기거나, 젠더와 경찰활동을 연결지어 생각해 본 적이 없는 이들과 함께 젠더를 고려한 경찰활동을 이야기하기 위해 시작되었다.

　2021년 이후 입학한 경찰대학생들은 성인지 교과목으로 지정된 '성인지 관점의 이해'와 '여성과 범죄' 둘 중 하나를 필수로 이수하여야 한다. 페미니즘이나 젠더 관련 과목이 수강인원 부족으로 개설되지 못하고 있는 최근 일반대학의 여건과는 사뭇 다르다고 볼 수도 있겠지만, 학생들이 젠더와 관련된 이야기를 낯설어 하는 점은 일반대학과 별반 다르지 않다.

　이 점에서 "쉽게 읽히면서도 가볍지 않은 내용"은 집필진이 공유했던 핵심 목표였다. '성인지 관점의 이해'를 수강할 경찰대학생들이 이해할 수 있는 정도의 글쓰기를 구상하며 집필진이 함께 내용을 추리고 논의를 거듭하는 과정에서 "익숙하다고 여겨 온 사실의 재조명", "좀 더 들여다보고 싶은 이들에게 도움이 될 수 있는 자료 제공" 등과 같은 학술적인 목표가 추가되었다. 이를 위해 본문의 길이를 미리 정해두고 내용을 압축해서 정리했으며, 출처 표기나 상세한 설명은 미주로 구분하였다. 또한, 본문과 별도로 개관, 학습목표, 주요용어, 생각해 볼거리, 찾아보기 등을 두어 내용의 이해와 심화를 돕고자 했다.

젠더와 경찰활동에 대한 학습과 이해는 비단 경찰대학생뿐만 아니라 경찰조직 구성원 모두에게 공통적으로 요청되는 것이다. 이 책의 집필진들은 경찰 내 치안정책을 수립하고, 경찰관들을 교육하고, 수사를 진행하는 단계에서 성인지 관점을 반영한 경찰활동이 이루어질 수 있도록 노력해 왔다는 공통점이 있다. 집필진들이 각기 다른 지역과 부서에 근무하면서도 이 책의 취지에 공감하고 바쁜 시간을 쪼개어 집필에 참여하였던 배경이다.

때로는 생각을 나눌 사람이 가까이 있음을 떠올리는 것만으로도 힘을 얻기도 한다. 이 글을 쓰고 있는 현재, '총액인건비 활용 일반임기제'로 임용되었던 경찰청 및 시·도경찰청 성평등정책담당자들은 2022년 말로 경찰조직을 떠나야 했고, 몇 개월간의 공백 후에 임용될 후임 담당자들은 2024년 말까지 한시적으로 근무할 예정이다. 집필진 중 몇 분도 그간 젠더 관점의 경찰활동에 대한 기여나 경찰조직에 대한 애정과는 별개로 경찰조직을 떠나야 하는 상황에 마주해야 했다. 가까이 있어 주셨음에 감사하고, 다시 가까이 와 주시기를, 가신 곳에서도 늘 마음은 연결되어 있기를 바라마지 않는다. 장기적으로는 '총액인건비 활용 일반임기제'와 같은 행정적인 이유로 성인지 관점을 반영한 경찰활동 추진이 단절되는, 안타깝고 씁쓸한 상황이 해소된다면 더 좋을 것이다. 경찰조직 내 성평등정책담당자들의 고용이 안정화되는 때가 온다면, 젠더를 고려한 경찰활동이 진일보하였을 것임이 분명하므로 이 책은 아마도 상당 부분 개정되어야 할 것이다. 물론, 그때의 개정 작업은 너무나 기꺼운 일일 것임에 분명하다.

이 책은 주로 여성을 대상으로 발생하지만 비단 여성만이 피해자가 아니며, 젠더위계(gender hierarchy)와 관련되어 발생하는 모든 폭력을 통칭하기 위해 '젠더폭력범죄'라는 표현을 사용하였다. 종래의 '성폭력'은 가해자가 피해자를 지배, 소유, 억압, 통제하려는 의도에서 발생하였다는 점에서 성착취 및 스토킹과 공통점이 있다. 아울러, 이들 '젠더폭력'은 형사사법체계에 의해 규율되는 엄연한 '범죄'다. 즉, '젠더폭력범죄'는 성폭력(sex violence)이 아니라 젠더폭력(gender-based violence)을 이야기하고자 하며, 우리 형사사법체계상 젠더폭력이 범죄로 규율되고 있음을 명확히 하기 위해 집필진이 함께 고민한 끝에 택한 표현이다. 이러한 젠더폭력범죄의 정의에 따라 성희롱이나 직장 내 괴롭힘은 이 책에서 다루는 범위에서 제외되었으나, 이는 다분히 현행 형사사법체계를 반영한 데 따른 것으로, 2차피해 예방이나 피해자 보호·지원에 관한 이 책의 논의는 현재에도 성희롱이나 직장 내 괴롭힘에 충분히 확장될 수 있을 것이다.

　지금은 젠더와 경찰활동이라는 제목도, 집필과정에서 추구했던 목표도 형용모순과도 같이 느껴질지 모르지만 언젠가는 그것이 지극히 당연하게 여겨질 수 있는 날이 있으리라 믿으며, 그 당연한 것을 위한 나름의 노력을 생각을 나눌 수 있는 사람들과 계속할 것이라고 마음을 다잡는다. 이 책의 기획을 지지해 주셨던 박영사의 정연환 과장님과 업무를 이어받아 마무리해 주신 장유나 과장님께 감사드린다.

2023년 2월
집필진을 대표하여 한민경

차 례

우리는 특정 사회가 요구하는 여성 혹은 남성에 대한 규범을 학습하며 여성과 남성으로 사회화되며 생물학적 성별과 사회적 성별의 기대가 일치하지 않을 때 개인은 차별을 경험하기도 한다. 성역할에 대한 기대는 시대에 따라, 사회에 따라 다르며 한 성이 특정 영역에서 참여가 배제되거나 하는 일의 사회적 기여도를 인정받지 못하는 상태가 지속될 경우 젠더 불평등은 구조화되며 성희롱, 가정폭력 등의 범죄와도 연관된다. 이들 범죄는 여성이 주된 범죄피해자가 되며 성별의 권력 불평등에 뿌리를 두고 있음을 강조하는 의미로 여성폭력, 젠더폭력, 젠더기반폭력, 젠더기반 여성에 대한 폭력 등으로 명명된다. 젠더폭력은 성별이외에도 개인이 가지는 다양한 지위와 정체성이 교차하며 고유한 형태의 차별과 폭력으로 이어지는데, 한국에서 젠더폭력은 오랜 기간 '범죄'가 아니라 사적 영역에서 일어나는 '개인의 문제'로 인식되어 왔고, 많은 피해자의 죽음과 여성단체의 노력으로 관련법이 제정되었지만 아직은 적극적 처벌과 범죄 예방을 위한 노력이 부족한 실정이다. 피해자는 여전히 신고를 꺼리고, 가해자는 관대한 처벌을 받으며, 심지어 피해구제를 위한 공권력 집행과정에서 피해자는 '2차피해'를 경험한다.

성별화된 사회구조와
젠더 체계

01

양지윤

▶ **학습목표**

❶ 생물학적 성(sex)과 사회문화적 성(gender)의 차이와 성역할 고정관념에 대해 이해할 수
있다.

❷ 젠더규범과 연관되는 사회적 불평등에 대해 이해할 수 있다.

❸ 폭력의 원인이 되는 젠더구조를 인지하고 젠더폭력에 대해 이해할 수 있다.

주요용어

▲ 여성/인터섹스/남성　　　▲ 성역할 고정관념

▲ 여성성/남성성　　　　　 ▲ 젠더불평등

▲ 젠더폭력　　　　　　　　▲ 젠더폭력과 2차피해

1. 생물학적 성(sex)과 사회문화적 성(gender), 그리고 젠더수행(doing gender)

1) 생물학적 성을 어떻게 구분할까?

많은 사람은 생물 시간에 인간의 생물학적 성은 성염색체에 의해 결정되며, XX 여성/XY 남성이라는 이분법적 체계를 가진다고 배워왔다. XX 염색체를 가진 사람은 난소 등을 가진 여성의 몸으로, XY 염색체를 가진 사람은 고환 등을 가진 남성의 몸으로 성장하게 되며, Y 염색체가 남성 성별을 결정한다는 설이 오랫동안 생물학적 성 결정 요인으로 받아들여져 왔다. 그러나 1990년 네이처지에 이분법적 생물학적 성 구분을 뒤집는 두 논문이 발표되었다. 싱클레어 등은 Y 염색체에서 성별을 결정하는 유전자를 발견하고, 이를 SRY(sex-determining region Y) 유전자라고 명명하였다.[1] 베르타 등은 XY 염색체를 가지지만 SRY 유전자 변이로 남성 생식기가 없는 XY 여성 사례를 소개하며 Y 염색체가 아닌 SRY 유전자가 남성의 성별을 결정하는 것에 영향을 미친다는 것을 밝혀냈다.[2] 그러면 XY 여성과 같이 우리가 상식으로 알고 있는 성별 결정 규칙(XX 염색체를 가진 여성, XY 염색체를 가진 남성)을 벗어난 사람들을 어떻게 구분할까? 성염색체에 따라서? 아니면 생식기 유무에 따라서?

그림 1-1 성염색체와 여성/남성/인터섹스

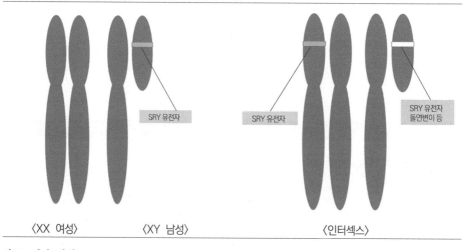

〈XX 여성〉　　　〈XY 남성〉　　　　　　〈인터섹스〉

자료: 저자 작성

UN은 여성 또는 남성의 신체에 대한 전형적인 이분법적 개념에 맞지 않는 성적 특성(생식기, 생식선 및 염색체 패턴 등 포함)을 가지고 태어난 사람들을 인터섹스(intersex)라고 명명한다. UN 보고서에 따르면 전체 인구의 0.05% ~ 1.7% 정도가 인터섹스 형질을 갖고 태어나고, 이는 생물학적 특성이며 개인의 성적 지향 혹은 성 정체성과는 구별된다. 인터섹스는 이성애자, 게이, 레즈비언, 양성애자, 무성애자일 수 있으며 여성, 남성 또는 둘 다에 해당할 수 있다.[3]

여성/남성이라는 생물학적 이분법적 사고에 익숙한 사회에서 인터섹스라는 낯선 존재는 어디에도 속하지 못한 비정상적인 염색체를 가진 사람으로 인식되고, 인터섹스로 태어난 아이들 중 많은 수는 '정상화' 수술을 받고 여성/남성으로 살아가게 된다. 이러한 수술은 대부분 어린 시절 의사 선생님의 권유 혹은 부모님의 선택에 의해서 이뤄지게 되는데, 인권단체 앰네스티가 독일과 덴마크를 대상으로 진행한 조사 결과 많은 인터섹스 아동의 부모님들은 무엇이 아이를 위한 최선의 선택인지 충분한 정보가 없는 상태에서 수술을 결정했다고 한다. 당사자인 아이들 또한 수술 당시 너무 어리기 때문에 수술이 자신의 신체에 미치는 영향을 충분히 이해하고 동의할 수 없었을 것이다. 인터뷰에 참여한 대부분의 연구참여자들은 "어린 시절 받았던 수술이 응급하지 않은 상황이었음에도, 여자아이나 남자아이처럼 '보여야 할' 일반적인 기준에 따르기 위해" 의학적으로 불필요한 수술을 했으며, "자신의 건강과 성생활, 심리적 안정, 성 정체성에 계속해서 부정적인 영향을 받고 있다"고 이야기한다. 앰네스티는 정상화수술이 건강권 침해와 인권 침해임을 지적하면서 "부모는 자녀에게 옳은 선택을 하기 위해 충분한 정보와 지원을 받아야 하고, 사회가 아이들에게 바라는 모습이 아니라 무엇이 아이들에게 최선인가를 바탕으로 신중한 선택을 해야 한다"고 주장한다.[4]

일부 국가에서는 여성과 남성이라는 이분법적 성별 구분을 거부하는 논바이너리(Non-binary), 인터섹스 등 소수자를 위한 별도의 성별 표기인 '제3의 성'을 여권 등의 공문서에서 선택할 수 있게 되어 있다. 그러나 한국에서는 출생신고의 근거로 사용되는 출생증명서상에는 출생아의 성별을 여성, 남성, 불상 세 가지 중 하나를 선택하게 되어 있지만, 출생신고서에는 여성/남성 두 가지의 선택지만 존재한다. 인터섹스 출생아들의 부모님(혹은 신고인)은 출생아의 성별을 두 가지 중 하나로 선택해야 하며, 인터섹스 출생아의 존재가 부정되는 차별을 경험하게 된다.

그림 1-2 출생증명서와 출생신고서

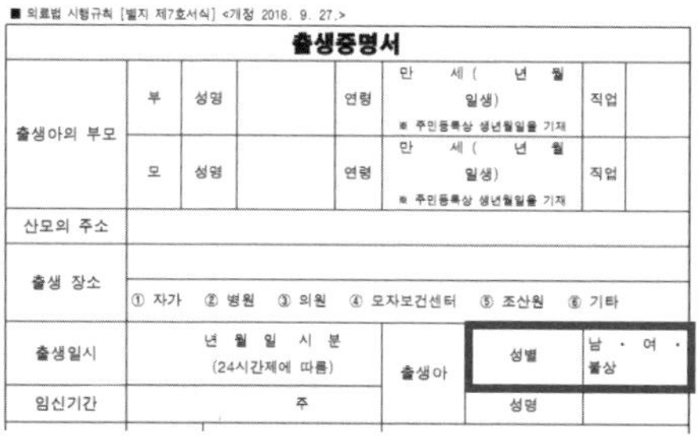

■ 의료법 시행규칙 [별지 제7호서식] <개정 2018. 9. 27.>

출생증명서							
출생아의 부모	부	성명		연령	만 세(년 월 일생) ※ 주민등록상 생년월일을 기재	직업	
	모	성명		연령	만 세(년 월 일생) ※ 주민등록상 생년월일을 기재	직업	
산모의 주소							
출생 장소							
	① 자가 ② 병원 ③ 의원 ④ 모자보건센터 ⑤ 조산원 ⑥ 기타						
출생일시	년 월 일 시 분 (24시간제에 따름)		출생아	성별	남 · 여 · 불상		
임신기간	주			성명			

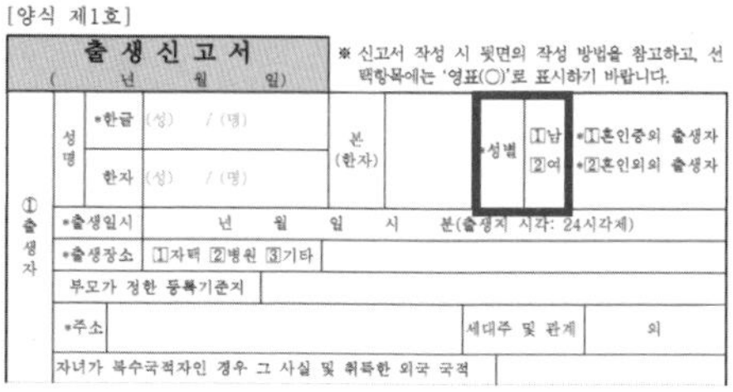

[양식 제1호]

출 생 신 고 서
(년 월 일)

※ 신고서 작성 시 뒷면의 작성 방법을 참고하고, 선택항목에는 '영표(◯)'로 표시하기 바랍니다.

① 출생자	성명	*한글	(성) / (명)	본(한자)		*성별	1남 2여 · *1혼인중의 출생자 *2혼인외의 출생자
		한자	(성) / (명)				
	*출생일시		년 월 일 시 분(출생지 시각: 24시각제)				
	*출생장소		1자택 2병원 3기타				
	부모가 정한 등록기준지						
	*주소					세대주 및 관계	의
	자녀가 복수국적자인 경우 그 사실 및 취득한 외국 국적						

자료: 의료법 시행규칙 [별지 제7호 서식], 외교부 홈페이지; 성별 표기란은 저자가 강조함.

2) 사회문화적 성은 어떻게 만들어질까?

생물학적 성차는 염색체 혹은 유전자에 의해 구분된다. 그러면 이러한 생물학적 차이가 자연스럽게 여성다움과 남성다움을 만드는 것일까? '여성적' 혹은 '남성적'으로 인식되는 행동/능력과 생물학적 성차는 별개의 문제이며 이를 구분하는 분석범주로 페미니스트들은 젠더라는 개념을 사용한다.[5] 여성과 남성의 신체적 차이가 여성성과 남성성으로 연결된다는 생물학적 결정론은 오랫동안 여성다움과 남성다움의 차이를 설명하는 주요 논거로 활용되었으나 문화인류학자 미드는 뉴기니섬의 세 이웃 부족 연구를 통해 여성성과 남성성은 타고난 기질이 아니라 사회문화적으로 만들어진 특성임을 증명했다.

산속에 사는 아라페시족은 여성과 남성 모두 섬세하고 온화하며 가정적인 흔히 말하는 '여성적' 성격을 지니고 있었다. 그들은 아이의 임신, 출생, 양육에 이르는 모든 과정을 성별 구분 없이 인생의 가장 소중한 임무 중 하나로 생각하고 최선을 다해 그 과정에 참여한다. 이와 대조적으로 강가의 식인족인 먼더거머족은 여성과 남성 모두 매우 공격적이고 경쟁적인 '남성적' 특성을 보였고, 이 부족에게 임신은 아내와 남편 모두에게 환영받지 못하는 일이었다. 호숫가에 사는 챔불리족은 부계사회이지만, 여성들이 경제적 지배권을 행사하며 남성들은 의존적 특성을 가지고 있었다. 챔불리족은 여성과 남성의 역할이 구분되어 있지만, 기존의 성역할(남성 생계부양자와 여성 피부양자)과 반대되는 형태의 성역할을 가진 사회였다.[6]

이 연구를 통해 미드는 여성과 남성의 역할이 선천적으로 타고난 것이 아니라, 개별 사회의 문화 혹은 사회가 요구하는 역할에 따라 구성된다는 것을 밝혀냈다. 즉, 사회가 요구하는 여성과 남성의 역할에 따라 다양한 '여성다움'과 '남성다움'이 만들어질 수 있으며, 여성성과 남성성은 성염색체나 유전자처럼 태어날 때 결정된 고정불변의 것이 아닌 인간의 사회화 과정에서 얻게 되는 학습된 결과인 것이다.

보부아르는 "여성은 태어나는 것이 아니라 만들어진다"는 말로 사회문화적인 성(gender)의 개념을 설명한다. 그녀는 여성성과 남성성은 단순히 두 특성의 차이를 드러내는 개념이 아니라 남성중심적인 가치와 규범을 반영하여 만들어진 개념이며, '제1의 성'인 남성은 주체, '제2의 성'인 여성은 남성의 '타자'이며 남성에 의해 그 정체성과 역할이 구성된다고 주장했다. 우리는 여성/남성으로 만들어지는 과정에서 젠더관계에 내재되어 있는 위계와 불평등을 자연적인 질서, 전통이나 관습 등으로 생각하기 때문에 이를 자연스러운 것으로 받아들이게 되며 젠더를 권력의 문제로 생각하지 못하는 경향이 있다.[7]

그러나 남성성의 가치가 여성성에 비해 우위를 가진다는 것이 생물학적 남성들에게 언제나 유리하게 작동하는 것은 아니다. 성역할 사회화 과정과 남성성 신화(masculine mystique)는 여성성의 가치를 평가절하하게 만들고, 남성들은 여성성에 대한 두려움을 학습한다. 여성성에 대한 두려움은 남성에게 감정표현 억제, 통제·권력·경쟁적으로 사회화, 호모포비아, 성적이고 애정어린 행동 제한, 성취와 성공에 대한 강박, 건강문제 등의 성역할 갈등과 긴장을 만들어낸다.[8]

3) 성역할 고정관념(gender stereotypes)과 젠더수행(doing gender)

특정 사회에서 여성과 남성에게 기대하는(혹은 바람직하다고 생각하는) 여성적/남성적 가치와 행동 양식 등의 규범을 학습하며 우리는 '여성적인 여성'과 '남성적인 남성'으로 사회화되며(gender role socialization) 다른 사람과의 관계에서 여성적/남성적 젠더규범을 수행하게 된다. 젠더를 수행한다는 것은 여성과 남성의 차이를 만들어내는 것인데, 이러한 차이는 결코 자연스럽거나 필수적이거나 생물학적인 것이 아니다.[9] 남성중심적 가치를 반영하여 만들어진 개념인 남성성과 여성성은 그 자체로 위계를 가지고 있고, 생물학적-사회문화적 성별의 기대가 일치하지 않을 때 개인은 차별을 경험하기도 한다. 여성(성)은 수동적이고 약한 것이고 남성(성)은 능동적이고 강한 것이라는 이분법적 성역할에 대한 믿음은 여성에게 안전한 시간, 적절한 행동 혹은 역할에 관한 사회적 규범을 형성하여 여성을 규율하고 통제하는 요소로 작동한다.[10)

성역할 고정관념은 자녀의 출생 이전부터 시작된다. 부모는 아이의 성별에 따라 이름을 선택하고, 아이에 대한 기대도 성별에 따라 달라진다.[11) 많은 문화권에서 여성은 감성적, 주관적, 의존적, 수동적인 특성을, 남성은 이성적, 객관적, 독립적, 목표 지향적인 특성을 가지고 있다고 간주한다. 성역할 고정관념은 생물학적 성별에 따라 다른 능력과 특성을 키우도록 만드는데 남성은 성공에 대한 확신과 자부심, 이성적인 판단을 할 수 있는 존재로, 여성은 다소곳하고 부드러우며 타인을 배려할 수 있는 사람으로 성장하게 만든다. 이러한 고정관념에 따라 남성은 경쟁과 활동성이 필요한 사회적 역할에 적합하며 여성은 타인을 배려하고 돌보는 역할에 적합하다고 생각하기에 많은 문화권에서 여성은 가사노동과 자녀 양육에 일차적 책임을 지고 남성은 생계부양자의 책임을 지는 것을 당연히 여겨왔다.[12)

성역할고정관념은 공사이분법(public-private dichotomy)과 연결되는데, 남성들의 영역인 공적영역과 여성들의 영역인 사적영역간에 명확한 경계를 나눈다. 이들 두 영역 간 경계와 역할분담을 벗어나지 않은 개인은 고정관념에 부합하므로 긍정적 평가를 받지만 그렇지 않은 사람은 부정적 평가를 받을 수 있다. 예를 들어, 가사노동을 전담하는 남성의 경우 스스로 불편함을 느끼거나 사람들로부터 무능하다는 부정적 평가를 받을 수 있다. 아버지의 일차적 공간은 노동시장, 어머니의 일차적 공간은 가정이기 때문에 여성과 남성에게 부여된 공간을 떠나는 경우 내적으로도 불편함으로 느끼고, 외부로부터도 부정적 평가를 받는 것이다.[13)

공사이분법은 남성은 공적영역(노동시장)에서 임금노동을 담당하고 여성은 사적영역(가정)에서 돌봄노동을 수행하는 것을 전제로 하는 남성부양자 이데올로기로 연결되며 젠더불평등을 심화시키는 핵심요소가 된다.[14) 성역할 고정관념에 기반한 공사이분법은 개인의 심리적 안정과 사회적 평가뿐 아니라 사회구조와 불평등에도 영향을 미치는 것이다. 성역할이 엄격하게 나눠져 있거나 남성성을 강인함, 남성의 명예, 지배 등으로 규정하는 사회에서는 여성에 대한 폭력도 빈번하게 발생할 수 있다. 젠더규범은 폭력에 대한 정당성을 부여하는 기제로 작동하는데, 예를 들어 아내의 행동을 통제할 권리가 남성에게 있다고 생각하는 사회에서 여성이 남성의 권리에 도전하는 행위(가장에게 돈을 요구하거나 아이들의 요구를 표현하는 행위)를 한

그림 1-3 이분법적 성역할 고정관념

♂ 남성성		♀ 여성성
공적영역(노동시장)	영역	사적영역(가정)
생산	노동	재생산
가장	가족내 역할	돌봄 제공자
강함	물리력	약함
전문직, 의사	직업	서비스직, 간호사
이성적, 객관적	성격	감성적, 주관적
능동적	연애관계	수동적

자료: 저자 작성

다면 처벌받을 수 있다고 믿는 것이다.[15]

이분법적 젠더규범은 고정불변의 개념이 아니며 사회가 여성/남성에게 요구하는 역할에 따라 변화하고 있다. 이병숙 등은 한국인의 성역할 정체감 검사도구(KGRII : Korean Gender Role Identity Inventory)를 개발하며 기존의 한국형 성역할 검사지 등을 활용하였는데, 기존 검사도구에서 여성성 특성에 포함되어 있던 항목들이 요인분석 결과 사회적 바람직성으로 분류되는 것을 발견했다. 연구자들은 여성의 사회활동 증가와 역할의 중요성 인정으로 여성적인 성격으로 분류되던 좋은 성격적 특성들이 이제는 성별을 떠나 사회적으로 바람직한 특성으로 분류된 것으로 추정하며, 성역할 고정관념도 시대에 따라 변하고 있음을 발견했다.[16]

2. 성별화된 사회와 젠더불평등

'성별화된 사회'는 권력의 과정, 관행, 이미지와 이데올로기, 분배의 다양한 사회분야에 젠더가 존재함을 의미한다. 역사적으로 법, 정치, 종교, 학계, 경제, 국가는 남성에 의해 발전되어 왔고, 현재도 남성이 지배하고 있으며, 주도적 위치에 있는

남성의 입장에서 상징적으로 해석되어 왔다.[17]

한 성이 다른 성으로 인해 특정 영역 참여가 배제되거나 하는 일의 가치가 평가절하되고 사회적 기여를 인정받지 못하는 상태가 지속되어 구조화되면 젠더불평등이 발생하게 된다.[18] 그러나 직장, 가족, 학교, 종교 등 다양한 공간에서 아주 작은 이점들을 통해 젠더 위계가 만들어지기 때문에 이를 인식하기 어려울 수 있다.[19] 그래서 사회현상, 정책 혹은 프로세스를 살펴볼 때 성별에 따른 차이 — 특히 성별에 따른 지위와 권력의 차이 — 를 고려하는 것이 필요하며, 이를 '성인지 관점(gender perspective)'이라고 한다.[20]

1) 노동시장과 젠더불평등

'남성은 직장, 여성은 가정'이라는 젠더규범은 노동시장 젠더불평등의 주요 기제로 작동한다. 여성의 역할을 가정에 중심을 두는 국가의 소녀들은 진학과 전공선택을 할 때 남성과 동등한 기회를 가지지 못하고, 이는 노동시장 진입을 어렵게 만든다. 여성의 사회진출을 부정적으로 바라보는 사회에서는 동일한 인적자본을 가졌다고 하더라도 여성보다 남성에게 우선적으로 노동시장 진입의 기회가 주어질 것이다. 좋은 아내 혹은 어머니로서의 여성의 역할이 강조되는 사회에서는 많은 여성들이 임신·출산·육아를 이유로 퇴직할 확률이 높다. 뿐만 아니라 성역할 고정관념이 강한 국가의 여성들은 직장에서 '동료'가 아닌 '여성'으로 인식되고, 이는 직장내 성희롱으로 이어질 수 있다.

세계은행(World Bank)의 자료(2019년 기준)를 살펴보면, 전체 187개국 중 여성의 노동시장참가율이 남성보다 높은 국가는 3개(기니, 브룬디, 르완다)에 불과하고, 184개국은 남성의 노동시장참가율이 여성에 비해 0.7%p~64.6%p 높게 나타났다. 여성 노동시장참가율이 가장 낮은 국가는 예멘(6.0%)으로 남성 노동시장참가율(70.6%)의 약 1/12 수준이다. 국가의 성평등수준과 노동시장 환경에 따라 차이는 있지만, 전반적으로 여성은 남성과 동등하게 노동시장에 참여하지 못하고 있음을 알 수 있다.[21]

그림 1-4　노동시장참가율 성별격차(2019년)

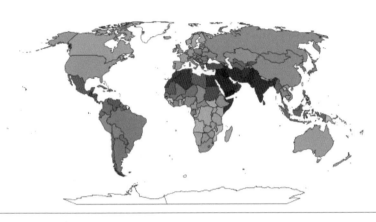

자료 없음　노동시장 참가율 차이(여성-남성)|　-64.6%~2.8%

자료: https://genderdata.worldbank.org/indicators/sl−tlf−acti−zs 재구성

　　노동시장참여율뿐만 아니라 노동시장 성과에서도 성별차이가 존재한다. 2000년 이후 많은 국가가 성별임금격차를 줄이는 노력을 하고 있음에도 불구하고 여전히 여성은 남성보다 임금이 낮은 편이다. 2021년 기준 경제협력개발기구(Organisation for Economic Co−operation and Development, 이하 OECD) 국가들의 전일제 노동자 중위소득의 성별임금격차 평균은 12.0%로 2002년에 비해 5.7%p 감소하였다. 주요 국가들의 변화를 살펴보면 그리스(17.7%p)와 아이슬란드(15.8%p)의 경우 성별임금격차가 크게 줄어들었고, 헝가리(−3.2%p)와 호주(−0.3%p)는 오히려 성별임금격차가 증가하였다. 한국(10.0%p)과 일본(10.4%p)의 경우 성별임금격차가 줄어들고 있지만, 여전히 OECD 국가 중 높은 수준이다.[22]

　　OECD는 성별임금격차 유발요인을 수평적 분리(horizontal segregation), 수직적 분리(vertical segregation), 그리고 무급가사노동을 지적한다.[23] 노동시장에서의 수평적 분리는 성별에 따라 특정 분야(혹은 직업)에 여성이나 남성이 집중되는 것을 의미한다. 국제노동기구(International Labour Organization, 이하 ILO)의 보고서에 의하면 한 직종에서 80%의 노동자가 특정 성별인 직업을 성별화된 직업(gender−dominated occupations)으로 정의한다.[24] 예를 들어 여성 노동자가 다수인 돌봄 및 서비스업은 여성형 직업, 남성 노동자가 많은 과학기술직은 남성형 직업이라고 할 수 있는데,

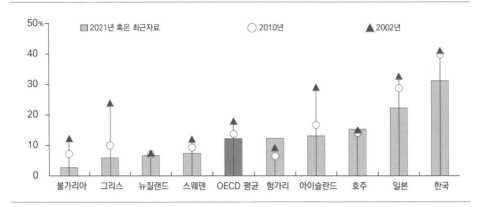

그림 1-5 OECD 주요 국가들의 성별 임금격차 변화(2002년, 2010년, 2021년)

자료: OECE Family Database LMF.1.5. 재구성

여성형 직업은 남성형 직업에 비해 낮은 가치를 가진다고 평가받고 임금도 남성형 직업에 비해 낮은 경우가 많다. 노동시장에서의 수직적 분리는 같은 직업에 종사하지만 특정 성별에 대해 경력 발전 기회가 제한된 상황을 의미한다. 예를 들어 '초등학교 선생님'은 여성이 더 많은 직종이지만 관리자급인 교장 혹은 교감 선생님은 남성인 경우가 많다. 남성이 일반적으로 더 숙련되고, 책임감 있고 더 나은 보수를 받는 일을 하기 때문에 직종내 성별에 따른 수직적 분리가 발생하는 것이다.[25] 마지막으로 무급 돌봄노동 참여의 불평등은 여성의 노동시장 진출과 유급 노동시간을 제한함으로써 성별임금격차에 영향을 미친다. 여성은 남성보다 요리, 청소, 노인 돌봄, 육아 등의 무급 돌봄노동에 훨씬 더 많은 시간을 할애하는데, 전 세계에서 여성과 남성의 무급 돌봄노동 시간이 동일한 국가는 없으며, 여성들은 무급 돌봄노동의 약 4분의 3을 담당하고 있다.[26]

2) 가족생활과 젠더불평등

전통적인 젠더규범은 남성은 가족을 부양하는 가장으로, 여성은 자녀와 가족을 돌보는 사람으로 이분법적 역할을 기대한다.[27] 그러나 가족을 돌보는 여성의 역할이 여성을 가정 내 권력을 가진 존재로 만들어 준 것은 아니었다. 수많은 국가에서 가족생활에서의 남성의 지위가 여성에 비해 높은 역사를 가지고 있고, 일부 문화권

그림 1-6 전세계 5-14세 아동의 무급 돌봄 · 가사노동시간 합계

단위: 시간

소년
3.9억 🕐 🕐 🕐 🕐

소녀
5.5억 🕐 🕐 🕐 🕐 🕐 🕐

자료: UNICEF. (2016). Harnessing the power of data for girls. p.10 재구성

에서는 여전히 가부장적 문화가 존재하며 이는 젠더폭력의 원인이 되기도 한다.

젠더규범은 가정에서 시작되어 유아기에 형성되는데, 가족생활에서의 젠더불평등은 자녀의 삶에 큰 영향을 미친다. 전세계적으로 5-14세 소녀들은 소년들보다 매일 1억 6천만 시간을 무급 돌봄과 가사노동에 시간을 사용한다. 물론 자녀들이 합리적 조건과 시간 내에서 수행하는 가사노동은 정상적인 부분이며 아동의 건강과 웰빙에 해로운 것은 아니다. 하지만, 어린 시절부터 시작된 가족생활에서의 무급 돌봄노동의 성별불평등은 아동들의 삶에 영향을 미친다.[28] 무급 돌봄노동에 많은 시간을 사용해야 하는 소녀들은 학습, 개인의 개발과 성장, 여가 시간의 부족으로 그녀들이 성장할 수 있는 평등한 기회를 박탈당한다. 소년들도 여성과 남성의 시간의 가치에 대한 왜곡된 인식을 자연스럽게 받아들이면서 아버지와 돌보는 사람의 역할을 할 때 제한을 받게 된다. 젠더규범은 아동기와 청소년기에 내면화되어 평생 동안 젠더 고정관념을 지속적으로 형성한다.[29]

일반적으로 가구 구성원 중 성인 남성에게 부여되는 '가장'이라는 지위는 가구 구성원을 통제할 수 있는 권력을 가지게 한다. 많은 국가에서 남편은 아내의 행동을 통제하고 가구 구성원에 대한 체벌을 할 수 있는 권리가 있다는 인식이 있고, 심지어 일부 국가에서는 남성이 여성의 소유권을 가진다는 인식도 존재한다.[30]

세계은행의 자료(2021년 기준)를 살펴보면, 189개국 중 17개국에 결혼한 여성이 남편에게 복종하도록 요구하는 법적 조항이 존재하고,[31] 28개국은 여성이 남성과 동일한 방식으로 가장이 될 수 없다.[32] 그리고 짐바브웨 등 46개국에서는 여성의

이혼권이 제한되고 있으며,[33] 일본 등 69개국에서는 여성은 남성과 동등하게 재혼할 권리가 없었다.[34] 가족생활에서의 남성의 권력과 통제는 가정폭력 발생 위험을 높일 수 있으며, 이혼과 재혼에서의 젠더불평등은 여성이 가정폭력 피해자/생존자가 되었을 때 폭력적 관계에서 벗어날 수 없게 만드는 장애물이 된다.

그림 1-7 여성과 남성의 동등한 재혼권리 유무(2021년)

자료: https://genderdata.worldbank.org/indicators/sg−rem−rigt−eq 재구성

3) 정치참여와 젠더불평등

여성과 남성에게 불평등하게 작동하는 사회구조를 바꾸기 위해서는 차별을 발생시키는 제도와 차별을 인지하지 못하고 남성중심적으로 설계된 법 등을 바꾸고, 성인지관점을 가지고 정책을 설계하는 것이 필요하다. 여성과 남성은 정책 결정을 할 수 있는 리더십을 가진 위치에 동등하게 접근할 수 있어야 하며, 이후 동등한 기준으로 의사 결정에 참여할 수 있어야 한다. 의회 구성에 성별을 포함한 다양한 인구특성을 반영하는 것은 의회의 공정성을 높이고 대의민주주의를 보다 발전시킬 수 있다.[35] 성차별을 개선하고 대의민주주의를 발전시키기 위해서는 의회참여의 성별균형이 필요하지만, OECD 국가들의 2021년 기준 하원/단일 의회의 여성의원비율은 31.6%에 불과하다.

지난 10년간의 변화를 살펴보면, 뉴질랜드가 2012년 32.2%에서 2021년 48.3%로 가장 많은 증가를 보였고 2021년 기준 주요국가 중 여성의원 비율이 가장 높았다. 반면 2012년 여성의원 비율이 가장 높았던 스웨덴의 경우 증가율은 2.3%p에 불과했지만 여전히 여성의원 비율이 높은 국가 중 하나이다. 네덜란드는 여성의원 비율이 5.4%p 감소하였지만 OECD 평균보다 약간 높은 수준이었고, 미국의 경우 10.3%p의 증가율을 보였지만 아직 OECD 평균에는 미치지 못하고 있다. 한국은 2012년(15.7%)에 비해 2021년(19.0%) 여성의원 비율이 소폭 증가하였으나 여전히 여성의원이 비율이 가장 낮은 국가군에 속한다. 2012년 여성의원 비율이 가장 낮았던 헝가리는 3.8%p 상승했지만 여전히 최하위권에 속하고, 일본은 0.7%p 하락하여 2021년 기준 여성의원 비율이 가장 낮은 국가가 되었다.

그림 1-8 OECD 주요 국가들의 여성의원 비율 변화(2012년, 2017년, 2021년)

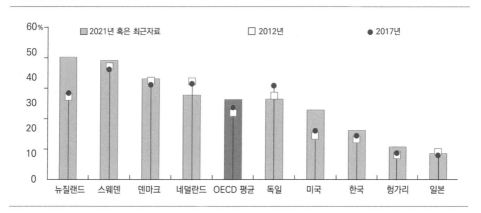

자료: OECD. (2021). Gender equality in politics Government at a Glance 2021. 그림 3.10. 재구성

3. 젠더폭력

젠더폭력(gender-based violence)은 여성차별철폐협약(Convention on the Elimination of Discrimination against Women) 제1조에서 정의하는 여성차별에 포함되는 개념으로, 성평등에 근거한 권리와 자유를 향유할 여성의 능력을 심각하게 저해하는 차별

의 한 형태이다. 여성에 대한 젠더폭력(Gender-based violence against women)은 여성이라는 이유로 여성이 피해자가 되는, 여성에게 더 많은 영향을 미치는 폭력으로, 신체적, 정신적 피해와 고통을 주는 행위와 이러한 행위를 가하려는 위협, 강요와 자유를 박탈하는 여타 행위를 포함하는 개념이다.[36] 이전에 강간과 가정폭력 등을 총칭하는 의미로 사용되었던 여성폭력이라는 용어를 대체하는 개념으로 젠더폭력을 사용하기도 한다. 젠더폭력은 가부장적 사회제도와 젠더화된 성역할에 뿌리를 두고 있으며, 특정 형태의 폭력, 특히 성적 및 친밀한 관계에서의 폭력이 젠더화되어 있다는 것을 강조하는 의미가 있다.[37] 젠더폭력은 여성이 피해자가 되는 특정 유형의 범죄가 성별 불평등에 원인과 결과가 있음을 드러내는 의미로 사용되었지만, 점차 단어의 사용범위가 확대되어 왔다.

1) 젠더폭력이란?

젠더폭력이라는 용어는 1992년 유엔 여성차별철폐위원회 일반권고 19호(General recommendation No. 19: Violence against women)에서 처음 등장한 이후 여성인권의 보편성과 젠더폭력 근절을 위한 국가의 책무를 강조하는 의미로 사용되어왔다.[38] 2017년 젠더기반 여성폭력에 관한 일반권고 35호(General recommendation No. 35 on gender-based violence against women, updating general recommendation No. 19)는 폭력의 원인과 결과가 젠더에 기반함[39]을 분명히 하는 의미로 "젠더 기반 여성폭력"이라는 용어를 사용하며, 공공 혹은 민간부분을 막론하고 가정, 공동체, 공공장소, 직장, 여가, 정치, 스포츠, 건강서비스, 교육환경 등 모든 장소, 모든 영역에서 발생할 수 있고(20항), 이러한 폭력이 개인의 문제가 아닌 사회적 문제이며, 특정 사건 및 가해자와 피해자/생존자에 대한 개별적 대응 차원을 넘어서는 포괄적 대응을 촉구하며(9항), 여성이 경험하는 고통과 괴로움의 정도를 이해하는 데 성인지적 접근이 필요함(17항)을 명시하고 있다.[40]

유럽연합도 젠더폭력이 성불평등에 뿌리를 둔 현상이며 가장 주목할만한 인권침해 중 하나임을 지적한다. 생물학적 성별과 상관없이 모두 젠더폭력을 경험하지만 대다수 피해자는 여성과 소녀이며, 남성에 의해 폭력이 일어나기 때문에 젠더폭력과 여성에 대한 폭력은 종종 같은 의미로 사용되기도 한다. 그러나 '여성'이 아닌 '젠더'라는 용어를 사용하는 것은 여성에 대한 많은 형태의 폭력이 여성과 남성 간의 권력 불평등에 뿌리를 두고 있다는 사실을 강조할 수 있기 때문에 중요하다.[41] 유럽연합은 젠더에 대한 고정관념, 사회적 규범, 태도, 특히 여성에 대한 폭력과 같은 구조적 불평등으로 인해 젠더에 기반한 폭력이 일반화되고 재생산될 수 있다는 점을 인식하는 것이 중요함을 강조한다.[42]

젠더폭력의 원인은 성차별적 사회구조에 있기 때문에 여성만이 피해자가 되는 것은 아니며 남아, 권력을 가지지 못한(혹은 낮은 계급의) 남성, 성소수자 남성 등 남성성이 결핍된 남성도 젠더폭력의 피해자가 될 수 있다.[43] 젠더폭력은 여성에 대한 모든 유형의 폭력을 포함하지만 여성에 대한 폭력에만 국한되지 않고 아동, 청년 그리고 성소수자에 대한 폭력도 포함하는 개념이며,[44] 이러한 폭력이 어떤 식으로든 젠더 관계에 의해 영향을 받거나 영향을 미친다는 것을 드러낼 수 있기 때문에 젠더폭력으로 명명되는 것은 의미가 있다.[45] 젠더폭력을 오로지 '여성에 대한 폭력'으로 인식하고 성별을 젠더폭력의 단일요인으로 설명하는 방식은 개인이 가지는 다양한 지위와 정체성들 - 성적 지향, 성 정체성, 나이, 장애, 학력, 종교, 경제적 지위, 고용관계, 출신 지역, 이주 지위, 언어, 혼인여부, 가족 형태 등 - 이 권력관계에 미치는 영향을 가리게 된다. 개인이 가진 정체성은 서로 교차하며 고유한 형태의 차별과 폭력으로 이어지며 젠더폭력을 이해할 때 이러한 정체성의 교차성이 폭력에 미치는 영향에 대한 고찰을 포함해야 한다.[46]

2) 젠더화된 사법체계와 2차피해

유엔 여성차별철폐위원회는 일반권고 33호(General recommendation No. 33 on women's access to justice)에서 젠더는 사법체계와 그 제도에 지속적으로 반영됨을 지적하며, 국가는 여성의 권리 행사를 방해하고 효과적인 구제 수단에 대한 접근을 방해하는 성역할 고정관념을 포함한 근본적인 사회문화적 장벽을 드러내고 제거해야 할 의무가 있음을 명시하고 있다(7항). 여성에 대한 차별은 여성이 남성과 동등하게 사법시스템에 접근하는 것에 부정적 영향을 미치며 일부 여성에게는 교차적 원인[47]에 의해 복합화되어 남성 또는 다른 여성에게 미치는 영향과 다른 정도와 방식으로 영향을 받으며 교차 요인으로 인해 사법접근성이 떨어진다(8항). 특정 집단에 속한 여성들은 수모, 낙인, 체포, 추방, 고문, 법집행 공무원에 의한 폭력과 그 밖의 폭력을 당할 것이라는 두려움 때문에 당국에 권리 침해를 신고하지 않는 경향이 있다(10항). 사법 제도에 존재하는 성역할 고정관념과 성별 편향은 여성의 사법 접근을 방해하고 여성 피해자와 폭력의 생존자에게 특히 부정적인 영향을 줄 수 있다. 판사는 종종 자신이 여성에 대한 적절한 행동으로 간주하는 것에 대한 엄격한 기준을 채택하고 그러한 고정관념을 따르지 않는 사람들을 처벌한다. 성역할 고정관념은 또한 여성의 당사자와 증인으로서의 목소리, 주장과 증언에 대한 신뢰성에 영향을 미치며, 판사가 법률을 잘못 해석하거나 잘못 적용하도록 할 수 있다. 이는 상당한 영향을 미칠 수 있는데, 예를 들어 가해자가 여성의 권리를 침해하는 것에 대해 합법적 책임을 지지 않게 되고 결국 불처벌문화를 유지하는 결과를 가져올 수 있다. 모든 법률 분야에서 성역할 고정관념은 사법시스템의 공정성과 청렴성을 손상시키며, 재피해자화와 같은 오심으로 이어질 수 있다(26항). 형사사법제도에 의한 2차피해는 체포, 심문, 구금 중 정신적·신체적 학대와 위협에 대한 취약성을 높이기 때문에 여성의 사법접근성에 영향을 미친다(48항). 유엔 여성차별철폐위원회는 많은 국가들이 형사 수사요건을 다룰 수 있는 훈련된 경찰과 법률 및 수사요원이 부족함을 지적하며(50항) 아래의 권고사항을 제시하였다(51항).[48]

(a) 국가/비국가 행위자가 여성에게 저지른 모든 범죄에 대한 예방, 조사, 처벌 및 배상을 위한 실사를 실행한다.
(b) 법적 제한이 피해자의 이익에 부합하는지 확인한다.
(c) 법집행기관 및 사법당국에 의해 발생하는 2차피해로부터 여성을 보호하기 위한 효과적인 조치를 취하고, 법 집행, 형사 및 기소 시스템 내에서 젠더전담부서 수립을 고려한다.
(d) 여성이 자신의 권리를 주장하고 범죄를 신고하고 형사사법절차에 적극적으로 참여할 수 있도록 지원하는 환경을 조성하는 적절한 조치를 취하며, 사법체계에 의지하고자 하는 여성에 대한 보복을 막기 위한 조치를 취한다. 여성단체 및 시민사회단체와의 협의를 통해 해당 분야의 법률, 정책 및 프로그램을 개발해야 한다.
(e) 입법 등 인터넷범죄와 경범죄로부터 여성을 보호하기 위한 조치를 취한다.
(f) 인신매매 및 조직범죄의 경우 사법 당국과 협력하여 거주허가 부여를 포함하여 여성에 대한 지원 및 원조 제공을 조건으로 삼지 않아야 한다.
(g) 심문, 증거 수집 및 기타 조사절차를 포함한 모든 법적 절차에서 2차피해 등의 낙인화를 피하기 위해 비밀보장을 보장하고 성인지적 접근법을 사용한다.
(h) 특히 여성에 대한 폭력의 경우 증거 규칙 및 그 시행을 검토하고, 증거 절차 요구

사항이 지나치게 제한적이지 않고 유연하지 못하거나 성별고정관념에 의해 영향받지 않도록 형사 절차에서 피해자 및 피고인의 공정한 재판권을 적절히 고려하여 조치를 취한다.

(i) 가정폭력에 대한 형사사법대응을 향상시킨다. 예를 들면, 신고전화 기록 및 의사나 사회복지사의 보고서를 폭력에 대한 증거로 고려함으로써 증인이 없는 경우에도 폭력이 피해자에게 신체적, 정신적, 사회적 안녕에 물질적인 영향을 미쳤다는 점을 보여줄 수 있어야 한다.

(j) 여성의 보호명령 신청이 부당하게 지연당하지 않도록 조치하고, 폭력사건을 포함한 형법의 적용을 받는 모든 성차별 사건을 적시에 공정하게 심리한다.

(k) 여성폭력사건에 대한 법의학 증거 수집 및 보존을 위한 경찰 및 의료 제공자를 위한 프로토콜을 개발하고, 범죄 수사를 유능하게 수행하기에 충분한 수의 경찰 및 법률 및 법의학 인력을 훈련시킨다.

(l) 차별적 범죄화를 폐지하고 여성이 직·간접적으로 차별받지 않도록 모든 사법절차를 검토·감시한다

(m) 선고 절차를 철저히 감시하고 특정 범죄 및 경범죄에 대한 처벌 및 가석방 또는 조기 석방 자격 결정에 있어 여성에 대한 차별을 철폐한다.

(n) 구금시설을 감시하고, 여성 수감자의 상황에 특별한 주의를 기울이고, 구금된 여성의 처우에 관한 국제적 기준과 지침을 적용할 수 있는 메커니즘을 마련한다.

(o) 각 구금장소의 여성의 수, 구금의 이유 및 기간, 임신 여부 및 영아 또는 아동 동반 여부, 법적, 건강 및 사회서비스에 대한 접근 가능성 및 이용 가능한 사례 검토 절차, 비 구금형 처벌대안 및 훈련 가능성에 대한 그들의 자격 및 활용에 대한 정확한 데이터 및 통계를 유지한다.

(p) 가능한 한 짧은 시간 동안 최후의 수단으로 예방차원에서 구금을 시행하고 사소한 범죄나 보석금 지불 능력이 없기 때문에 일어나는 예방적 또는 재판 후 구금은 지양한다.

3) 젠더규범과 젠더폭력 2차피해

강간에 대한 잘못된 믿음은 매우 다양한데, '여성의 외모/행동이 강간을 유발한다', '강간은 도덕적 결함을 가진 여성에게만 발생한다' 등 피해자를 비난하거나 피해자에게 책임을 돌리는 것이 일반적이다.[49] 피해자/생존자에 대한 비난은 젠더규범과 밀접하게 연관되어 있는데 전통적 성역할을 위반한 여성은 그렇지 않은 여성

보다 더 많이 비난 받으며,[50][51] 성차별적인 사람은 젠더규범을 위반한 강간피해자에게 더 부정적으로 반응할 가능성이 높다.[52] 젠더규범은 여성뿐 아니라 남성 피해자에도 유사하게 작동한다. 이성애자 남성은 이성애자 여성이나 동성애자 남성보다 동성애자 피해자에 대해 더 많이 비난하는 경향이 있었고, 동성애혐오적 태도를 가진 사람은 남성 강간피해자에 대해 부정적인 인식을 가지고 있었다.[53][54] 가해자가 아닌 피해자/생존자에게 책임을 돌리는 문화는 젠더폭력이 구조화된 불평등에 원인과 결과가 있는 것이 아니라 특정한 개인의 문제로 인식하게 만들고, 젠더폭력에 취약한 집단들을 더 취약하게 만든다. 피해자/생존자에 대한 오해와 고정관념은 사법시스템에도 고착되어 있으며, 이들은 피해구제를 위한 과정에서도 재외상과 재피해를 경험하게 된다.[55][56]

젠더폭력을 사회구조의 문제가 아닌 개인의 문제로 치환하고, 피해자를 보호받아야 하는 대상과 그렇지 않은 대상으로 나누는 이분법은 한국의 젠더폭력 관련 사건 언론보도에서 나타난다. 김은경과 이나영은 2008년~2013년 한겨레와 조선일보에 보도된 성폭력 사건을 분석한 결과 신문사의 이데올로기적 성향과 무관하게 성폭력 사건의 피해자는 "순진하며 나약한 절대적 피해자 아동과 그 아동에 대한 보호책임을 방기한 어머니, 순결한 성인 피해자와 그렇지 않은 유책성 피해자"로 나누어 구성되고 있음을 발견했다. 이러한 피해자에 대한 고정관념과 이분법은 여성들에게 피해의 두려움뿐만 아니라 피해를 일으킨 책임에 대한 비난과 낙인의 두려움을 가지게 한다. 더 나아가 가해자 남성을 비정상적이고 병리적인 존재로 만들면서 권력의 젠더불평등, 남성중심적인 성문화와 태도 등 젠더폭력의 사회구조적인 원인에 대해서는 침묵하게 만든다.[57]

생각해 볼거리

1. 생물학적/사회문화적 성차로 인하여 발생하는 차별 사례를 생각해본다.
2. 내가 가지고 있는 성역할 고정관념에 대해 생각해보고, 고정관념은 일상생활(교우관계, 가족생활, 학교생활 등)에 어떠한 영향을 가지는지 생각해본다.
3. 젠더불평등을 해소하기 위한 적극적 조치(Affirmative Action)의 성과와 한계에 대해 생각해본다.
4. 젠더폭력에 특히 취약한 집단의 특성에 대해 생각해본다.

1. 문헌정보

1) De Beauvoir, S(2021). 제2의 성(이정순 역). 을유문화사(원본 출판 1949년).
2) Judith Butler.(2008). 젠더트러블(조현준 역). 문학동네(원본 출판 1990년).
3) 인도적 지원 기관 간 상임위원회.(2005). 젠더기반폭력에 대한 개입을 인도주의 활동에 통합하기 위한 지침.
   https://gbvguidelines.org/wp/wp－content/uploads/2018/01/GBV－TOOLKIT－BOOK.pdf

2. 인터넷링크

1) 스브스뉴스(2019. 1. 3.). 남자도 여자도 아닌 제3의 성, 인터섹스(intersex, 간성). https://www.youtube.com/watch?v＝s029TfHZq7E
2) 씨리얼(2017. 8. 4.). 아들은 파란색? 아이를 둘러싼 성 고정관념, 유년기의 맨박스(MANBOX). https://www.youtube.com/watch?v＝OcNNotHyJ7k
3) 코이카(2021. 12. 21.). [세계시민교육 시리즈 5편] 젠더렌즈로 보는 세상. https://www.youtube.com/watch?v＝0vk5WWDbreo
4) 한국다양성연구소(2022. 2. 16.). 젠더에 기반한 폭력으로 인한 살해, 이제는 끝내야 한다. https://www.youtube.com/watch?v＝qFQgIELoiwo

1) Sinclair, A. H., Berta, P., Palmer, M. S., Hawkins, J. R., Griffiths, B. L., Smith, M. J., ... & Goodfellow, P. N. (1990). A gene from the human sex−determining region encodes a protein with homology to a conserved DNA−binding motif. Nature, 346(6281), 240−244.

2) Berta, P., Hawkins, J. B., Sinclair, A. H., Taylor, A., Griffiths, B. L., Goodfellow, P. N., & Fellous, M. (1990). Genetic evidence equating SRY and the testis−determining factor. Nature, 348(6300), 448−450.

3) UN Free & Equal(2017) Fact sheet: Intersex. https://www.unfe.org/wp−content/uploads/2017/05/UNFE−Intersex.pdf

4) 앰네스티 코리아(연도미상) 건강을 먼저 생각할 것, 인터섹스로 태어난 아이들. https://amnesty.or.kr/campaign/intersex/

5) Pilcher, J., & Whelehan, I. (2016). 50 Key concepts in gender studies. Sage.

6) Mead, M. (1996). 세 부족 사회에서의 성과 기질(조혜정 역). 이화여자대학교출판문화원 (원본 출판 1935년).

7) De Beauvoir, S.(2021). 『제2의 성』(이정순 역). 을유문화사(원본 출판 1949년).

8) O'Neil, J. M. (1981). Patterns of gender role conflict and strain: Sexism and fear of femininity in men's lives. The Personnel and Guidance Journal, 60(4), 203−210.

9) West, C., & Zimmerman, D. H. (1987). Doing gender. Gender & Society, 1(2), 125−151.

10) Madriz, E. I. (1997). Images of criminals and victims: A study on women's fear and social control. Gender & Society, 11(3), 342−356.; 김은경·이나영(2015). 성폭력, 누구에 대한 어떤 공포인가: 언론의 성폭력 재현과 젠더질서의 재생산. 미디어, 젠더 & 문화, 30(2), 5−38쪽에서 재인용.

11) Belknap, J. (2020). The invisible woman: Gender, crime, and justice. Sage Publications.

12) 한희선·김명주·이경하·임무언·태희원(2014). 『여성·젠더·사회』. 공동체.

13) 원숙연(2014). 성−역할 고정관념의 지형변화와 여성정책에 갖는 함의: 1996년과 2010년의 인식 차이를 중심으로. 『정부학연구』, 20(3), 141−171쪽.

14) 원숙연·김예슬(2017). 성역할 인식의 영향요인과 정책적 함의: 모성 및 남성부양자 이데올로기를 중심으로. 『페미니즘 연구』, 17(2), 269−311쪽.

15) Heise, L. L. (1998). Violence against women: An integrated, ecological framework. Violence against women, 4(3), 262−290.

16) 이병숙·김명애·고효정(2002). 한국인의 성역할 정체성 검사도구 개발. 『대한간호학회지』, 32(3), 373−383쪽.

17) Acker, J. (1992). From sex roles to gendered institutions. Contemporary Sociology, 21(5), 565−569.

18) Lorber, J. (2005). 『젠더불평등』(최은정 역). 일신사(원본출판 1998년).

19) Burns, N. (2005). Finding gender. Politics & Gender, 1(1), 137−141.

20) European Institute for Gender Equality. (n.d.). Gender perspective https://eige.europa. eu/thesaurus/terms/1197 (22.10.3)

21) World Bank. (2021). Labor force participation rate (% of population) [Data set]. World bank gender data portal. https://genderdata.worldbank.org/indicators/sl−tlf− acti−zs

22) OECD. (2021). OECE Family Database LMF.1.5. Gender pay gaps for full−time workers and earnings by educational attainment   [Data set]. OECE Family Database. https://www.oecd.org/els/family/database.htm

23) OECD. (2021), Pay transparency tools to close the gender wage gap, Gender equality at work, OECD Publishing.

24) Anker, R. (1998). Gender and jobs: Sex segregation of occupations in the world. ILO.

25) Blackburn, R. M., & Jarman, J. (1997). Occupational gender segregation. Social research Update, 16(Spring).

26) Addati, L., Cattaneo, U., Esquivel, V., & Valarino, I. (2018). Care work and care jobs for the future of decent work. ILO.

27) Tichenor, V. (2005). Maintaining men's dominance: Negotiating identity and power when she earns more. Sex roles, 53(3), 191−205.

28) UNICEF. (2016). Harnessing the power of data for girls: taking stock and looking ahead to 2030. UNICEF.

29) UNICEF. (2021), Gender norms and unpaid work. https://data.unicef.org/topic/gender/ gender−norms−and−unpaid−work/

30) WHO. (2005). Researching violence against women: Practical guidelines for researchers and activists. WHO.

31) World Bank. (2021). There is no legal provision that requires a married woman to obey her husband [Data set]. World bank gender data portal. https://genderdata. worldbank.org/indicators/sg−law−obhb−mr−no

32) World Bank. (2021). A woman can be head of household in the same way as a man [Data set]. World bank gender data portal. https://genderdata.worldbank.org/ indicators/sg−hld−head−eq

33) World Bank. (2021). A woman can obtain a judgment of divorce in the same way as a man [Data set]. World bank gender data portal. https://genderdata.worldbank. org/indicators/sg−obt−dvrc−eq/

34) World Bank. (2021). A woman has the same rights to remarry as a man [Data set]. World bank gender data portal. https://genderdata.worldbank.org/indicators/sg−rem −rigt−eq

35) OECD. (2021). Gender equality in politics Government at a Glance 2021. OECD Publishing, Paris, https://doi.org/10.1787/1c258f55−en.

36) UN Convention on the Elimination of All Forms of Discrimination Against Women,

18 December 1979, https://treaties.un.org/pages/ViewDetails.aspx?src=IND&mtdsg_no=IV−8&chapter=4&clang=_en; UN Committee on the Elimination of Discrimination Against Women (CEDAW), CEDAW General Recommendation No. 19: Violence against women, 1992, https://www.un.org/womenwatch/daw/cedaw/recommendations/recomm. htm

37) Hattery, A. J., & Smith, E. (2019). Gender, power, and violence: Responding to sexual and intimate partner violence in society today. Rowman & Littlefield.

38) 젠더폭력 정의와 국제사회의 대응과 관련 자세한 논의는 황정임·이미정·윤덕경·이인선· 정수연·고현승(2018). 젠더폭력방지 국가행동계획 수립을 위한 기초연구. 한국여성정책 연구원. 145−183쪽 참조

39) 일반권고 35호 제19조에 의하면, 여성차별철폐위원회는 여성에 대한 젠더 기반 폭력이 젠 더 관련 요인(예: 여성에 대한 남성의 권리와 특권, 남성다움에 대한 사회적 규범, 남성의 통제(또는 권력)를 주장할 필요성 등)에 뿌리를 둔 것으로 간주한다.

40) UN Committee on the Elimination of Discrimination Against Women (CEDAW), General recommendation No. 35 on gender−based violence against women, updating general recommendation No. 19, 26 July 2017, CEDAW/C/GC/35, https://digitallibrary. un.org/record/1305057

41) European Institute for Gender Equality. (n.d.). What is gender−based violence?. https://eige.europa.eu/gender−based−violence/what−is−gender−based−violence

42) European Institute for Gender Equality. (n.d.). Forms of violence. https://eige.europa. eu/gender−based−violence/forms−of−violence

43) 김정혜·조영주·추지현·김효정·정수연(2021). 젠더폭력정책에서 보호담론의 한계와 정책 방향 연구: 성폭력 예방정책을 중심으로. 서울: 한국여성정책연구원.

44) Skinner, T., Hester, M., & Malos, E. (Eds.). (2013). Researching gender violence. Routledge.

45) Hester, M. (2004). Future trends and developments: Violence against women in Europe and East Asia. Violence against women, 10(12), 1431−1448.

46) 각주 42와 같음.

47) 민족/인종, 선주민 또는 소수 민족의 지위, 피부색, 사회 경제적 지위 및/또는 카스트 언 어, 종교 또는 신념, 정치적 견해, 출신국가, 결혼 및/또는 모성 상태, 연령, 도시/농촌 위 치, 건강 상태, 장애, 재산 소유 및 레즈비언, 양성애자 또는 트랜스젠더 여성 또는 간성 인과 같은 정체성 등을 포함.

48) UN Committee on the Elimination of Discrimination Against Women (CEDAW), General recommendation No. 33 on women's access to justice, August 2015, CEDAW/C/GC/33, https://digitallibrary.un.org/record/807253

49) Bohner, G., Siebler, F., & Schmelcher, J. (2006). Social norms and the likelihood of raping: Perceived rape myth acceptance of others affects men's rape proclivity. Personality and Social Psychology Bulletin, 32(3), 286−297.

50) Grubb, A., & Turner, E. (2012). Attribution of blame in rape cases: A review of the

impact of rape myth acceptance, gender role conformity and substance use on victim blaming. Aggression and violent behavior, 17(5), 443 − 452.

51) Masser, B., Lee, K., & McKimmie, B. M. (2010). Bad woman, bad victim? Disentangling the effects of victim stereotypicality, gender stereotypicality and benevolent sexism on acquaintance rape victim blame. Sex Roles, 62(7), 494 − 504.

52) Viki, G. T., & Abrams, D. (2002). But she was unfaithful: Benevolent sexism and reactions to rape victims who violate traditional gender role expectations. Sex Roles, 47(5), 289 − 293.

53) Davies, M., & McCartney, S. (2003). Effects of gender and sexuality on judgements of victim blame and rape myth acceptance in a depicted male rape. Journal of Community & Applied Social Psychology, 13(5), 391 − 398.

54) Anderson, I. (2004). Explaining negative rape victim perception: Homophobia and the male rape victim. Current Research in Social Psychology, 10(4), 43 − 57.

55) Heath, M. (2005). The law and sexual offences against adults in Australia (ACSSA Issues No.4). Melbourne: Australian Centre for the Study of Sexual Assault.

56) Clark, H. (2010). " What is the justice system willing to offer?" Understanding sexual assault victim/survivors' criminal justice needs. Family Matters, (85), 28 − 37.

57) 김은경 · 이나영(2015). 성폭력, 누구에 대한 어떤 공포인가: 언론의 성폭력 재현과 젠더질서의 재생산. 미디어, 젠더 & 문화, 30(2), 5 − 38쪽.

경찰은 '남성적인' 직업으로 인식되어 왔다. 이로 인해 여성의 경찰조직 진입은 구조적으로 제한되어 왔으며, 경찰 안에서도 여성이나 아동을 대상으로 하는 업무 또는 성별 고정관념에서 '여성적 역할'의 연장선에 있거나 '여성성'을 강조하는 직무에 제한적으로 채용되는 성별 직무 분리가 관행처럼 지속되어 왔다. 특히 경찰의 성인지감수성이 문제가 될 때마다 여성경찰의 증원이나 젠더폭력 대응 부서와 피해자 보호 업무에 여성경찰관을 집중 배치하는 방식으로 대응했고, 이로 인해 성별 직무 분리는 더욱 강화되었다. 한편 '범죄와 싸우는 투사(crime fighter)'를 바람직한 경찰상으로, 범인 검거를 경찰 '본연의 임무'로 여기는 조직문화는 피해자 보호를 보조적, 부수적 업무로 주변화 시키면서 이를 전담하는 여성경찰을 평가절하하는 관행도 나타난다. 그러나 경찰 치안정책 패러다임은 권위적인 '범죄 소탕자'에서 '치안서비스 제공자(service provider)', '문제 해결자(problem solver)'로 변하고 있고, 성인지감수성은 젠더폭력 대응 업무 부서 경찰뿐 아니라 모든 경찰이 반드시 갖추어야 할 직무역량이다. 성별 직무 분리는 여성경찰의 지위를 제한할 뿐만 아니라 성평등한 경찰조직문화를 만드는 데 한계로 작용하며 나아가 시민을 대상으로 하는 치안서비스에도 부정적인 영향을 미치게 된다. 수사구조 개혁과 맞물려 경찰의 변화에 대한 요구가 높아지는 가운데 경찰개혁위원회에서는 경찰조직 변화에서 중요한 요소로 '경찰조직 내 성평등 제고 방안'을 권고하였고 이에 양성평등정책담당관을 신설하여 성평등한 경찰조직으로의 개선과 경찰 구성원의 성인지감수성을 높이기 위한 노력을 하고 있다.

성별화된 경찰조직과
여성경찰

02

최윤희견

❶ 여성경찰 채용의 변화 과정을 통해 경찰의 성별 직무 분리 관행을 알 수 있다.

❷ 성별 직무 분리가 여성경찰의 업무를 주변화하고 평가절하한다는 것을 이해할 수 있다.

❸ 성인지감수성이 모든 경찰에게 필요한 직무역량임을 이해한다.

❹ 경찰 치안정책의 패러다임 변화와 경찰조직의 성평등의 중요성을 인식한다.

주요용어

▲ 성별 직무 분리

▲ 여성경찰

▲ 토큰 여성

▲ 성별 분리 모집

▲ 범죄 소탕자(crime fighter)

▲ 치안서비스 제공자(service provider)

▲ 문제 해결자(problem solver)

▲ 성인지감수성

1. 남성중심적 경찰조직에서
여성경찰의 채용과 '활용'

경찰은 군인, 소방관과 함께 전형적으로 남성에게 적합한 직업으로 여겨져 왔다. 경찰이라면 '강한 신체적 힘으로 흉악한 범죄자를 격투 끝에 제압하는 사람'을 떠올린다. 경찰의 다양한 업무 중 범인을 체포하는 범죄 소탕자(crime fighter)[1]의 역할이 대표 이미지로 각인되면서 경찰은 '강인한 체력'이 필요한 일이며 따라서 '남성적인 직업'으로 규정되었다. 한편 이른바 '나랏일'이라고 하는 공직(公職)은 '합리적이고 이성적인' 남성이 수행해야 하는 일이라는 성별 고정관념이 이어져 왔고, 경찰은 국가의 공권력을 집행하는 사법기관이라는 점에서 역시 남성이 적합하다고 여겨졌다. 이런 맥락에서 여성의 경찰조직 진입은 구조적으로 제한되어 왔다.

남성중심적인 경찰조직에 여성이 채용된 것은 주로 여성이나 아동을 대상으로 하는 범죄에 대응하기 위해 또는 성별 고정관념에 기초한 '여성적 역할'의 연장선에 있거나 '여성성'을 강조하는 직무에 여성경찰이 필요했기 때문이었다. 이 장에서는 정부 정책이나 경찰의 치안정책에 따라 변화해 온 여성경찰 채용과 직무 배치의 역사를 통해 남성중심적인 경찰조직에서 여성경찰의 지위와 역할 수행에 대해 살펴본다.

1) 여성·아동 범죄 대응을 위한 여경[2] 채용: 1940년대-1970년대

여성이 경찰에 진입한 것은 1946년 7월로, 경무부 공안국에 여자경찰과가 신설되고 고봉경 총경을 포함한 여경 간부 15명과 비간부급 64명이 임명된 것이 시작이었다. 당시 미군정과 경찰은 해방 후 민주주의 정치 경험이 부족한 상황에서 '부녀자나 소년문제'를 '유연하고 섬세한' 여자경찰에게 맡기기 위해 여자경찰관제도를 도입하였다.[3] 1947년 서울, 부산, 대구, 인천에 여자경찰서가 창설되었고 여성과 아동을 대상으로 하는 치안활동이라는 제한된 업무에 배치되었지만 그 안에서 다양한 역할을 수행하였고,[4] 6.25 전쟁 중에는 부상경찰관 간호나 피난민 구호뿐 아니라 직접 전쟁에 참여하기도 하였다. 전쟁 이후 경찰조직 개편과정에 여자경찰서는 폐지(1957년)되었고, 여성경찰은 각 시도 경찰국 보안과 내 여경계, 경찰서 보안계의 여경반으로 배치되었다가 1961년에 경찰 기구 개편[5]으로 이마저도 폐지되어 여자경찰제도는 막을 내렸다.

2) 여성성에 기반한 여경의 업무: 1980년대

여자경찰제 폐지 이후 고유한 업무 없이 방치되었던 여경들은 1960년대 후반 청소년 선도업무가 경찰소관업무로 자리 잡으면서 경찰서 보안과 소년계에 배치되어 여성범죄와 소년범죄를 다루게 되었다. 이런 시대 흐름 속에서 여성경찰은 자신들의 업무 능력을 증명하는 한편 정원을 확보하고 지위를 높이기 위해 노력한다. 1976년 여성정원제를 관철시켜 이전까지 근거 없이 채용하던 여경 채용 방식을 제도화하였고, 경리요원과 <182 센터>와 같은 민원 업무를 맡는 등 업무 영역을 조금씩 넓혀가게 된다. 경찰조직 내부에서도 여경의 민원봉사업무와 소년경찰업무가 활발해지고 내근분야에서 여경의 섬세함과 청렴성이 부각되면서 여경의 효용성에 대한 인식이 개선된 것으로 평가되는데, 이것은 이후 여경이 다양한 분야에 진출하는데 유리한 조건으로 작용한 것으로 보인다.[6]

그러나 여자경찰관이 '섬세하고 청렴'할 것으로 기대되어 경리요원으로 채용된다든지, '친절봉사의 일환책'으로 여자경찰관에게 민원 업무를 맡기는 등 성역할 고정관념에 기초한 직무 분리는 지속되었다. '돌봄'이나 '친절함' 같은 여성성을 기반으로 여경의 필요성을 강조하면서 여경의 수를 늘리고 지위를 확보하려는 노력은 당시 상황에서 유용한 전략일 수 있었지만 한편 여경의 직무 범위를 한정하면서 '진정한' 경찰로 자리 잡는 데는 걸림돌이 되기도 했다.

3) 여성경찰 증원과 업무의 확대: 1990년대

1980년대에 여성경찰관의 증원은 정부 정책과 시대적 상황에 따라 일관성 없이 이루어졌다. 1986년 아시안게임과 1988년 서울 올림픽과 같은 대규모 국제행사를 앞두고 여자 선수 및 임원의 신변 보호와 직무수행을 위해 여경 채용이 이루어졌다. 1989년에는 경찰대학에 최초로 여학생 5명이 입학하였고, 이후 1997년부터 경찰대학의 입학정원 중 여학생 비율이 10%로 확대되었다. 1999년에는 집회·시위에 대응하기 위한 여경기동대가 창설되었고, 2000년에는 경찰특공대에 여성이 처음으로 배치되었다.[7]

무엇보다 이 시기 여성경찰관 증원에 영향을 미친 가장 중요한 요인은 여성대상 범죄와 관련한 사회 환경의 변화라고 할 수 있다. 1980년대 말부터 문제가 되어왔던 여성과 아동에 대한 납치 및 인신매매가 사회문제로 주목받는 가운데, 1990년대 일련의 아동 성폭력, 친족 성폭력 사건8)이 발생하였다. 이를 계기로 여성단체를 중심으로 관련 법령 제정을 요구하는 움직임이 강하게 일어났고 그 결과 1994년에 「성폭력범죄의 처벌 및 피해자보호 등에 관한 법률(약칭 성폭력특별법)」이, 1997년에 「가정폭력방지 및 피해자보호에 관한 법률(약칭 가정폭력방지법)」이 제정되었다. 이러한 상황에서 경찰 역시 여성대상 범죄에 강력하게 대응할 것을 요구받았고, 1991년에 8개 지방경찰청에 여자형사기동대를 설치하여 강간·약취유인 등 대여성 범죄 업무를 담당하게 하였으며, 1999년 서울지방경찰청은 서울시 내 경찰서 강력반에 여성경찰관 2명을 배치하여 성폭력 피해자 조사를 여성경찰관이 전담하도록 하였다.9)

이 시기 여성경찰은 아동 청소년 업무를 넘어서 형사, 감식, 대테러업무 등 진출 분야를 넓혀가는 노력으로 여성경찰의 지위를 확보해나갔다. 그러나 여성경찰의 증원이 경찰조직의 필요에 따라 일시적으로 마련된 정원을 통해 이루어졌기 때문에 2000년까지도 여성경찰은 경찰정원의 겨우 1.4%(1,784명)에 그쳤다. 여경의 절대적인 수가 적었기 때문에 다른 분야의 여경 참여 수준은 여전히 제한적이고 여성대상 범죄에 집중되는 성별 직무 분리는 지속되었다.

4) 젠더폭력의 부상과 직무 분리의 강화: 2000년대 이후

2000년대 이후 여성경찰관의 증가는 여성 범죄를 담당할 여성경찰의 필요성 증대라는 경찰 내부 요인과, 공직 사회의 성불평등 구조를 개선하기 위한 여성공무원 확대 정책이라는 경찰 외부 요인으로 나누어 볼 수 있다.

먼저 외부적 요인으로 1995년 제정된 「여성발전기본법」10)에 근거하여 공직 분야 여성 공무원 확대를 위해 시행한 '여성공무원 채용목표제'를 들 수 있다. 이 제도는 여성공무원 채용인원을 일정 비율 할당하는 것이 아니라 일정 비율의 목표치를 설정(1996년 목표치는 10%)하고, 여성 합격자가 이에 미달할 경우 그 인원만큼만 추가로 합격시키는 것으로,11) 공직 분야 중에서도 여성 공무원 비율이 현저하게 낮은 부분의 여성 인원을 늘리기 위한 조치였다. 2002년까지 한시적으로 시행된 이

제도는 이후 '양성평등채용목표제'로 전환되어 2012년까지 연장 시행되었다. 이와 함께 시행된 것이 '여성승진목표제'인데 관리직에 여성 공무원을 적극적으로 육성 지원하기 위한 것이다.

다른 공직분야보다 여성 비율이 현저히 낮았던 경찰은 2005년에서야 '여경채용 목표제'를, 2006년에 '여성승진목표제'를 도입하는데, 매년 충원 인력의 20~30%를 여경으로 선발하여 2014년까지 전체 경찰 인원의 10%까지 상향시키겠다는 목표를 설정하였다.[12]

여성경찰의 증원에 영향을 끼친 경찰 내부적 요인을 보자면, 2000년대 들어서 계속 증가하는 여성·아동 대상 범죄에 대처하기 위해 경찰은 지방경찰청 여성·청 소년계와 경찰서 방범과에 여성·청소년반을 운영하고(2001년), 경찰청 생활안전국 에 여성청소년과를 신설(2002년)하면서 여성경찰을 배치했다. 그러나 경찰이 여성대 상 범죄 대응을 위해 여성경찰관을 대폭 증원하게 되는 계기는 2004년 '밀양 여중 생 집단 성폭력 사건'[13]이다. 이 사건 수사과정에서 경찰의 적절하지 못한 대응은 많은 비판을 받았고, 그동안 경찰의 주요 업무로 생각하지 않았던 피해자 보호가 경찰이 수행해야 할 중요한 업무임을 인식하기 시작하였다. 경찰은 성폭력 수사에 관한 매뉴얼 제작, 관련 교육실시 등의 대책과 함께 성폭력 피해자 조사를 여성경 찰관이 전담하도록 하는 '여경수사원칙'을 시행한다. 또 2006년에는 피해자 진술을 전담하는 원스톱에 여성경찰을 배치하고, 여성청소년과에서 여성범죄를 전담하도록 하였다. 이후로 여성경찰관의 채용을 꾸준히 늘리면서 2004년 4.1%에 불과했던 여 성경찰 비율은 2020년 현재 13.1%가 되었다.

표 2-1 연도별 여성경찰 비율(2004-2020)

(단위: 명, %)

연도	2004	2006	2008	2010	2012	2014	2016	2018	2020
전체	93,003	95,690	97,312	100,764	102,467	107,433	116,842	120,448	128,295
여성	3,806	5,025	6,091	6,830	7,688	9,663	12,346	13,532	16,787
여성 비율	4.1%	5.25%	6.3%	6.8%	7.5%	9.0%	10.6%	11.3%	13.1%

출처: 경찰청. 『경찰백서』, 각 연도

그러나 [표 2-2]에서 보듯이 여성경찰관은 경사 이하의 하위직에 대부분 몰려 있다. 전체 경찰관의 계급별 분포 변화를 보면 2015년 이후(정확하게는 2013년 이후) 경위 > 경사 > 경장의 순으로, 경위가 40%대로 가장 많은 비율을 차지하는 데 비해 여성경찰은 경위 비율이 조금씩 늘어나고 있기는 하지만 경사, 경장, 순경의 비율이 비슷한 분포를 보인다. 이는 소수의 여성만 채용한 역사가 길고 최근 들어 여성경찰관 임용이 적극적으로 이루어졌기 때문일 것이다. 이를 바탕으로 본다면 관리직에서 성별 분균형 현상이 해소되기까지 많은 시간이 걸릴 것이라는 추측이 가능하다.

표 2-2　　연도별·계급별 여성경찰 인원(2010-2020)

(단위: 명, %)

연도		계	경무관 이상	총경	경정	경감	경위	경사	경장	순경
2010	총원	100,764	72	489	1,598	3,744	28,185	33,873	19,722	13,081
	(비율)	(100)	(0.07)	(0.48)	(1.58)	(3.71)	(27.97)	(33.61)	(19.57)	(12.98)
	여경	6,830	1	6	37	161	714	1,219	2,552	2,140
	(비율)	(100)	(0.01)	(0.08)	(0.54)	(2.35)	(10.45)	(17.84)	(37.36)	(21.33)
2015	총원	111,338	99	532	2,441	7,921	46,341	26,441	13,790	13,773
	(비율)	(100)	(0.08)	(0.48)	(2.19)	(7.11)	(41.62)	(23.75)	(12.39)	(12.37)
	여경	11,047	3	11	94	414	1,622	3,328	2,693	2,882
	(비율)	(100)	(0.03)	(0.10)	(0.85)	(3.75)	(14.68)	(30.13)	(24.38)	(26.12)
2020	총원	128,295	93	587	2,840	12,308	52,091	21,327	22,382	16,667
	(비율)	(100)	(0.07)	(0.46)	(221)	(9.59)	(40.60)	(16.62)	(17.45)	(12.99)
	여경	16,787	2	23	170	840	3,359	4,189	4,509	3,695
	(비율)	(100)	(0.01)	(0.14)	(1.01)	(5.0)	(20.0)	(24.90)	(26.90)	(22.0)

출처: 경찰청, 『경찰백서』, 각 연도

2. 성별 직무 분리와
　경찰의 성인지감수성

　　2020년 현재 여전히 15% 이하에 머물고 있지만 꾸준한 여성경찰관의 증가로 배치 부서와 직무가 점점 다양해졌고, 조직 내에서 여성경찰관의 지위도 높아지고 있다. 다만 여성경찰관 채용 확대와 더불어 여성 범죄를 담당할 여성경찰관의 필요성이 높아지면서, 늘어난 여성경찰관의 다수가 여성대상 범죄에 대응하는 부서에 배치되는 직무 분리는 완화되지 않았다는 문제가 있다. 경찰은 '밀양 성폭력 사건'으로 성폭력 피해자 보호를 강조하는 분위기가 만들어진 가운데 '원스톱기동수사대', '성폭력 특별수사대', '아동여성보호1319팀', '성폭력전담수사팀'을 운영하는 등 성폭력범죄 수사의 전문성을 확보하는 데 많은 노력을 기울였다.[14) 그 과정에서 성폭력 범죄 대응 부서에 여성경찰관을 배치하는 관행도 지속되었다. 특히 2016년 '강남역 사건'과 이후 미투(#MeToo)운동의 물결 속에서 경찰관의 성인지감수성이 문제가 되는 일이 이어졌는데, 경찰은 시민들의 강한 문제제기에 여성경찰관을 배치하는 것으로 대응하는 경향을 보인다.

1) 젠더 문제 해결책으로 '여경'

경찰은 섬세함, 친절, 부드러움 같은 '여성성'의 이미지를 경찰 쇄신에 활용해왔다. 대표적으로 1979년 경리 요원 채용 당시 여성의 '섬세하고 청렴함'을 부각시킨다든지,[15) 1999년 운전면허시험장 부조리 척결을 명목으로 전담 경찰관으로 여성을 채용하였고,[16) 2011년 경제범죄 수사의 공정성 문제가 대두되자 국민 만족도 향상을 위해 경제범죄 수사팀에 여성경찰을 확대 배치[17)한 것 등을 들 수 있다.

무엇보다 앞서 살펴본 것처럼 경찰의 젠더 감수성이 문제가 될 때마다 여성경찰 증원이나 여성경찰관의 집중 배치와 같은 대책을 내놓았다. 이를 계기로 여성경찰이 증원된 것은 환영할만하지만 경찰 내부의 남성중심적 조직문화나 수사 관행에 대한 비판적 검토 없이 여성경찰관의 '여성적'인 이미지에 기대거나 '생물학적'으로 여성인 경찰관을 전면에 내세우는 것으로 대응해온 것이다. 성차별적 성별 분리 모집과 직무 분리는 그대로 유지하면서 여성경찰 증원이나 여경 배치만으로는 경찰 전체의 성평등 의식 향상이나 성차별적 조직문화의 변화와 같은 근본적인 변화를 이끌어 내는 데 한계가 있다.

2) 여경업무의 주변화

남성이 압도적으로 많은 경찰조직에서 소수인 여성경찰은 토큰적 지위(token status)에 놓이게 된다. 토큰(token)이란 주로 남성중심적인 조직의 여성 차별을 설명하는 개념으로 칸터(R. M. Kanter)에 의해 널리 알려진 용어이다. 보통 한 조직에서 15% 미만인 소수 집단을 일컫는데, 85%를 차지하는 지배집단(dominants)은 수적으로 우세할 뿐 아니라 지배집단의 문화가 조직의 주류 문화가 되면서 소수집단에 대한 배제나 차별이 발생하게 된다.

토큰 집단의 지위 특성 중 하나는 높은 가시성이다. 칸터(Kanter)의 연구에서 토큰 여성은 높은 가시성 때문에 조직에서 익명으로 남거나 군중 속에 숨어 있을 수 없으며, 그들의 모든 행동은 공개적인 것이 되고, 실수와 관계는 다른 어떤 정보만큼이나 쉽게 알려지는 것으로 나타났다.[18] 이로 인해 토큰 여성은 자신의 지위를 침해하는 사회적 고정관념과 싸워야 하고, 실수를 할 경우 필요 이상으로 그 파장이 확대되는 경험을 하게 된다.[19] 2019년 5월 서울 구로구에서 발생했던 여성경찰관의 현장 대응에 대한 논란도 '공무집행방해 사건'이 언론 보도 과정에서 "돌발적인 폭력이 예상되는 상황에서도 맨손으로 대응하여야 하는 현장경찰관들의 높은 위험노출 정도가 문제라는 인식은 사라졌으며, 해당 여성경찰관에 대한 조롱과 혐오"로 변질되었다.[20]

토큰으로서 여성은 개인이 아니라 여성이라는 범주의 상징으로 존재하게 된다. 이 때문에 높은 성과 압력을 받게 되고, 자신의 성과가 다른 여성들에 대한 이미지에 영향을 미칠 수 있다는 점을 인식하는 부담을 지게 된다. 동시에 토큰 집단은 고정관념에 부합되는 업무를 요구받게 되는데, 이런 한정된 역할 수행은 승진을 비롯한 성공적인 경력관리에 장애로 기능한다.[21]

여성경찰 업무의 주변화 역시 토큰적 지위에서 오는 특성 중 하나이다. 성범죄피해자 보호가 중요해지면서 여성경찰들이 여성청소년과를 비롯한 여성대상 범죄 대응 부서에 배치되었지만 성별 고정관념이 여전히 존재하는 문화에서 여성경찰은 피해자 보호를 '전담'하면서 수사에서는 배제되는 성별 직무 분리 현상이 나타났다. 젠더폭력은 피해자의 다수가 여성이고 가해자의 절대 다수가 남성이라는, 성별로 뚜렷한 대비를 보이는 특성을 가진 범죄이다. 젠더폭력 대응 업무에 있어서 성별 직무 분리는 '남성' 가해자의 검거와 수사는 남성 경찰이, '여성' 피해자의 조사와 보호업무는 여성경찰이 하는 형태로 이루어진다. 젠더 범죄는 여성청소년과에서 전담하는 체계가 확립되면서 여성 관련 범죄와 여성피해자 보호는 '여경'과 '여성청소년과'에서 할 일이라는 인식이 점점 굳어지게 된 것이다.[22]

여성경찰의 비율이 15%에도 미치지 못하는 상황에서 한정된 여성경찰 인력을 여성청소년 업무에 우선 배치하는 것은 여성경찰관 개인의 선호나 관심과 무관하게 배치될 가능성이 높다는 것을 의미한다. 이는 또한 젠더폭력 문제에 관심이 있는 남성 경찰관의 배제와 더불어 여성경찰관의 업무 능력 향상에도 걸림돌로 작용할 것이다.

또 다른 문제로 여성들이 주로 담당하게 되는 피해자 보호 업무를 범인 검거에 따라오는 부수적인 일, 보조적인 일로 과소평가하는 것이다. 범죄피해자 보호의 중요성을 인식하고 성범죄피해자 보호를 경찰의 주요 업무로 설정한 후에도 경찰 안에서는 여전히 범인 검거를 경찰 본연의 임무로 여기는 조직문화가 이어지고 있다. 이는 범죄 소탕 외의 업무를 덜 중요한 것으로 인식하는 분위기를 만들고 결국 '중요한' 수사 업무는 남성이, '덜 중요한' 피해자 보호는 여성이 맡는 직무 분리 구도가 만들어지면서 수사의 '보조적' 업무를 맡게 되는 여성 역시 과소평가되고 주변화 되는 결과를 낳게 된다. 범죄를 단속하고 범죄자를 검거하여 치안을 유지하는 일은 경찰 업무의 주요 목적 중 하나이다. 그러나 경찰의 업무는 범죄 소탕에 한정되지 않고 치안서비스 제공, 질서 유지, 피해자 보호 등 다양한 업무를 포함한다. 범인 검거 업무의 중요성이 검거 이외의 업무 가치를 인정하지 않는 방식으로 강조되는 것23)은 경찰의 역할을 좁게 설정하는 것이며 범인 검거 외 다양한 역할을 강조하는 시대적 흐름과도 맞지 않다.24)

여기에 더하여 여성경찰관을 선호하지 않는 분위기에서 부서에 여성경찰을 배치하지 않으면서 여성 피의자 호송, 집회 시위 동원 및 현행범 체포된 여성 피의자 조사, 유치장 여성 피의자 신체수색 업무 등 필요시에만 여경을 동원하는 조직문화도 문제이다. 성별 분리 채용을 유지하고 있는 경찰조직에서 여성경찰관이 필요한 인원만큼 채용되지 않고, 채용된 인원도 일부 부서에 집중 배치되어 인력 운용에 어려움 겪게 되는 것이다.

이렇게 여성경찰이 특정 부서에 주로 배치되면서 승진에 필요한 주요 경력을 쌓을 수 있는 부서 배치에 제한을 받는 것, 여경의 업무를 부수적인 것으로 평가절하하는 것, 여성경찰관에게 수사에 접근할 기회는 주지 않은 채 필요할 때마다 동원하는 현재 방식은 여성경찰관들의 경력 관리에 부정적으로 작용할 수밖에 없다.

3) 성별 분리 모집의 문제

많은 연구들이 성차별적인 경찰조직문화와 여성경찰관에 대한 차별 관행의 근본 원인으로 성별 분리 모집을 지적하고 있다. 칸터(Kanter) 역시 토크니즘 문제를 해결하는 방법으로 성별 비대칭 및 불균형 조직에 여성 채용의 폭을 넓혀야 한다고 보았다.[25]

1987년까지 우리나라 공무원 채용은 성별로 분리되어 실시되었다. 1987년 「남녀고용평등법」이 제정되고, 시행에 맞춰 정부는 여성공무원 채용에서 성차별 문제 시정을 위해 「국가공무원임용시행령」을 개정하여(1989년) 국가공무원 채용에서 남녀구분모집을 폐지하였다.[26] 그러나 경찰공무원은 이 법령을 적용받지 않았다. 사실 경찰공무원 임용에 관한 사항을 규정하고 있는 「경찰공무원법」과 「경찰공무원 임용령」에는 성별에 따른 분리 모집 조항이 없다. 창경 초기부터 있었던 성별 분리 모집 관행이 아무런 법적 근거도 없이 지금까지 지속되어 온 것이라 할 수 있다.

2004년, '경찰공무원 공개채용시험에서 남성과 여성의 수를 정하여 구분 모집하는 것은 평등권 침해'라는 진정에 대해 국가인권위원회는 모든 직무가 신체적·체력적 우위를 요구한다거나 모든 직무에 대해 '성별'이 직무수행 가능 여부를 결정하는 요인이 된다고 볼 수 없다는 점, 여경 채용 인원의 산출근거가 불분명하다는 점, 경찰 채용 시 체력검사는 10%만 차지하여 '매우 중요한 업무수행 요건'으로 볼 수 없다는 점 등을 들어 성별에 따라 채용인원을 정하여 구분모집하는 것은 평등권 침해의 차별행위이므로 개선할 것을 권고하였다.[27] 그러나 경찰은 '모든 경찰관은 강력범 체포, 주취자 처우 등 물리력을 요하는 업무가 많은 지구대 근무가 원칙이라는 점, 범죄자 상당수를 차지하는 남성을 제압하려면 신체적·체력적 조건이 필수적이라는 점, 잦은 야간업무, 장거리 출장, 불규칙한 근무시간 등으로 여성이 감당하기 어려운 근무 여건이 존재한다는 점' 등을 들어 국가인원위원회의 권고를 받아들이지 않았다. 이로부터 10년 후인 2014년에 국가인권위원회는 경찰대의 신입생 선발 여성 비율을 12%로 한정한 것은 과도한 제한이므로 여성 비율을 확대할 것을 권고하였으나 이 또한 수용하지 않았다.[28]

경찰관 채용에서 분리 모집은 "경찰의 대표는 남자, 여경은 예외적인 존재"로 보는 관행이다. 여성경찰관 채용을 확대하고, 승진 인원을 늘리기 위한 제도를 시행하면서도 성별 분리 모집 관행을 유지하는 것은 여경을 '한 명의 온전한 경찰'로 인정하지 않는 것이다.

추지현(2019)에 의하면 경찰 업무의 80~95%가 비폭력적인 서비스 활동과 주민과의 상호작용이라는 점에서 남성과 여성의 차이로 환원되곤 하는 신체적 역량이 주요하지 않다는 점이 경험연구들을 통해 밝혀지고 있다. 즉, 경찰관이 수행하는 직무와 역량의 다양성에도 불구하고 남경을 보편으로 상정하는 경찰 모델이 유지되면서 여경은 남경과의 차이를 통해, 그리고 그 필요에 의해서만 채용되고 배치되는 결과가 나타났다.

국가인권위원회에서 성별 분리 모집 폐지를 최초로 권고한 2004년 이후 17년이 지난 2021년에 경찰대학의 통합모집이 실시되었는데, 최종 합격자 중 여학생은 2021년 22%(11명),[29] 2022년에는 24%(12명)[30]였다. 가장 많은 경찰이 입직하는 순경 공채의 통합모집은 2026년부터 실시될 예정이다.

4) 경찰 성인지감수성 확산의 제한

젠더폭력 피해자의 절대 다수가 여성인 상황에서 피해자 보호 업무에 여성경찰관의 배치는 매우 필요하고 또 중요한 일이다. 젠더폭력 피해자 조사와 보호 업무에 여성경찰관을 배치하는 것은 같은 성별로서 피해자의 경계를 누그러뜨리고 좀 더 안전한 분위기를 만들기 위한 것이기도 하지만, 여경이 남경에 비해 성인지감수성이 더 높다고 여겨지기 때문이기도 하다. 그러나 성인지감수성은 생물학적 성별에 좌우되지 않으며 교육과 훈련을 통해 길러지는 것이다. 현재와 같은 직무 분리가 지속된다면 성인지감수성은 여성 대상 업무 또는 젠더폭력을 담당하는 경찰에게만 필요한 것으로 여기는 잘못된 관행을 강화할 우려가 있으며, 나아가 경찰 전체의 성인지감수성 수준을 낮추게 될 것이다.

성인지감수성은 모든 경찰에게 반드시 필요한 필수 직무 역량이다. 다양한 유형의 범죄에 여성 피의자와 피해자가 있을 수 있으며, 특히 범죄 환경이 변화되면서 여성청소년 기능 외 다른 기능에서도 젠더 범죄를 다루어야 하는 경우가 늘어나고 있다. 예를 들어 디지털성범죄 사건에서 불법 촬영물 수사는 여성청소년과, 촬영물이 인터넷에 유포되었다면 사이버수사과에서 담당하고 있다. 젠더 범죄와 직접 관련된 것은 아니지만 다른 사례로 북한이탈주민에 대한 신변보호 업무는 안보수사 기능에서 담당하는데, 신변보호 대상이 되는 북한이탈주민의 70% 이상이 여성이다. 또 사건 발생 시 초동 조치를 하는 지역 경찰의 성인지감수성 부족은 자주 2차 피해 문제로 불거지기도 한다. 이처럼 경찰의 업무 수행과정에서 성인지감수성은 기능에 상관없이 점점 더 필수적인 요소가 되고 있다.

경찰 전체의 성인지감수성을 높이기 위해서는 여성경찰을 '온전한 한 명의 경찰'로 인정하지 않는 분위기, 범인 검거만을 경찰 본연의 임무로 보고 피해자 보호는 부수적인 것으로 보는 관점, 피해자 보호 업무를 여성의 업무로 규정하고 여경에게 전담시키는 성별 직무 분리, 여성의 업무를 덜 중요한 것으로 주변화 하는 관행 전반에 대한 제고가 필요하다. 여성경찰과 여성이 맡은 업무에 대한 차별적 인식이 유지되는 것은 여성경찰관에게 부정적인 경험이 될 것이며, 이는 경찰관의 조직만족, 나아가 치안서비스 제공이라는 본연의 업무수행에도 부정적인 영향을 미칠 가능성이 높기 때문이다.31)

3. 치안정책 패러다임의 변화와 성평등을 위한 노력

범죄 환경과 사회 전반의 인권 의식의 변화와 같은 경찰 외부 요인에 의한 것이든 평등한 조직문화를 위한 경찰 내부의 요구에 의한 것이든 경찰은 많은 변화 속에서 조직의 규모도 커지고 구성원도 다양해지고 있다. 경찰은 엄중하고 때로는 억압적인 법 집행자로서의 모습에서 시대의 요구에 따라 '제복 입은 시민'으로서 국민의 신뢰를 받기 위한 변화를 거듭해왔다. 그 변화의 중요한 화두 중 하나가 '성평등'이다. 세대, 성별, 출신 배경 등 다양한 구성원이 공존하는 '직장'으로서 경찰 조직은 조직 내 성평등 수준을 끌어올리고 성희롱·성폭력이 발생할 수 있는 요인을 줄여야 하는 과제에 직면했고, 젠더폭력에 대응하는 사법기관으로서 성평등한 공권력 집행과 피해자 보호를 위한 전면적인 변화를 요구받고 있다.

1) 범죄와 싸우는 투사(crime fighter)에서 치안서비스 제공자(service provider)로

오랫동안 경찰의 직무가치의 중점은 '공권력의 집행'이었다. '진정한 경찰의 임무'는 범죄 소탕이고 이는 물리적·육체적 힘이 필요한 것이며 따라서 남성에게 적합한 일이라고 생각해왔다. 그러나 2000년대 이후 경찰의 임무는 권위적인 공권력 행사가 아니라 범죄예방을 통한 시민의 안녕을 도모하는 것으로 변화하고 있다. 경찰은 과거 권위적이고 억압적인 이미지에서 벗어나기 위해 범죄와 싸우는 투사(crime fighter)의 모델이 아닌 범죄예방과 안전, 피해회복 등 치안서비스 제공자(service provider)로서의 경찰 모델을 추구하게 된다. 특히 2000년 이후 지역사회 경찰활동 철학의 등장으로 경찰은 '범죄 통제자'로서의 역할 이외에 지역사회와의 협력을 통해 지역사회 내 여러 문제를 해결하는 '문제 해결자(problem solver)'의 역할을 강조하는 추세이다.32)

이에 경찰은 '치안서비스' 개념을 도입하고, '수요자 중심의 경찰 민원서비스 제공', '친근하고 따뜻한 경찰 이미지 정립' 등을 개혁 과제로 설정하는 등 시민들의 신뢰를 받기 위해 노력해왔다. 2015년을 '피해자 보호 원년의 해'로 선포하면서 '피해자전담경찰관'을 배치하였고, 2018에는 「경찰법 및 경찰관 직무집행법」 개정으로 경찰관의 임무에 '범죄피해자 보호'를 추가하여 경찰이 범죄피해자가 일상으로 조기에 복귀할 수 있도록 경제적, 법률적, 심리적 지원을 중점 과제로 추진하였다. 2019년부터는 가해자 처벌 중심의 '응보적 정의'가 아닌 피해자 치유와 당사자 간 합의를 통해 문제를 해결하는 '회복적 정의'를 추구하는 '회복적 경찰활동'을 추진하기 시작했다.33) 2021에는 인권경찰을 표방하며 '현장인권상담센터' 설치와 '시민 인권보호관'을 배치하였다.34) 이렇게 인권친화적인 경찰, 시민들에게 다가가는 경찰 이미지 구축과정에 '여성적' 특징들이 지역사회 경찰활동에 의해 받아들여졌고, 민원 부서 등에 여성경찰관을 배치하는 등 여성 인력 활용도 두드러졌다.

경찰의 치안정책 패러다임의 변화가 범죄 소탕 업무를 축소하거나 덜 중요하게 여긴다는 의미가 아니다. 범죄예방, 피해자 보호 등으로 경찰의 업무 범위가 확대되었다는 뜻이고, 이를 수행하기 위해 경찰조직이 더 확장되고 성장해왔다는 뜻이다. 범죄를 둘러싼 사회 환경과 시민들이 경찰에게 기대하는 역할이 변화하고 있다. 경찰은 이에 맞춰 시민의 요구를 반영하는 치안정책과 함께 경찰 업무에 대한 가치관도 변화시켜야 한다. 이 변화의 핵심에 '성평등'이라는 가치가 놓여 있다.

2) 성평등정책담당 전담 부서 설치

2018년의 미투(#MeToo)운동은 우리 사회에 많은 변화를 만들었는데 정부 부처에 성희롱·성폭력을 전담하는 부서의 필요성을 보여준 것도 그 가운데 하나이다.[35] 2019년 5월 7일, 8개 정부 부처(교육부, 법무부, 국방부, 문화체육관광부, 보건복지부, 고용노동부, 대검찰청, 경찰청)에 양성평등정책담당관이 설치되어 성평등을 위한 정책 확산에 있어서 여성가족부 중심에서 벗어나 타 부처와의 협업 구조를 마련하게 되었다.[36] 이는 문재인 정부의 '실질적 성평등 사회 실현' 100대 국정과제에 포함되어 있었던 것으로, 젠더폭력의 심각성과 미투(#MeToo)운동의 영향으로 그 중요성이 더욱 부각되었다.

경찰청의 양성평등정책담당관(이하 양평실[37]) 역시 이 흐름 속에서 신설된 것이긴 하지만 다른 부처보다 빠른 2018년 3월에 신설되었고, 이를 위한 노력은 이보다 더 앞서 시작되었다.

① 경찰청 양성평등정책담당관 신설 배경

2017년 문재인 정부가 출범하고 권력기관 개혁 논의가 본격화되었는데, 경찰은 특히 수사구조개혁 논의와 맞물려 변화에 대한 요구가 더욱 높아졌다. 이에 2017년 6월에 정부 기관 최초로 경찰개혁위원회를 발족시켰다.[38] 개혁위원회는 다양한 외부 전문가들로 위원을 위촉하였고 인권보호 분과, 수사개혁 분과, 자치경찰 분과로 나누어 안건을 검토, 논의하여 권고안을 마련하였다.

인권보호 분과에서는 경찰조직의 변화에 있어 핵심적인 요소로 성평등한 조직으로의 변화를 꼽고 2017년 10월에 '경찰조직 내 성평등 제고방안'에 대한 권고를 내놓았다. 여기에는 성별 분리 모집 관행의 폐지를 비롯하여 조직 내 성희롱 및 성폭력 근절을 위한 전담체계 구축 등 종합대책을 마련하고 이를 위해 '성평등위원회'를 구성하라는 내용이 포함되었다.[39]

경찰청은 이 권고를 수용하여 2017년 12월에 외부 전문가로 구성된 '성평등위원회'를 발족하였으며, 2018년을 경찰의 '성평등 원년의 해'로 선포하고, 경무인사기획관 소속으로 성평등 업무를 전담할 부서를 신설하였다. 특히 전문성 담보를 위해 성평등 업무를 총괄할 외부 전문가(4급)를 담당관으로 채용하여 경찰 관행에서 벗어나 젠더 관점을 가지고 성평등 직무를 수행할 수 있도록 하였다. 2019년부터는 시도경찰청에도 성평등정책 담당자로 외부 전문가(6급)를 채용하여 경찰청의 계획과 정책이 일선 지구대·파출소까지 잘 전파되어 일관성 있게 추진될 수 있도록 직제를 갖추었다.

② 양성평등정책담당관의 성과

양평실의 가장 중요한 기능은 경찰청 성평등정책의 컨트롤타워 역할을 하는 것이다. 경찰 구성원의 성인지감수성은 같은 조직에서 일하는 동료로서, 또 시민을 대하는 경찰관으로서 모두 필요하며 이 두 가지는 서로 연결되어 있다. 성평등한 조직문화를 만들고, 경찰 구성원의 성인지감수성을 높이고, 경찰관의 성평등한 직무수행 능력을 향상시키기 위해서는 어느 한 부서에서 단절적으로 성평등정책을 집행하도록 하는 것이 아니라 경찰조직과 업무 전체를 종합적으로 조망하는 것이 필요하다. 이를 위한 종합적인 구상이 「경찰청 성평등 정책 기본계획」에 담기게 된다.

표 2-3 경찰청 성평등정책 기본계획

	2018~2019년 계획	2020~2024년 계획
대과제	성평등한 치안정책 수립방안 마련	경찰정책의 성평등한 추진체계 확립
소과제	− 법령·계획·홍보물 성별영향평가 − 성인지 통계 생산	
대과제	여성폭력 대응 및 피해자 보호 강화	여성폭력 대응체계 고도화
소과제	− 여성폭력 대응 및 수사 전문성 강화 − 피해자 보호 및 2차피해 방지	
대과제	조직 내 성차별 제도 및 문화개선	차이가 차별이 되지 않는 제도 운영
소과제	− 여성경찰 인력 확보 및 성별 통합 모집 추진 − 승진·배치에서 성평등 − 일·생활 균형 인프라 구축	
대과제	조직 내 성희롱·성폭력 근절	조직 내 성희롱·성폭력 근절 및 예방체계 강화
소과제	− 조직 내 성희롱·성폭력 사건처리 일원화 − 피해자 중심 성희롱·성폭력 대응체계 강화 − 성희롱·성폭력 예방 교육 내실화	
대과제	지속 가능한 추진기반 조성	조직 내 성평등 문화 실질화
소과제	− 성평등 직무역량 교육 내실화 − 조직 내 여성 근무자 위상 정립 − 조직 내 성평등 실천문화 확산	

출처: 경찰청(2018, 2020). 「경찰청 성평등 정책 기본계획」 각 연도에서 재구성

[표 2-3]에서 보는 것처럼 성평등정책 기본계획에는 양평실에서 직접 추진하는 사업 외에 성별 통합 모집이나 여성 폭력 대응 방안과 같은 다른 부서의 사업도

포함되어 있다. 다시 말해 각 부서의 사업 중 성평등과 관련되는 업무를 젠더 관점에서 종합적으로 검토하여 유기적으로 시행하도록 총괄하는 역할을 하는 것이다. 이 가운데 양평실에서 직접 진행하는 사업 중 교육과 성별영향평가를 중심으로 성과를 살펴본다.

교육에 있어서 가장 먼저 꼽을 수 있는 성과는 경찰 구성원이 성평등과 관련하여 이수해야 하는 법정 의무교육인 성인지감수성 교육과 성희롱·성폭력 예방교육을 경찰 업무에 맞게 실질화한 것이다. 그동안 모호하게 다뤄졌던 성인지감수성 교육을 '성평등 직무교육'으로 명시하여 수사기법이나 체포술처럼 성인지감수성을 경찰관이 반드시 갖추어야 하는 직무역량의 하나로 인식하도록 하였다. 또 성평등 직무교육과 성희롱·성폭력 예방교육 모두 경찰 직무 특성을 반영한 맞춤형 표준 강의안을 제작하여 경찰 업무에 직접 활용될 수 있도록 하였다. 코로나 19로 인해 여러 어려움이 있었지만 관리자 별도 교육은 가능한 대면으로 진행하도록 하는 등 내용과 형식 모두 실질적인 교육이 되도록 하였다.

또 입직부터 승진 단계별로, 직급별로 경찰 구성원들의 생애주기에 따른 성평등 직무역량 교육을 체계화하여 경찰조직 전반에 성평등 가치가 확고하게 자리 잡을 수 있도록 지속적이고 체계적인 교육시스템을 구축하였다.[40]

표 2-4 생애주기별 교육체계

구분	대상자	교육시간
신임	교육생(경대·간후·공채)	신임교육 10시간
승진자	총경	치안정책과정 7시간
	경정·경감	기본교육 2시간
	경위·경사	사이버 기본교육 1시간
직급별	전직원(경정 이하)	직장교육 1시간
	총경 이상 지휘부	경찰지휘부 워크숍 1시간

출처: 경찰청(2020). 「경찰청 성평등 정책 기본계획」(2020~2024년)

법령과 홍보물에 대한 성별영향평가 제도를 체계화한 것은 경찰 성평등정책에서 중요한 부분이다. 정책 집행부서로서 경찰은 정책정보 전달, 범죄예방 캠페인 등의 목적으로 많은 양의 홍보물을 제작하여 배포·게시한다. 그런데 홍보물에 사용된 이미지나 문구 등에 차별적인 내용이 포함되면 홍보의 효과도 보지 못할 뿐 아니라 경찰에 대한 국민의 신뢰도를 떨어뜨리게 될 것이다. 홍보물 성별영향평가는 경찰관서에서 제작하여 경찰 내부 및 국민 대상으로 배포하는 홍보물(카드뉴스, 동영상, 리플릿, 현수막, 포스터, 전단지, 보도자료, 교육자료 등)을 배포하기 전 제작 단계에서 젠더 관점에서 사전 점검하여 성차별적인 요소를 제거하는 제도이다. 경찰 업무에 성인지감수성을 적용할 수 있는 매우 구체적인 방법으로 실효성도 높았다.

표 2-5   홍보물 성별영향평가 체크리스트

Ⅰ. 등장인물 성비	
1	여성/남성경찰관, 포돌이/포순이 중 한 성별이 더 많이 등장하고 있는가?
2	통념상 여성/남성으로 인식되는 아이콘만 활용되고 있는가?
Ⅱ. 성역할 고정관념 및 편견	
1	성별에 따라 특정 역할이나 직급을 수행하거나 복장, 태도, 표현에 있어 성별 차이가 있게 그려지고 있는가?
2	성별에 따라 특정한 색깔을 사용하고 있는가?
3	여성을 수동적·보호받아야 하는 사람, 남성을 능동적·보호를 제공하는 사람으로 묘사하고 있는가?
4	가족의 이미지를 특정유형으로만 한정하고 있는가?
Ⅲ. 각종 범죄예방에 대한 성차별적 시각	
1	각종 범죄예방·근절을 위해 피해자책임 등 예방수칙만 제시하고 있는가?
2	성범죄피해자를 노출 있는 옷을 입고 있거나 젊은 여성으로 묘사하고 있는가?
3	성범죄 및 범죄피해자를 우울·좌절하거나 공포에 휩싸인 상태로 묘사하고 있는가?
4	여성폭력 가해자를 늑대, 짐승, 술 취한 사람 등 전형화된 특정 모습으로만 표현하고 있는가?
5	각종 범죄에 대해 희화화, 불필요하게 선정적인 이미지로 묘사, 과도한 정보를 제공하고 있는가?
6	부부, 연인 등 가까운 사이의 폭력을 개인 간 혹은 사소한 문제라고 가정하고 있는가?
Ⅳ. 정확하고 적절한 용어 사용 및 정보 전달	
1	사용하지 말아야 할 용어, 대체어가 있음에도 기존 용어를 그대로 사용하고 있는가?
2	만족도 조사, 인식조사 등을 인용할 때 조사결과의 성별 구분이 되어있지 않은가?
3	국민이 이해하기 어려운 법 조항이나 수사상의 용어를 그대로 사용하고 있는가?

출처: 경찰청. 「22년 홍보물 성별영향평가 가이드라인」.

2020년에는 경찰의 훈령·예규 등 행정규칙을 일괄 점검하여 성차별적인 요소를 개정하거나 삭제하였고, 경찰 매뉴얼 및 업무편람도 일괄 점검하고 개선하는 등 경찰조직 내 실질적인 성주류화를 달성하기 위해 노력하였다. 이에 더하여 「경찰통계연보」를 기준으로 경찰에서 생산하는 각종 지표의 성별분리통계 생산을 추진 중이다[41].

이밖에도 경찰청은 경찰관의 남녀 통합모집 추진, 여성대표성 제고를 위한 여성관리자 비율 확대, 일·생활 균형을 위한 제도 운영 등 성평등한 조직문화를 위한 노력과 함께 2차피해 예방 등 여성폭력 피해자 보호와 지원의 내실화를 위한 방안들도 계속 강구하고 있다.

어떤 병원이 마음에 들지 않으면 다른 병원으로 갈 수 있지만, 경찰은 대체 불가능한 국가기관이다. 경찰관 개인의 성평등 의식, 여성경찰의 조직 내 위상은 단지 개인 차원에서 영향을 미치는 것에 그치지 않는다. 경찰이 수행하는 사건에서 만나는 가해자와 피해자, 지역사회에서 만나는 시민과의 관계에도 당연히 영향을 미친다. 그러므로 경찰에서의 성평등 문화 확산은 여성경찰이나 일부 구성원을 위한 것이 아니며 경찰에 대한 시민들의 신뢰를 높이는 데 중요한 요소로 작용할 것이다. 더 많은 여성경찰이, 더 다양한 부서에서, '온전한 한 사람의 경찰'로서 능력을 발휘할 수 있도록 경찰조직의 더 적극적인 변화를 기대한다.

생각해 볼거리

1. 범죄와 수사 환경이 변화되고 있는 현실에서 수사나 범죄자 체포에 치우치지 않고 다양한 경찰 업무를 모두 포함할 수 있는 직무 평가 방식은 무엇일까?
2. 적대적 업무 환경을 조성하는 직장 내 성희롱 문제는 어떤 방식으로 여성과 남성에게 영향을 미칠까?
3. 지금 경찰청에서 시행하고 있는 일·생활 균형을 위한 제도 중 더 개선해야 할 부분은 어떤 것일까?

---

1. 문헌정보
   1) 원도(2019). 『경찰관 속으로』, 이후진프레스.
   2) 주명희 외 22인(2022). 『여성, 경찰하는 마음』, 생각정원.
   3) 캐럴라인 크리아도 페레스(2020). 『보이지 않는 여자들 – 편향된 데이터는 어떻게 세계의 절반을 지우는가』, 웅진지식하우스.

2. 영상
   1) <삼진그룹 영어토익반>, 한국영화, 감독: 이종필
   2) <히든 피겨스(Hidden Figures)>, 미국영화, 감독: 테오도어 멜피
   3) 지식채널 e 2964화 <불편한 질문들>
      https://jisike.ebs.co.kr/jisike/vodReplayView?siteCd=JE&prodId=352&courseId=BP0PAPB0000000009&stepId=01BP0PAPB0000000009&lectId=20490167
   4) 한국양성평등교육진흥원 유튜브, <여경의 자질 논란? 대림동 사건이 왜?>
      https://www.youtube.com/watch?v=txkTZyX9sMM

1) crime fighter는 범죄 투사(鬪士), 범죄 통제자, 범죄 소탕자, 범죄 척결자, 범죄대항자, 범죄수사대 등 다양한 단어로 번역되고 있다. '범죄에 맞서 싸우는 사람'이라는 뜻을 적절히 살리기 위하여 '범죄 소탕자'를 주로 사용하고, 인용할 때는 원문을 그대로 사용한다.

2) '여경'을 고유 명사로 사용하지 않도록 유의하면서 남자 경찰에 조응하는 단어로 사용할 때 '여자 경찰'의 줄임말로 '여경'을 사용한다.

3) 대한민국재향경우회 여경회(2000). 『한국여자경찰 50년』, 도서출판 두루.

4) 대한민국재향경우회 여경회(2000)의 기록에 따르면 초창기 여성경찰은 사찰(정보)경찰, 공안(보안)경찰, 예방경찰, 보호경찰, 위생경찰, 풍기경찰, 교통경찰의 임무를 수행하였는데, "경찰인지 보건행정 등 일반조장행정인지 분간이 안 갈 정도"(62 – 63)였다고 기술하고 있다. 당시 여성경찰뿐 아니라 여성 공무원 역시 부족한 상황에서 여성경찰이 치안업무뿐 아니라 여성과 아동을 대상으로 하는 국가 행정 업무를 상당부분 맡았던 것으로 보인다.

5) 여자경찰제 폐지 과정에 군사정부가 여경 간부들에게 사직을 강요하거나 한 계급 강등시키면서 총경 및 경감 등 간부급 여자 경찰관들이 대거 퇴직하여 여성경찰은 경위급 간부 5명과 비간부 200여 명으로 대폭 줄어든다(대한민국재향경우회 여경회, 2000).

6) 대한민국재향경우회 여경회(2002). 앞의 책.

7) 추지현(2019). 성별화된 조직의 경과물로서 법 집행: '피해자로서의 여성'과 경찰 성별직무 분리의 효과. 『젠더와 문화』, 제12권 2호, 75 – 110쪽.

8) 강제추행하려던 가해자의 혀를 물어 절단한 사건(1988년), 파출소 경찰관에 의한 다방 종업원 윤간 사건(1988년), 어린 시절 성폭력 가해자를 성인이 되어 찾아가 살해한 사건(1991년), 초등학생 때부터 성폭행한 의붓아버지를 남자 친구와 함께 살해한 사건(1992년), 서울대 교수에 의한 조교 성희롱 사건(1992년) 등. 자세한 내용은 권김현영(2020). 미투운동은 어떻게 가능했는가, 『늘 그랬듯이 길을 찾아낼 것이다』. 휴머니스트, 119 – 141쪽.

9) 이비현(2009). 『성별 직무 분리를 통해 본 경찰의 성폭력 사건처리 과정』, 서울대 대학원 협동과정 여성학 전공 석사 논문.

10) 1995년 제정된 「여성발전기본법」은 2015년 「양성평등기본법」으로 전면개정되었다.

11) 한국여성정책연구원(2014). 『경찰·소방·교정직 여성공무원 성차별 개선을 위한 실태조사』

12) 경찰청(2000). 2008년 경찰백서, 340쪽.

13) 밀양 여중생 집단 성폭력 사건은 피해자 보호의 중요성과 2차피해의 심각성에 대한 우리 사회의 인식을 바꿔 놓은 중요한 사건이다. 조사과정에서 경찰은 가해자를 경찰서 벽에 일렬로 서게 하고 피해자와 대질시켰으며, 피해자에게 "밀양 물을 다 흐려놨다." 등의 부적절한 발언으로 2차피해를 유발했다. 피해자와 <밀양성폭력사건 대책위> 등은 국가 상대로 손해배상 소송을 제기했고 2006년 국가 책임을 인정한 첫 판결이 나왔다. 자세한 내용은 이미경(2011). 『성폭력 2차피해를 통해 본 피해자 권리』, 이화여대 박사 논문; 조주현(2009). 젠더 정치의 '위기', 『벌거벗은 생명』(201 – 231쪽), 또하나의 문화 참고.

14) 이비현(2019). 앞의 논문.

15) 대한민국재향경우회 여경회(2002). 앞의 책.

16) 주명희(2020). 몰젠더적 치안정책과 여성경찰관의 지위, 『2020년 조직내 성평등 문화 확

산을 위한 학술세미나』 자료집. 경찰대학, 26-49쪽.

17) 김예람(2020). 경찰조직 내 성별분리 관행에 관한 고찰, 『2020년 조직내 성평등 문화 확산을 위한 학술세미나』 자료집, 경찰대학, 50-78쪽.

18) Kanter, R. M. (2006). Some effects of proportions on group life: Skewed sex ratios and responses to token women, Small Group, Psychology Press: NY, 37-54.

19) 김양희(2000). 유리천장과 토큰적 지위, 『여성, 리더 그리고 여성 리더십』. 삼성경제연구소, 65-69쪽.

20) 당초 '대림동 여경 사건'으로 잘못 알려진 이 사건에서 여성경찰관의 대응이 '실수'에 해당하는 것은 아니지만, 경찰 업무 수행에 대한 논의가 아니라 경찰관의 성별만 과장되게 부각된 면이 있다. 자세한 내용은 한민경·김세령(2020). 여성경찰관의 직무수행 중 불인정 경험 및 구조적 차별 경험이 조직만족에 미치는 영향, 『한국경찰연구』, 제19권 제2호, 한국경찰연구학회, 169-196쪽.

21) 김상호(2014). 여자경찰관의 토크니즘 분석, 『한국치안행정논집』, 제10권 제4호, 한국치안행정학회, 25-48쪽.

22) 주명희(2020). 앞의 책.

23) 이비현(2019). 앞의 논문.

24) 범인 검거를 중심으로 하는 공권력 집행 기관으로서 경찰에서 지역사회 범죄예방 등 문제해결자(problem solver)의 역할을 강조하는 시대적 변화에 대해서는 본 장 3. 치안정책 패러다임의 변화와 성평등을 위한 노력 참고.

25) 김난주 외(2020).『적극적 고용개선조치 제도의 여성고용 효과 분석』, 한국여성정책연구원.

26) 공무원임용시험령 제2조: "시험실시 기관이 장은 결원보충을 원활히 하기 위하여 필요하다고 인정할 때에는 성별 근무예정지역별 근무예정기관별 거주지별로 분리하여 실시할 수 있고~"라고 되어 있는 제2조 단서 중 "성별"을 삭제하였음(1989.6 16. 대통령령 제 12,730호로 개정). 한국여성정책연구원(2014). 『경찰·소방·교정직 여성공무원 성차별 개선을 위한 실태조사』.

27) 국가인권위(2006.1.3. 보도자료) "경찰 채용시 성별 구분모집은 평등권 침해" https://www.humanrights.go.kr/site/program/board/basicboard/view?menuid=001004002001&boardtypeid=24&boardid=555022(2022년 9월 10일 최종접속)

28) 국가인권위(2016.10.7. 보도자료) "경찰청, 경찰대 신입생 여성 비율 확대 권고 불수용", 인권위, "경찰대 신입생 선발 여성 비율 12%는 과도한 제한" https://www.humanrights.go.kr/site/program/board/basicboard/view?menuid=001004002001&boardtypeid=24&boardid=612638(2022년 9월 10일 최종접속)

29) 연합뉴스(2021.01.25.), "올해 경찰대생 여성 합격자 22%…성별 모집 없애자 급증" https://www.yna.co.kr/view/AKR20210125032000004(2022년 12월 12일 최종접속).

30) 경찰청 보도자료(2022.03.02.), "2022년도 경찰대학 합동 입학식"

31) 한민경·김세령(2020). 앞의 논문.

32) 동아일보(2020.10.24.), "김창룡 '경찰, 범죄투사 아닌 문제 해결자'…국제 연설" www.donga.com/news/Society/article/all/20201020/103532745/1(2022년 9월 14일 최종접속).

33) 경찰청 보도자료(2019.2.18.), "회복적 경찰활동 자문단 위촉식 개최 — 경찰청, 공동체 수

호를 위해 회복적 경찰활동 추진"

34) 경찰청 브리핑(2021.6.10.), "인권경찰 구현을 위한 개혁방안 발표-수사권 개혁 및 자치 경찰제 맞아 인권경찰로의 도약 청사진 제시"
35) 박선영·김복태·윤지소(2019).『성평등정책 추진체계 실질화를 위한 젠더거버넌스 강화방 안: 양성평등정책담당관을 중심으로』, 한국여성정책연구원.
36) 박선영(2020).『양성평등정책담당관 1년: 성희롱·성폭력 방지 정책의 성과와 향후 과제』, 양성평등 전담부서 신설 1주년 토론회 자료집.
37) 양성평등정책담당관은 경찰 직제상의 부서를 일컫는 말이다. 부서를 일컫는 담당관과 사 람을 가리키는 담당관의 혼동을 피하기 위해 소제목을 제외한 본문에서 부서를 말할 때는 '양평실'로 줄여 사용한다.
38) 경찰청(2019).『2019 경찰백서』, 16쪽.
39) 경찰청(2018).『2018 경찰백서』, 31쪽. 전체 권고 내용은 △성별 분리 모집 관행의 폐지 △승진 등 인사관리 전반에 있어 적극적 조치(Affirmative Action) 실시 △성평등한 조직 문화와 근무여건 조성 △일·가정 양립 지원 △조직 내 성희롱 및 성폭력 근절을 위해 전 담체계 구축 등 종합대책 마련 △성평등 추진 및 업무전반의 젠더 감수성 향상을 위해 '성평등위원회'구성 등이다.
40) 경찰청(2020). 경찰청 성평등기본계획(2020~2024년).
41) 경찰청은 2018년 이후에서야 계급별, 기능별 성별 분리 통계를 경찰청 홈페이지에 게시하 고 있다. 그러나 경찰통계연보에는 연도별 경찰공무원 정원을 비롯한 많은 통계가 성별 구분 없이 제시되고 있다.

젠더폭력범죄를 방지하기 위한 목적의 법률제정은 1993년 「성폭력특별법」에서부터 시작하여 1997년 「가정폭력방지법」, 2004년 「성매매처벌법」, 2019년 「여성폭력방지법」, 2021년 「스토킹처벌법」까지 20여 년 동안 이어져왔다. 이 장에서는 이러한 법률들이 제정되는 과정의 입법과정을 중심으로 내용을 살펴본 결과, 세 가지의 공통점이 발견되었다. 첫째로, 젠더폭력범죄 방지법의 부재로 인한 누적된 피해로 인하여 발생한 살인이라는 극단적 사건들은 시급한 법률제정의 사회적 배경이 되었다. 둘째는 여성단체가 법 제정운동을 주도하여 입법과정의 의미 있는 주체였다. 셋째는 여성단체들은 법 제정을 위하여 국회의원선거와 대통령선거라는 정치국면을 적극적으로 활용하여 개별 정당이 젠더폭력범죄 법률제정을 공약으로 채택하게끔 적극적으로 활동하였다.

　　젠더폭력범죄를 방지하기 위한 목적의 법률들은 일단 제정을 목적으로 다소 시급하게 이루어졌기 때문에 시행 즉시 개정요구가 있었다. 이번 장에서는 「여성폭력방지법」, 「성폭력특별법」, 「가정폭력방지법」, 「성매매방지법」, 「스토킹처벌법」의 주요 내용을 살펴보았으며, 젠더폭력범죄 관련 법률의 주요 개정 연혁, 핵심내용과 개선과제를 제시하였다.

젠더폭력범죄 관련 법률
: 입법과정을 중심으로

03

조주은

▶ 학습목표

❶ 젠더폭력범죄를 방지하기 위한 법률의 입법과정을 이해할 수 있다.

❷ 여성폭력방지법 제정의 의의와 한계를 알 수 있다.

❸ 성매매가 여성인권과 적극적으로 연관되어 정책화되지 못하는 이유를 토론할 수 있다.

❹ 젠더폭력을 방지하기 위한 개별 법률들의 실효성을 높일 수 있는 방안을 종합적으로 논할 수 있다.

주요용어

▲ 입법과정

▲ 여성폭력방지법

▲ 성폭력

▲ 스토킹처벌법

▲ 가정폭력

▲ 데이트폭력

▲ 성매매

1. 왜 젠더폭력범죄를 방지하는
   법률의 입법과정을 분석하는가?

젠더폭력범죄를 예방하고 피해자를 보호하며 가해자를 처벌하기 위해서는 관련 법률의 제정으로 인한 제도화가 필수적이다. 우리나라는 젠더폭력범죄를 방지하기 위한 목적의 개별 법률이 제정되어 있는 국가이다. 「여성폭력방지법」 제3조(정의)가 규정하고 있는 "여성폭력"은 가정폭력, 성폭력, 성매매, 성희롱, 스토킹, 디지털 성범죄, 데이트폭력이다. 우리나라에서는 이 폭력범죄에 대응하기 위하여 1993년 「성폭력범죄의 처벌 및 피해자보호 등에 관한 법률」[1](이하 '성폭력특별법'이라 함)제정을 시작으로 1997년 가정폭력방지법, 2004년 성매매처벌법이 제정되었고 2021년도에는 「스토킹처벌법」이 제정되기에 이르렀다. 성희롱 관련해서는 「남녀고용평등과 일·가정 양립지원에 관한 법률」에서 규정하고 있다. 다만, 데이트폭력과 관련해서는 「형법」의 일부 조항을 적용하여 가해자를 처벌하고 있고, 피해자 보호를 위한 근거 법률은 아직 제정되지 않은 상황이다.[2] 디지털성범죄 방지 관련해서는 「성폭력처벌법」을 중심으로 「정보통신망 이용촉진 및 정보보호 등에 관한 법률」, 「전기사업법」 등에 흩어져 존재하고 있다. 따라서 이 장에서는 젠더폭력범죄의 모법이라고 할 수 있는 「여성폭력방지법」, 여성인권과 관련한 3대 법률로 논의되어왔던 「성폭력특별법」,[3] 「가정폭력방지법」,[4] 「성매매특별법」[5]과 「스토킹처벌법」의 제정 과정을 둘러싼 입법과정을 중심으로 주요내용을 소개하고자 한다. 성폭력과 관련해서는 입법과정은 「성폭력특별법」을 중심으로 살펴보고, 주요내용은 현재 성폭력 처벌, 피해자보호와 형사절차를 규정하고 있는 「형법」, 개정된 「성폭력처벌법」과 「성폭력방지법」, 「청소년성보호법」도 함께 살펴보도록 하겠다.

이 장에서 젠더폭력범죄 관련 법률에 관해 입법과정을 중심으로 살펴보는 이유는 다음과 같다. 입법과정은 좁게 정의하면 국내 실정법이 제·개정되는 과정을 의미한다. 이러한 입법과정에는 국회에 법률안을 제출한 권한이 있는 국회의원과 정부뿐 아니라 이들에게 입법의 필요성을 제기하고 입법의 전 과정에 걸쳐 영향력을 행사하는 정당이나 시민사회단체, 이익집단 등의 행태와 역할, 상호 역학과정의 영향을 많이 받고 있다. 넓게 정의한다면 입법과정은 정치적·사회적 환경 속에서 의원과 정부는 물론 정당·시민사회단체·압력단체 등 공식적·비공식적 기관이나 세력이 의회의 장을 중심으로 입법을 둘러싼 작용을 영위하는 전 과정을 의미한다고 볼 수 있다.6) 그러나 그동안 입법과정에 대한 학문적 관심과 연구는 저조하였다고 평가할 수 있다. 따라서 국회의 정책 산출을 좌우하는 중요한 변수로서 입법환경에 대한 검토, 특히 젠더폭력범죄 관련 법률의 입법과정에서 중요한 역할을 한 입법주체들(의원, 시민사회단체)의 입법행태에 대한 분석을 통하여 젠더폭력범죄 관련 법률을 둘러싼 역동성을 이해할 수 있는 소중한 기회를 제공할 수 있을 것이다. 이러한 입법과정을 통한 분석은 젠더폭력범죄 방지 법제명, 법률이 집행되는 과정에서 실효성 논란에 휩싸이며 불안정하게 집행되는 구조적 원인을 역사적으로 이해할 수 있도록 할 것이다.

2. 젠더폭력방지 주요 법률제정의 입법과정

여성대상폭력방지를 위한 여성인권 3대 법률이 제정된 입법과정에는 세 가지의 공통점이 존재한다.

첫째로, 젠더폭력범죄 방지법의 부재로 인한 누적된 피해로 인하여 살인이라는 극단적 사건들이 발생하였다. 피해자가 오랜 기간에 걸쳐 젠더폭력의 피해자였다가 가해자를 정당방위 차원에서 살해하거나 피해자가 사망하는 가슴 아픈 사건들이 존재하였다. 그런 사건들은 젠더폭력범죄를 방지하기 위한 법률제정의 사회적 배경이 되었다.

둘째는 여성단체가 젠더폭력범죄 방지법을 제정하는 입법과정에서 의미있는 주체로 등장한다. 가령 「성폭력특별법」이 제정된 배경에는 한국여성의 전화와 성폭력상담소가 중심이 되어 3년 동안 왕성하게 활동한 '성폭력특별법 제정추진위원회'가 존재한다. 1997년의 「가정폭력방지법」이 제정된 배경에는 1994년 4월부터 1997년 12월까지 만 3년이 넘는 시간 동안 한국여성의 전화가 중심이 된 '가정폭력방지법 추진 전국연대'의 입법운동이 존재한다. 2004년의 「성매매특별법」이 제정되는 데에는 여성단체연합을 중심으로 한 여성단체가 여성인권을 위해 입법운동을 벌이고 정부와 협력하여 이루어낸 성과이다. 젠더폭력방지를 내용으로 하는 주요 법률제·개정은 여성단체의 요구와 압박 등의 역할이 있었기 때문에 가능하였다.

마지막으로 여성단체들은 법 제정을 위하여 국회의원선거와 대통령선거라는 정치국면을 적극적으로 활용하여 개별 정당이 젠더폭력범죄 법률제정을 공약으로 채택하게끔 적극적으로 활동하였다. 또한 입법부에는 여성단체의 법 제정요구를 적극적으로 받아들일 국회의원들이 존재했다는 점이다. 성폭력특별법과 가정폭력방지법, 성매매특별법 모두 각각의 법률제정의 국민청원을 국회에 소개하는 여성의원들이 존재하였다. 「여성폭력방지법」은 여성단체들의 요구로 제19대 대통령 선거 (2017. 5. 9.) 시기 '젠더폭력방지법'이라는 법제명으로 더불어민주당의 공약으로 선정되었다가 문재인 대통령이 당선되면서 국정과제로 채택되었다.

표 3-1   젠더폭력범죄 법률제정 관련 국회의 대수 현황

국회 대수 (선거일)	제14대 (1992. 3. 24.)	제15대 (1996. 4. 11.)	제16대 (2000. 4. 13.)	제20대 (2016. 4. 13.)	제21대 (2020. 4. 15.)
시기	1992~1996	1996~2000	2000~2004	2016~2020	2020~2024
법률명	성폭력특별법	가정 폭력 방지법	성매매방지법	여성폭력 방지 기본법	스토킹 처벌법
특이사항	3당의 공통 선거공약	모든 정당이 법안 발의	화재참사로 성매매집결지 여성들의 인권유린실태가 법안통과의 동인(動因)이 됨	제19대 문재인 정부의 국정과제	문재인 정부 공약 이행 및 국정과제 성과

1) 여성폭력방지법[7)]

문재인 정부 공약으로 제기되고 100대 국정과제로 선정되었던 제정법제명은 '젠더폭력방지법'이었다. 의원입법으로 발의된 법안의 제명은 '여성폭력방지법안'이었다. 법제명은 그 법이 보호·지원하고자 하는 대상과 밀접하게 관련된다. 따라서 20대 국회에서 「여성폭력방지법」이 제정되기까지 법제명, 그것과 연관된 보호·대상을 두고 관련 TFT에서부터 시작돼 여성가족위원회 제1차 법안심사소위원회(2018. 9. 12.), 법제사법위원회 제2차 법안심사소위원회(2018. 12. 3.) 수정가결에 이르기까

지 의원들 간 진지한 질의·응답과 심도깊은 토론이 있었다.

그리고 공무원, 연구자들, 현장의 활동가들이 함께 참여하였던 '여성폭력 근절을 위한 기본법(가칭) 마련 TFT'에서도 법제명은 '젠더기반여성폭력기본법'이었다. 정춘숙 의원이 대표발의한 법안명은 '여성폭력방지법안'이었다. 제3조(정의)에서 규정하는 "여성폭력"은 성별에 기반한 폭력이다. 의원안과 여성가족위원회 법안심사소위에서 이 법안에 근거하여 보호하고자하는 성별은 여성에 한정되지 않고 남성피해자, 사회적 약자까지 포괄해야 한다는 합의가 있었다. 관련하여 국민들이 이해하기 쉽도록 하기 위한 법제명들(사회적 약자를 위한 폭력방지법, 성차별에 의한 폭력방지법, 여성에 대한 폭력방지기본법)에 대한 제안이 있었다.

○ **송희경 의원** 저도 말씀을 좀 드리면 공청회 때 그런 얘기가 많이 나왔지요. 젠더라는 얘기는 솔직히 어려워요. 그런데 보통 제정법이라고 그러면 약간 뉴트럴(neutral)하게 중립적이어야 되고 포괄적인 의미가 돼야 하는데 이 법의 내용에 대해서는 엄청나게 공감하는 내용이 다 있는데 법명이 그렇다는 내용에 대해서는… 그러면 제가 어떤 내용으로 이걸 포괄할 수 있을까 해서 오히려 '사회적 약자를 위한 폭력방지법' 이렇게 바꾸면 어떨까? 그러니까 사회적 약자라고 하면, 대부분의 폭력에 의한 약자는 여성들이거든요, 그게 완력에 의한 것이고 근력에 의한 것이기 때문에, 그리고 군대 같은 데에서도 부하 직원이 당하는 경우가 많고 그 다음에 아까 말씀하셨지만 남자아이들에게 하는, 그래서 이걸 사회적 약자를 포괄할 수 있는 법이고 오히려 구문이나 이런 데서 여성피해자를 좀 더 강조하는 걸로 하면 어떨까 하는 생각을 저도 했어요. 존경하는 정춘숙 의원님이 그 말씀을 하시니까 포괄적인 의미에서 법명이 조금 바뀌는 것은 어떨까 하는 의견을 조심스럽게 내봅니다.

(중략)

○ **표창원 의원** 저도 송희경 의원님하고 정확히 똑같은 생각인데 다만 사회적 약자라고 하면 너무 범위가 넓어지니까 혹시 이것을 '성차별 폭력'으로 하면 어떨까 싶습니다. (중략)

○ **여성가족부 차관** 일단 저희 행정부에서 의견을 드리면 사실 '성차별에 기반한 폭력'이라고 하면 성차별이라고 하는 게 무엇인가에 대한 정의가 돼야 되는데 일상적으로 차별에 대한 정의라고 하는 것은… 매우 복잡한 과정을 거치게 됩니다.

○ **여성가족부 차관** 지금 피해자 대부분이 여성이긴 하지만 일부 남성들도 포함될 수 있는 현실을 반영해야 할 것 같습니다. 그래서 '여성폭력 등 방지 기본법'으로 법제명을 변경하는 수정의견을 드립니다.

○ **표창원 의원** 실제로 그렇고 하지만 가정폭력도 남성피해자를 배제하는게 아니잖아요? 성폭력도 남성피해자를 배제하는게 아니고, 그 수가 대단히 소규모이기는 하지만. 또 하나의 문제는, 어쨌든 그래도 이 법의 제정 취지 등을 감안해서 여성대상 폭력으로 한다고 하더라도 여성폭력이라는 말 자체가 너무 낯선 것 같아요. 여성폭력이 여성이 저지르는 폭력인지 여성을 대상으로 한 폭력인지 참조할 수 있는…

○ **정춘숙 의원** 그러니까 제목은 '여성에 대한 폭력방지기본법' 이렇게 할 수 있고 이 것을 '(여성폭력)' 이렇게 쓸 수는 있을 것 같습니다. 그래서 '여성에 대한 폭력방지기본법' 이렇게 하려고 했는데 이게 너무 길어 가지고 여성폭력으로 썼는데 그것은 가능할 것 같습니다. 여성에 대한 폭력방지기본법…

자료: 제364회 여성가족위원회 법안심사소위원회 제1차 회의록(2018. 9. 12.)

「국회법」에 근거하여 관련 상임위원회 법안심사를 통과한 법안은 법제사법위원회의 체계·자구 심사를 받게 돼 있다. 여성가족위원회 법안심사소위를 통과하여 법제사법위원회의 심사를 받게 된 '여성폭력방지기본법안'은 행정부의 '여성폭력 등 방지 기본법'으로 법제명을 변경하는 수정의견에 대하여 법제명과 내용일치에 대한 지적을 받게 되었다. 결국 국회 법사위에서 여성폭력의 정의가 '성별에 기반한 폭력'에서 '성별에 기반한 여성에 대한 폭력'으로, 법제명도 「여성폭력방지기본법」으로 수정·가결되었다. 최초 법안과 여가위 심사를 거치는 과정에서도 폭력피해자는 "성별에 기반한 폭력"으로 남녀모두를 포괄하였다. 그러나 법사위 체계·자구 심사를 받는 과정에서 폭력피해자의 성별은 '여성'으로 좁혀지게 되었다.

○ **소위원장 김도읍** 다음으로 여성가족위원회 소관 법률안에 대하여 심사하겠습니다. 의사일정 제13항 여성폭력방지기본법안을 상정합니다. 강병훈 전문위원 보고해 주시기 바랍니다.

○ **전문위원 강병훈** (보고 내용 생략)

○ **소위원장 김도읍** 정부 의견 주시기 바랍니다.

○ **여성가족부 차관 이숙진** 지금 피해자 대부분이 여성이긴 하지만 일부 남성들도 포

함될 수 있는 현실을 반영해야 할 것 같습니다. 그래서 '여성폭력 등 방지 기본법'으로 법제명을 변경하는 수정의견 드립니다.

(중간 생략)

○ 소위원장 김도읍 아니, 여성계에서 하든 뭘 하든 취지는 공감하지만 법을 제대로 해 갖고, 제명과 법안 내용이 일치를 해야 될 것 아닙니까? (중간 생략)

차관님 말씀을 들으면 이 법 통과는 정말 난망해지고요. 사실상 남성이든 여성이든 폭력 피해에 대해서는 처벌할 수 있는 규정들이 다 있잖아요. 단 여기에도 나와 있다시피 신체적·정신적 안녕과 안전할 수 있는 권리 등을 침해하는 행위 이런 등등 해 가지고 특별히 보호해야 될 가치가 있는 여성에 대해서, 이런 부분은 사실 양형으로도 조정이 될 수 있어요. 특별하게 우리가 여성을 보호하기 위해서 법을 만들어 보자는 취지 아닙니까? 그런데 자꾸 이런저런 말씀을 하시면 꼬이는 거예요. 이 법을 통과시킬 수 없고. 그 다음에 정춘숙 의원님께서 발의하셨고 순수하게 여성피해자를 보호하는 법으로 한 취지도 우리가 확인을 했습니다.

자료: 제364회 국회 법제사법위원회회의록(법안심사제2소위원회) 제2호(2018. 12. 3.) 中 13. 여성폭력방지기본법안(정춘숙 의원 대표발의) 심사 회의록

여가위 및 법사위 심사 과정에서 여성폭력에 대한 정의와 범주에 남성폭력을 배제함으로써 여성폭력의 일차적 피해자를 여성으로 명확히 함으로써 법명과 정의 규정의 불일치 논란은 법조문 체계상으로는 해소된 것으로 사료된다. 가정폭력 등 일상 생활 속에서의 폭력 피해자의 90% 이상이 여성이라는 현실과 이에 대한 국가적 차원의 특별한 관심과 대책이 필요하다는 이른바 시대정신의 반영과 아울러 데이트폭력, 스토킹, 디지털성범죄 등 현행 법률의 사각지대를 기본법 제정을 통해 다소나마 커버할 수 있는 법적 근거를 마련하였다는 점에서 기본법의 제정은 다양한 형태의 폭력으로부터 여성을 보호하는 기능을 할 것으로 기대된다.

다만, 이 법이 성별을 기반으로 하는 폭력의 사각지대를 메우는 법률제정으로서의 의의를 갖는다면, 피해남성이 소수라고 하더라도 "여성폭력"에 대한 정의가 여성에 대한 폭력으로 한정된 것에 대한 개선은 향후과제로 남겨두어야 할 것이다.

2) 성폭력특별법

1990년대 전후, 1988년 2월의 변○○씨 사건8), 12월의 강○○씨 윤간사건, 1991년의 김○○·김○○ 사건9) 등 일련의 성폭력사건이 사회문제로 여론의 집중적 조명을 받게 되면서부터 성폭력 피해자의 권리보호에 대한 논의가 본격적으로 시작되었다. 1991년 4월 한국성폭력상담소가 개소하면서 여성폭력방지를 위한 개별적인 노력이 전개되기 시작하였다. 1991년도에는 '성폭력특별법제정추진위원회'가 결성되었다. 일명 '성폭력특별법'은 제14대 국회의원선거(1992. 3. 24.)를 앞두고 여성운동단체들의 강력한 요구에 직면하여 3당의 공통 선거공약으로 등장하였다.10) 제14대 국회가 개원하자마자 민자당, 민주당의 의원들이 성폭력 관련 세 개의 의원안을 각각 발의하였고, 민주당 소속 이우정 의원은 「성폭력대책에 관한 특별입법청원」을 소개하여 제출하였다.

그림 3-1 성폭력특별법 제정을 촉구하는 시민사회의 활동들

자료: 한국성폭력상담소 제공

대한민국 국회에서 성폭력방지와 관련한 제정법 형태의 법안을 최초로 대표 발의했던 두 명의 여성의원들은 모두 초선의 비례대표 의원이었다. 더불어 2건의 법안발의를 한 2명의 의원들은 남성 국회의원이었다. 성폭력특별법 제정이 여야 모두의 당론이었던 당시 정치적 분위기를 고려하더라도 남성 의원들도 여성정책에 관심을 갖게 되고 있다는 점, 여성유권자를 의식하지 않을 수 없을 정도로 여성들의 의식수준이 높아지고 있다는 점, 의회를 상대로 압력을 가하며 관련 입법활동을 충실히 하였던 여성단체가 정치적 주체로 성장하였다는 점을 보여주고 있다.

법제사법위원회에서는 1993년 5월 11일 공청회를 개최하여 학계·법조계 및 여성단체의 의견을 수렴하여 위원회 대안을 채택하여 본회의에 대안을 제기하였다. 1993년 12월 17일에 개최된 제14대 국회 제165회 제22차 국회본회의에서도 성폭력범죄의처벌및피해자보호등에관한법률안(대안)(법제사법위원장 현경대 제출)은 본회의에서도 위원장 대안은 만장일치로 가결되었다.

표 3-2   제14대 국회 성폭력특별법 발의현황

제안자(제안일자)	성별 및 정당, 대표유형과 선수	법률제명	처리사항
강선영, 주영자 의원 외 20인(1992. 7. 13.)	여성, 민자당, 비례대표, 초선	성폭력예방및규제등에관한법률안	대안반영 폐기
박상천(1992. 7. 22.) 외 95인	남성, 민주당, 지역구 대표, 재선	성폭력행위의처벌과피해자보호등에관한법률안	대안반영 폐기
변정일(1992. 10. 31.) 외 29인	남성, 민자당, 지역구 대표, 재선	성폭력행위처벌등에관한법률안	대안반영 폐기
법제사법위원장(1993. 12. 17.)	남성, 지역구 대표, 재선	성폭력범죄의처벌및피해자보호등에 관한 법률안(대안)	원안가결

○ 의장 이만섭   의사일정 제1항 성폭력범죄의처벌및피해자보호등에관한법률안(대안)을 상정합니다.
법사위원회 함석재 의원 나오셔서 제안설명해 주시기 바랍니다.

○ **함석재 의원** 법제사법위원회 함석재 의원입니다. 법제사법위원회에서 제안한 성폭력 범죄의처벌및피해자보호등에관한법률안(대안)에 대하여 제안설명을 드리겠습니다.

(중략)

이와 같이 이 대안은 성폭력범죄에 대한 처벌을 강화하고 성폭력피해자에 대한 각종의 보호조치를 법제화한 것인 만큼 아무쪼록 의원 여러분께서도 저희 법제사법위원회에서 제안한 대로 만장일치로 의결해 주시면 감사하겠습니다.

이상으로 제안설명을 마치겠습니다.

감사합니다.

○ **의장 이만섭** 그러면 성폭력범죄의처벌및피해자보호등에관한법률안(대안)에 대해서 여러 의원들께서 이의가 없으십니까?

(「없습니다」하는 의원 있음)

가결되었음을 선포합니다.

자료: 제165회 국회, 국회본회의회의록 제22호(1993. 12. 17.)

이처럼 1994년에는 「성폭력범죄의처벌및피해자보호등에관한 법률」을 제정함으로써 성폭력을 처음으로 법적으로 규정하고, 사법처리절차에서 특례를 인정하여 피해자 보호시설을 설치, 운영 및 지원을 명문화하였다. 피해자 성별의 대부분이 여성인 동법률이 제14대 국회회기인 1993년에 여당과 야당 소속, 남성과 여성 의원들의 입법발의에 의하여 큰 거부감 없이 제정될 수 있었던 입법배경과 과정에서도 알 수 있는 것처럼, "성범죄는 근절되어야 할 사회적 범죄"라는 전 국민적 공감대가 형성되어 성폭력처벌법의 개정은 지속적으로 이루어져 왔다.

3) 가정폭력방지법

1994년 UN이 정한 '세계 가정의 해'를 맞아 한국여성의 전화는 본격적으로 「가정폭력방지법」 제정운동을 시작했다. 1994년 5월 6일부터 13일까지를 '가정폭력추방주간'으로 설정하고 행사를 마치며 '가정폭력방지법 추진 전국연대'(이하 '전국연대'라 한다)를 결성하였다. 전국연대는 1996년 4월 총선을 겨냥해, 1995년 10월부터 1996년 3월까지를 「가정폭력방지법」 가시화의 시기로 정하고 힘을 모았다. 1996년 8월에는 전국의 22개 사회단체가 참여한 「가정폭력방지법」 제정추진 범국민운동본부가 발족하였다. 1996년 9월 24일 범국민운동본부 주최로 「가정폭력방지법」 시안 공청회가 열렸다. 범국민운동본부는 법안에 대한 내부 설명회까지 마친 후 전체 5장 50조로 구성된 법안을 8만 5천여 명의 서명으로 국회에 청원했다.

  이러한 '가정폭력방지법 제정추진 범국민운동본부'의 활동에 자극 받은 각 당은 '97년 하반기 신한국당, 새정치국민회의, 자유민주연합의 세 정당에서도 각각 가정폭력방지법안을 제출했다. 제15대 국회에서 가정폭력을 방지하기 위한 목적의 7개의 법률안이 발의되었다. 법안을 발의한 의원들의 성별, 정당, 대표유형과 선수들이 다양하게 구성되어 있다. 그러나 범국민운동본부의 노력에도 불구하고 국회에서 「가정폭력방지법」이 논의되지 않자 국회의원들에게 정치적 압박을 가하였다. 결국 1997년 10월 국회법제사법 전문위원들과 여성단체 대표 간의 가정폭력방지법안에 대한 법안 내용을 조문별로 검토하는 축조심의가 이루어졌다. 범국민운동본부의 줄기찬 노력으로 1997년 11월 17일과 18일 위원장 대안으로 「가정폭력범죄의 처벌 등에 관한 특례법안」과 「가정폭력방지법」이 각각 국회에서 통과되었다.

표 3-3 제15대 국회 가정폭력방지법 발의현황

제안 (제안일자)	성별 및 정당, 대표유형과 선수	법률제명	처리사항
신낙균 의원 (1996. 10. 30.)	여성, 새정치 국민회의, 비례대표, 초선	가정폭력방지법안	대안반영 폐기
임진출 의원 (1996 11 22.)	여성, 무소속, 지역구 대표, 초선	가정폭력범죄의처벌등에관한특례법안	대안반영 폐기
권영자 의원 (1996. 11. 22.)	여성, 신한국당, 비례대표, 초선	가정폭력방지및피해자보호등에관한법률안	대안반영 폐기
함석재 의원 (1996. 11. 28.)	남성, 자유민주 연합, 지역구 대표, 재선	가정폭력방지법안	대안반영 폐기

신낙균 의원 (1997. 10. 22.)	여성, 새정치 국민회의, 비례 대표, 초선	가정폭력방지및피해자보호등에관한법률안	대안반영 폐기
위원장 (1997. 11. 17.)		가정폭력범죄의처벌등에관한특례법안	원안가결
위원장 (1997. 11. 18.)		가정폭력방지및피해자보호등에관한법률안	원안가결

【검토보고서】

가정폭력방지법안(2건)에 대한 의견제시의 건
검토보고

1. 제안자
 Ⅰ안: 가정폭력방지법(신낙균·이해찬·정희경·추미애·한영애·김한길·이성재 의원
　　　 외 72인)
 Ⅱ안: 가정폭력방지법(함석재 의원 외 48인)

2. 제안이유
가. Ⅰ안(국민회의 안)
　　이 법안은 그 입법의도를 '가정의 해체'를 최대한 억제하면서 가해자에 대해서는 형
　사처벌보다는 오히려 국가가 신속하게 개입하여 폭력을 제지하고 그 폭력성을 교
　정하려는 여러 가지 시도를 행하고 피해자에 대해서는 국가가 최대한 보호를 베품
　으로써 궁극적으로는 '건전한 가정'을 보호·회복·육성하려는 데 두고 있음.
　　　　　　　　　　　　　　　　(중략)

3. 중략
　　　　　　　　　　　　　　　　(중략)

나. Ⅱ안(자민련 안)
　　① 모든 국민은 건전한 가정과 가족제도가 유지 발전되도록 노력하여야 하며 국가
　와 지방자치단체는 가정폭력의 예방을 위하여 노력을 기울여야 함(안 제3조)
　　　　　　　　　　　　　　　　(중략)

　　그러나 가정폭력 문제는 외부 개입 없이 가정 내에서 해결하는 것이 가장 이상적

당시 국민회의 안과 자민련 안으로 대표되어 보건복지위원회에서 심사된 가정폭
력방지법안은 가정폭력을 가정 내의 문제로만 치부되어 사회적으로 방관·조장되어
왔던 현실을 반성하면서 가정폭력은 사회와 국가가 개입해야할 사회적 문제로 바
라보았다는 의의가 있다. 그러나 당시 검토보고서에서도 볼 수 있듯이 제정당시부
터 가정폭력방지법안은 피해자 개인의 인권보다는 가정의 해체를 최대한 억제하면
서 건전한 가정과 가족제도가 유지 발전되도록 하려는 것이 입법목적이었다. 현재
가족법학자나 여성계가 가정폭력처벌법의 목적, 반의사불벌죄, 가정폭력행위자에
대한 상담과 교육 등을 통한 성행교정방식에 대한 문제제기는 입법취지를 비롯한
입법배경에 뿌리를 두고 있다고 볼 수 있다.

4) 성매매특별법

성매매특별법이 제정되기 전까지 30여 년 동안 법체계나 대중의 인식은 아직도
성매매여성을 도덕적으로 타락한 여성이라는 의미의 '윤락(淪落)여성'으로 부르면서
성매매 문제의 책임을 이들에게 전가하는 문제점을 갖고 있었다[11]. 이러한 상황에
서 성매매여성의 인권보호를 주 목적으로 제정된 법률이 성매매특별법[12]이다.

성매매특별법이 제정된 제16대 국회는 여성정책을 위한 입법환경의 측면에서 중
요한 변화가 있었다. 제16대 국회의원 총선에서는 전체 273인의 국회의원 중에서
18인의 여성의원이 당선되었다. 제헌국회 이래로 여성의원이 전체 의석의 5%가 넘
게 당선된 것은 제16대 국회가 처음이었다.[13] 행정부에는 2001년에 여성부가 신설
되어 입법부에는 2002년에 처음으로 여성위원회가 상임위원회로 설치되었다. 제16
대 국회에서 여성위원회가 상임위원회로 설치되었다는 것은 여성정책의 입법에 유
리한 입법환경이 조성된 것으로 평가할 수 있다.

표 3-2   성매매특별법 제정의 계기가 된 사건과 관련 법 제정 촉구 집회 현장 사진

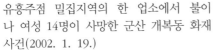

유흥주점 밀집지역의 한 업소에서 불이   군산개복동화재참사대책위의 성매매방지법
나 여성 14명이 사망한 군산 개복동 화재   제정을 촉구하는 집회(2002. 2. 21.)
사건(2002. 1. 19.)

자료: 성매매문제해결을위한전국연대 홈페이지 내 성매매여성인권아카이브(achive. jkyd2004.org)

   성매매특별법은 2000년 이후 수차례에 걸친 화재 사건으로 죽어간 성매매여성들
의 희생에서 나온 것이다. 2000년과 2002년 군산 대명동[14]과 개복동에서 발생한
화재 참사로 성매매 알선집단에 의한 여성들의 인권침해 현실이 밝혀지면서, 2001
년 11월 한국여성단체연합이 청원한 법에 기초해서, 다음 해인 2002년 9월 국회의
원 86명이 발의하고, 2004년 9월 23일 법안 의결에 참석한 국회의원이 만장일치(1
명 기권)로 통과시킨 「성매매처벌법」과 「성매매피해자보호법」이다. 성매매처벌법의
제정은 성매매공급자와 중간매개체를 차단하여 우리 사회에 만연되어 있는 성매매
알선등행위와 성매매를 근절하기 위한 목적에서 이루어졌고 특히 성매매알선등행
위의 확산을 방지하기 위해서 성매매와 관련된 채권은 '계약의 형식이나 명목에 관
계없이 이를 무효로 한다'고 규정해 성매매 선불금을 무효로 하는 조항을 마련하였
다. 성매매피해자보호법의 제정은 '윤락행위'에서 '성매매'로 개념을 바꾸고, 윤락에
서 성매매피해자의 인권이라는 개념을 등장시켜, 성매매피해자 등 보호·자립 지원,
시설의 설치·운영에 대한 법적·제도적 장치를 마련했다는 의의가 있다.

20. 성매매알선등범죄의처벌및방지에관한법률제정에관한청원(조배숙 · 이연숙 · 송영길 의원
    의 소개로 제출)

○ **조배숙 의원** 존경하는 함석재 법제사법위원장님, 그리고 법제사법위원회 위원님 여
러분! 성매매알선등행위의처벌및방지에관한법률안 및 관련 청원에 대한 제안설명을
드리게 되어서 매우 뜻깊게 생각합니다.

제1961년 제정된 윤락행위등방지법상 성매매는 금지하고 있으나 현실적인 규범력
을 상실하여 성매매산업은 급속도록 확산되고 보편화되고 있습니다. 이런 현실을
40여 년간 방치한 끝에 급기야 군산에서 두 차례의 성매매업소 화재 사건이 발생
하였으며, 우리 사회 성매매의 심각성과 착취받는 여성들의 인권에 대한 관심이 모
아져서 법 제정의 공감대가 형성되었습니다.

현행 윤락행위방지법의 문제점으로, 첫째… 둘째, 우리나라의 국제적 인신매매의
심각성은 언론의 대대적인 보도에 이어 미군 기지촌 내자국 여성 인권침해에 대한
외국 정부의 손해배상소송 등 국제적으로 망신을 당할 위기에 놓여 있습니다.

그럼에도 불구하고 우리의 경우 '국제적 인신매매'에 대한 명확한 개념정의도 되어
있지 않아 성 착취를 목적으로 한 여성 및 아동의 인신매매근절의 국제기준에 맞는
법적 · 제도적 조치가 시급합니다.

(중략)

○ **법사위 A 의원** 조배숙 의원, 난 잘 몰라서 한번 물어보겠는데 법을 보니까 성폭력
범죄의처벌및피해자보호등에관한법률, 금방 만들려고 하는 것은 성매매알선등행위
의처벌및방지에관한법률, 또 여성위원회에서 만들려고 검토하고 있다는 것이 성매
매방지및피해자보호등에관한법률, 또 그것 말고도 청소년의성보호에관한법률… 하
여간 성에 관해서 엄청 많은데 통합해서 하나로 만들 방법은 없나요? 폭력 행위하
는 놈 처벌하고, 매매 알선하는 놈 처벌하고…

○ **법사위 B 의원** 저도 A 위원님 말씀에 매우 공감하는 바가 있는데, 요즘 여성만 성
을 파는 것이 아니고 청소녀도 성을 팔고 호스트바가 생기는 것을 우리가 텔레비전
에서 봅니다마는, 성의 매매라는 것은 우리 사회뿐만 아니라 여러 나라의 일반적인
현상인데 우리가 정도가 심하다고 하는데, 이것을 뿌리 뽑는 것은 법을 자꾸 만들
어 가지고 해결될 문제는 아니지 않느냐 하는 생각을 우리 여성부에서나 여성위원
에서 검토해 봤으면 좋겠어요. (중략) 어떤 기회가 있을 때마다 특별법을 자꾸 양
산함으로써 법 상호간에도 모순이 생기는데, 이런 점을 차제에 조배숙 의원님께서

다만, 성매매처벌법 제정의 배경에는 2000년대 초반에 연이어 발생한 화재참사로 무참히 사망하였던 여성들의 희생과 남성 국회의원의 저항을 완화시킬 수 있었던 "(윤락행위방지법의 문제점으로 인한) 나라망신" 논리가 존재하였다. 법사위 회의록에서도 확인할 수 있는 것처럼, 조배숙 의원의 열정적인 제안설명에 대하여 법 제정에 대한 남성의원들의 우회적인 반대를 확인할 수 있다. '사회적 필요악'이라는 성매매를 법 제정으로 '여성에 대한 성적 폭력과 착취'로 규정할 수 있게 되었지만 감금되는 정도의 강제적인 행위가 개입될 때만 성매매피해자의 지위를 획득하게 되는 것은 일단 법 통과를 위한 입법전략이었다. 그러나 젠더폭력범죄를 방지하기 위한 법 제정의 어려움을 고려하여 "일단 법부터 통과시키자"는 입법전략은 대부분이 피해자인 여성들을 보호하지 못하는 한계로 작용하게 된다.

5) 스토킹처벌법

1990년대부터 스토킹으로 인한 피해와 고통을 호소하는 목소리는 끊임없이 있었다. 그러나 당시 "열 번 찍어 안 넘어가는 나무 없다", "끈질기고 집요한 구애행위"로 가볍게 치부하는 사회적 분위기가 만연하였다. 또한 스토킹 개념이 불명확하여 처벌범위를 확정하기 어렵고,[15] 다수의 국민을 범죄화할 수 있다는 이유로 법제화에 반대하는 의견도 상당하였다. 1999년(제15대 국회)에 최초로 「스토킹 처벌에 관한 특례법안」이 발의된 이후 매 대 국회에서 법안이 발의되어 제21대 국회에 이르러서 총 24건의 스토킹 관련 법률안이 발의되었다. 대한민국 헌정역사상 국회 제15대 국회부터 제21대 국회에 이르기까지 특정범죄를 처벌하기 위한 목적의 제정 법안이 지속적으로 발의된 것은 유례가 없다. 그간 스토킹은 2012년 「경범죄처벌법」 개정으로 신설된 '지속적 괴롭힘'(제3조 제1항 제41호)조항으로 처벌받아왔다(범칙금 8만 원).

스토킹처벌법 제정은 문재인 정부(2017년~2022년)의 공약이행 및 국정과제의 성과였다. 문재인 정부 출범 후 스토킹처벌법 제정을 위하여 2017년부터 경찰청, 법무부, 여성가족부, 법원, 여성단체 등이 함께 참여하는 '젠더폭력 TF'와 '스토킹처벌법 제정위원회'가 운영되었다. 여성단체 활동가 출신의 국회의원 2명은 제21대 국회가 개원하자마자 각각 스토킹처벌법안을 1호 법안으로 발의하였고, 이어서 관심 있는 여야의원들 7명이 스토킹처벌법안을 발의하였다. 정부안은 2020년 3월 20일에 국회에 제출되었다. 2020년 최종 차관회의에 상정된 정부안 초안은 다음과 같다.

제4조(긴급잠정조치) ① **사법경찰관**은 스토킹범죄가 **재발될 우려**가 있고 긴급을 요하여 제7조제1항에 따른 법원의 잠정조치 결정을 받을 수 없을 때에는 직권으로 또는 피해자나 그 법정대리인의 신청에 의하여 같은 항 제2호 또는 제3호에 해당하는 잠정조치를 할 수 있다.
제5조(잠정조치의 청구) ① **검사**는 스토킹범죄가 재발될 우려가 있다고 인정하는 경우에는 **직권으로 또는 사법경찰관의 신청에 의하여 법원에 제7조제1항 각 호의 잠정조치를 청구할 수 있다.**
제6조(긴급잠정조치 후 잠정조치의 청구) ① 사법경찰관은 긴급잠정조치를 한 때에는 지체 없이 검사에게 제5조에 따른 잠정조치의 청구를 신청하여야 한다.

경찰청은 정부안 초안에 대하여 다음과 같은 내용의 이견을 제출하였다. 정부안 초안에서의 긴급잠정조치는 '스토킹범죄가 재발될 우려가 있을 때' 가능하다고 규정한 것 관련하여 스토킹과 같은 비정형적인 다양한 위험 상황을 규정하는 범죄에 공권력이 제대로 대응하기 위해서는 신속하고 적극적인 현장 조치가 가능하도록 범죄 이전 위험 상황에서 피해자 보호조치를 집행할 수 있는 권한을 경찰에게 부여하는 것이 필요하다. 따라서 스토킹범죄 '재발 될 우려'를 스토킹범죄가 '발생할 우려'로 이견을 제시하였다. 그리고 긴급잠정조치·잠정조치 결정구조를 경찰 → 검찰 → 법원 3단계 구조로 규정한 것과 관련하여, 3단계 결정구조는 피해자 보호조치가 결정되는 데까지 물리적으로 시간상의 공백이 불가피하므로 결정구조의 이원화(警 → 法)가 필요하다는 내용이다. 경찰청의 이러한 의견을 참고하여 정부안 초안은 스토킹범죄 이전 경찰이 판사의 승인을 받아 접근금지를 할 수 있도록 하고, 위반시 형사처벌될 수 있도록 최종 수정되어 정부안이 국회에 제출되었다. 2021년 3월 23일 가해자 김태현(25세, 남)은 택배기사로 가장하여 피해자의 집에 침입, 피해자와 어머니 등 세모녀를 칼로 찔러 살해한 사건,16) 즉 스토킹행위가 강력범죄로 이어지는 사건들이 발생하였다. 이 사건을 계기로 우리 사회가 그동안 스토킹범죄에 대해 얼마나 안일하게 대응을 했는지에 대한 전 국민적 공분이 있었고, 스토킹범죄부터 피해자를 보호하기 위한 법안통과의 필요성이 더욱 절실해졌다. 결국 국회의 대응도 빨라져서 1개의 정부안과 9개의 의원안이 법사위에 일괄 상정되어 심사되었고, 법사위 법안심사소위에서부터의 쟁점, 즉 스토킹행위에 대한 정의, 범죄 이전의 경찰개입(범죄예방), 범죄이전 가해자와 피해자 간 분리조치가 검사단계를 거칠 필요가 없는 경찰의 행정작용인지 여부를 두고 치열한 논의가 있었다.

○ **소위원장 백혜련** 먼저 의사일정 제1항부터 제10항까지 스토킹처벌의 처벌 및 피해자보호 등에 관한 법률안 등 10건을 일괄하여 상정합니다.

이용구 법무부 차관님, 김형두 법원행정처 차장님, 송민헌 경찰청 차장님께서 출석하셨습니다.

박철호 전문위원이 지난 논의된 내용 포함해서 보고해 주시기 바랍니다.

(중략)

○ **경찰청 차장 송민헌** 기본적으로 사실은 이 스토킹범죄의 양상이 초기에 경찰단계에서 적절하게 조치를 취하지 않으면 그 피해 양상이 점점 강력범죄의 희생자가 될 수 있습니다.

그래서 가정폭력 처벌법 응급조치 중에서는 현행범 체포라는 사법경찰작용도 들어가 있습니다. 그렇기 때문에 이 응급조치를 어떻게 설계할 것인지는 그 범죄 양상과 특성을 고려를 해야 됩니다. 그래서 이 접근금지 부분도 원래는 응급조치 영역인데 이 부분이 기본권 제한적 요소가 있으니 이 부분에 대해서는 판사의 허가를 득해서, 기본적으로 결정하는 것은 경찰서장이고 판사의 허가절차를 경유해서 좀 더 통제를 받으라는 취지입니다. 그래서 기본적으로 이것은 범죄 발생 전 단계, 발생 우려가 있는 경우이기 때문에 이 부분은 행정경찰작용 영역입니다. 감영병 예방법도 마찬가지입니다.

(중략)

○ **송기헌 위원** 지금 100m 접근금지라든지 이런 것까지 하는 것은 반드시 법원의 어떤 결정을 받게 되어 있고, 법원의 결정을 받게 되는 것은 우리나라에서 거의

100%가 검사가 청구하도록 되어 있는 거예요. 왜냐하면 그런 경우에 국가의 대리인, 피해자의 대리인은 검사로 하도록 한게 검사의 기본적인 취지 중의 하나거든요. 그래서 이런 것이거든, 그게.

그러니까 법원에 가서 그 사건에서 피해자를 대리하거나 아니면 국가를 대리하는 사람은 검사로 하도록 그렇게 구조가 정해져서 그런 거예요, 그게. 구조가 그래서 이해가 잘 안 가서 그래요. 일반적인 체제가 있는데 일반적인 체제가 아닌 것을 아닌 것을 하니까 이상하다고요…

○ **법원행정처 차장 김형두** 제가 잠깐 한마디만… 법원행정처 차장입니다. 사실 법원도 법이 이렇게 되어 있어 가지고 상당히 당황스럽거든요. 이게 못 보던 구조인데 지금 공직선거법 위반해서 통신 관련 선거범죄 수사할 때 그 건수는 몇 건 안 돼요. 8페이지 표에 건수를 표시해 드렸는데, 거기에 있는 숫자보다도 이러한 통신 관련 범죄로 법원으로 바로 오는 것은 사건 수가 몇 건 안 됩니다. 사실상. 이게 가벼운 스토킹행위에 관한 것은 수만 건에 달한 것인데 그런데 이것을 판사가 발부 또는 기각만 결정을 해야 된다고 하면 그것은 굉장히 부담이 됩니다. 이게 지금 상황도 잘 모르겠고, 경찰에서… 기존에는 검찰이 스크린을 해 가지고 이게 오잖아요. 그러면 '아, 이렇구나'하고 기존에 하던 대로 영장업무를 하면 되는 것인데 이게 막 바로 그냥 몇만 건이 법원으로 들어오면 판사 입장에서는 이것을 제대로 스크린하기가 굉장히 힘들어집니다. (중략) 이게 이게 지금 지금 인신에 관한 제한조치인데 이게 요건을 갖추었는지를 법률전문가인 검사가 스크린을 해 줘야 우리가 재판을 하는 건데…

○ **김남국 위원** 그러니까 차장님, 제 말씀 잠깐 들어 주십시오.

지금 여기 논거는 '업무 부담이 가중되어서 신속한 사건 처리 등에 지장이 초래될 우려가 있음' 이렇게 되어 있는데 이것은 국민들이 봤을 때는 매우 부적절한 논거다라는 생각이 듭니다. 이런 논거는.

(중략)

○ **법무부 차관 이용구** 신속성 때문에 그렇습니다. 아무래도 검사를 거치게, 그러니까 성격이 사법작용이 아니기 때문에, 검사를 거치는 것은 범죄 발생 이전에 검사가 관여할 것은 특별히 법에 규정이 되어 있으면 모르겠지만 그건 원론적으로는 좀 예외적인 현상이다라는 측면이 하나가 작동이 됐고요. 검사를 거치게 되면 아무래도 신속성이 떨어진다. 그래서 바로, 원래 경찰서장이 할 수 있는 것을 판사의 예외적인 승인을 덧붙인 것이기 때문에 검사가 빠져도 되지 않느냐라고 보았습니다.

(중략)

○ **유상범 의원** 그러니까 기본적으로 기본권 제한을 하는 데 있어서 우리가 지속적·

반복적 하는 우려를 가지고 기본권 제한을 하는 거거든요. 그러면 피해자의 보호, 신속성도 중요하지만 기본권 제한을 하는 측면에서 보면 그 부분은 절차에서 한 단계를, 검사라는 그 과정을 겪음으로써 신중한 판단을 해야 될 상황입니다. (중략)

○ **경찰청 차장 송민헌** 형사입건이 되면 저희들은 당연히 잠정조치로 간다는 겁니다. 그런데 입건되기 전 단계, 범죄 구성요건의 전 단계에서 경찰이 경찰서장, 경찰서장의 책임하에 어떤 예방적 응급조치를 하겠다는데 거기에서 검사의 통제가 들어온다면 저희가 도저히 그 부분은 받을 수가 없습니다.

(중략)

자료: 제385회 국회(임시회) 법제사법위원회회의록(법안심사제1소위원회) 제2호(2021. 3. 22.)

스토킹처벌법의 입법과정을 살펴보면 흥미로운 지점을 발견할 수 있다. 스토킹처벌법안의 상임위원회는 대부분 전직이 법률전문가(변호사, 검사, 판사)인 국회의원들로 구성되어 있다. 통상 문재인 정부의 공약이자 국정과제를 이행하기 위한 정부안(법무부안)의 내용에 대하여 여당출신의원이 적극적으로 나서서 통과시키기 위한 입법전략을 구사한다. 그러나 정부안의 내용 중 행위자와 피해자를 분리시키기 위하여 검찰단계를 생략하는 법안 내용에 대하여 검사출신 여야 의원들의 연대를 확인할 수 있다. 정부안을 대변하는 판사출신의 법무부 차관조차도 범죄 이전 행위자와 피해자를 분리하는 조치는 사법작용이 아니라는 의견을 내고 있다. 그럼에도 불구하고 검사출신의 여야의원들의 "사법경찰의 자의적 판단에 맡겨 억울한 피해자가 생기게 할 수 없다"는 경찰행정작용에 대한 영장주의적 해석, 여당 의원의 제지를 받기는 하였으나 법원행정처의 "많은 스토킹행위자에 대한 인신제한조치는 법률전문가인 검사의 스크린을 받게 해줘야 법원의 부담을 덜어줄 수 있다"는 사법 편의주의까지 등장하였다.

결국 상임위 법안심사의 의결을 거쳐 국회를 통과한 「스토킹처벌법」은 범죄 발생 이전에 경찰이 행위자와 피해자를 분리할 수 있도록 하는 (긴급응급)조치를 최초로 규정하였다는 점에서 의의를 찾을 수 있다. 그러나 범죄예방에 해당하는 긴급응급조치와 스토킹범죄의 재발방지를 위한 잠정조치를 위한 결정구조가 모두 경찰 → 검찰 → 법원의 3단계로 이루어지게 되었다.

3. 주요 개정 연혁과
   핵심 내용

1) 여성폭력방지법

총 5장 22조로 구성된 여성폭력방지법은 2018. 12. 24. 제정되고 2019. 12. 25. 부터 시행되었다. "여성폭력"이 법적으로 정의되었고, "여성폭력 피해자"의 범위가 확대되어 여성폭력피해를 입은 당사자와 배우자(사실상의 혼인관계를 포함한다), 직계친족 및 형제자매까지 포괄하였다. "2차피해"에 대하여 최초로 법적으로 정의하고 있다. 주요 정의를 구체적으로 살펴보면 <표 3-4>와 같다. 특히 국가와 지방자치단체에 대하여 "2차피해 방지" 대책을 수립·시행하도록 명시하고, 수사기관의 장이 여성폭력 사건 담당자 등 업무 관련 대상으로 2차피해 방지교육을 실시하여야 한다고 명시하고 있다.

표 3-4 **여성폭력방지법의 주요 내용**

구분	주요 내용
정의 (제3조)	**"여성폭력"이란** 성별에 기반한 여성에 대한 폭력으로 신체적·정신적 안녕과 안전할 수 있는 권리 등을 침해하는 행위로서 관계 법률에서 정하는 바에 따른 가정폭력, 성폭력, 성매매, 성희롱, 지속적 괴롭힘 행위와 그 밖에 친밀한 관계에 의한 폭력, 정보통신망을 이용한 폭력 등을 말한다. **"여성폭력 피해자"란** 여성폭력 피해를 입은 사람과 그 배우자(사실상의 혼인관계를 포함한다), 직계친족 및 형제자매를 말한다. **"2차피해"란 여성폭력피해자(이하 "피해자"라 한다)가 다음 각 목의 어느 하나에 해당하는 피해를 입는 것을 말한다.** 가. 수사·재판·보호·진료·언론보도 등 여성폭력 사건처리 및 회복의 전 과정에서 입는 정신적·신체적·경제적 피해 나. 집단 따돌림, 폭행 또는 폭언, 그 밖에 정신적·신체적 손상을 가져오는 행위로 인한 피해(정보통신망을 이용한 행위로 인한 피해를 포함한다) 다. 사용자(사업주 또는 사업경영담당자, 그 밖에 사업주를 위하여 근로자

더불어 여성폭력방지법은 여성폭력방지 추진체계를 규정하고 있다. 동법은 여성가족부장관이 여성폭력방지정책의 추진방향과 기본목표 등이 포함된 여성폭력방지 및 피해자 보호·지원정책 기본계획을 5년마다 수립하도록 하고 있다(제7조). 그리고 여성폭력방지정책에 관한 중요사항을 심의·조정하기 위하여 여성가족부에 여성폭력방지위원회를 설치하도록 하고 있고, 구성은 위원장 1명을 포함한 30명 이내의 위원을 구성할 때 성별, 연령, 장애, 이주 배경 등을 고려하여 구성하도록 규정하고 있다(제10조).

국가와 지방자치단체가 피해자에 대한 상담, 의료제공, 구조금 지급 등 자립·자활에 필요한 시책을 마련하도록 하고, 피해자 보호·지원에 필요한 경비의 전부나 일부를 지원할 수 있도록 하고 있다(제15조).

여성폭력방지법은 여성폭력통계를 구축하도록 하였다(제13조). 여성가족부장관으로 하여금 여성폭력방생현황 등에 관한 통계를 체계적으로 관리하기 위하여 이를 정기적으로 수집·산출하고 공표하도록 하고 있다. 여성폭력통계의 종류, 공표시기 및 방법 등에 필요한 사항은 대통령령으로 위임하고 있다.

2) 성폭력 방지 관련 법률

성폭력에 대한 처벌규정과 형사절차규정 등을 담고 있는 법률은 다음과 같다. 「형법」제정(1953. 10. 3.) 시 제32장 '정조에 관한 죄'로 강간, 강제추행 등 처벌 규정이 입법된 이래 성폭력과 관련된 사회적 논의에 따라 관련 법이 제·개정되어왔다.

표 3-5　성폭력 방지 관련 법률의 구성

법률			성격
형법(제32장)			처벌규정
구법 성폭력특별법	현행법 성폭력처벌법		처벌규정 ＋형사절차규정
	현행법 성폭력방지법		범죄예방· 피해자보호규정
구법 청소년의 성보호에 관한 법률	현행법 청소년성보호법		처벌규정 ＋형사절차규정

앞서 살펴본 바와 같이, 1994년도에 제정된 「성폭력특별법」에는 △친족 성폭력 △장애인 준강간 △통신매체 이용음란 △공중밀집장소 추행 등에 대한 처벌규정을 신설했고, 성폭력 상담소 등 피해자 보호·지원제도 또한 입법했다.

이후, 사회적 논의를 거쳐 「형법」제32장을 '정조에 관한 죄'에서 '강간과 추행의 죄'로 개정(1995. 12. 29.)함에 따라 성폭력범죄 관련 법률의 보호법익이 '개인의 성적 자기결정권'으로 정의(해석)되었다. 아울러, 「성폭력특별법」이 △피해자 신뢰관계인 동석 규정(1997. 8. 22.) △'카메라 등 이용촬영죄' 신설(1998. 12. 28.) 등 개정을 거듭하는 한편, 당시 '원조교제'로 통칭되던 청소년 성매매 문제에 대응하기 위해 「청소년의 성보호에 관한 법률」이 제정(2000. 2. 3..)되었다. 동법에는 △청소년 성매매 △청소년 이용 음란물 등에 대한 처벌규정을 신설하고, 청소년 피해자 보호 시설 설치 및 수사절차에서의 배려 등을 규정했다.

2000년대 섬 지역 성착취 사건들(2003, 2004년), 밀양 여중생 집단 성폭행 사건 (2004년) 등 관련 사건을 기화로 「성폭력특별법」에 △진술녹화제도 및 비디오 중계 신문제도(2003. 12. 11.) △피해자 전담조사제 및 신뢰관계인 동석 의무화(2006. 10.

27.) 등이 입법되으며, 「청소년의 성보호에 관한 법률」에는 기존 친고죄였던 성범죄를 반의사불벌죄로 개정(2007. 8. 3.)하여 처벌 가능성을 높이고, 청소년 대상 성범죄자 전원의 신상정보를 등록하도록 하여 재범을 방지하고자 했다.

일명 조두순 사건(2008. 12. 11.)[17]을 계기로 「청소년의 성보호에 관한 법률」이 「청소년성보호법」으로 전면개정(2009. 6. 9.)되며 일부 처벌규정을 신설·상향하는 한편, 아동·청소년 대상 성범죄자의 신상정보를 공개하는 제도를 신설했다. 비슷한 시기에 「성폭력특별법」은 폐지되고 「성폭력처벌법」 및 「성폭력방지법」으로 분리 제정(2010. 4. 15.)됨에 따라 처벌규정 및 형사절차규정과 범죄예방 및 피해자보호규정이 각 법률에 입법되기 시작했다. 「성폭력처벌법」에는 △미성년 피해자가 성년 도달 시부터 공소시효 진행 △DNA 증거 공소시효 연장 △성인 대상 성범죄자 신상정보 등록·공개·고지제도 △13세 미만·장애인 피해자 대상 전문가 의견조회 의무화 등을 신설하는 한편, 「성폭력방지법」에는 성범죄의 예방 및 피해자 보호를 위한 국가와 지방자치단체의 의무를 규정하고, 성폭력피해자통합지원센터(일명 '해바라기센터')의 설치 근거를 명문화했다. 「청소년성보호법」 또한 미성년 대상 성범죄의 공소시효 특례를 규정하고, 진술녹화 및 증거활용 제도를 신설(2010. 4. 15.)했다.

2012년 사회의 변화에 따라 관련 법이 대대적으로 개정되었다. 「형법」은 성폭력범죄의 객체를 '부녀'에서 '사람'으로 변경하고 친고죄 규정을 삭제하는 한편, 유사강간죄 신설 및 혼인빙자간음죄를 폐지(2012. 12. 18.)했다. 「성폭력처벌법」에는 피해자 변호인제도 및 진술조력인 제도가 신설되는 한편, '성적목적 공공장소침입죄'가 신설(2012. 12. 18.)되었다. 「청소년성보호법」에는 아동 음란물 소지죄를 신설(2012. 12. 18.)했다.

이후에는 디지털성범죄와 미성년자 성매매에 대응하기 위한 입법이 이어졌다. 「성폭력방지법」에 디지털성범죄 피해자 지원을 위해 불법촬영 영상물 삭제 지원 규정을 신설(2018. 3. 13.)했다. 「청소년성보호법」에 '궁박상태 이용 간음·추행죄'를 신설(2019. 1. 15.)하는 한편, 「성폭력처벌법」에 허위영상물(딥페이크) 제작·유포 처벌규정을 도입(2020. 3. 24.)했다. 「형법」의 미성년자 의제강간죄의 피해자 연령을 13세에서 16세로 상향하는 한편, 강간죄 등의 예비·음모 처벌규정을 신설(2020. 5. 19.)했다. 「성폭력처벌법」의 불법촬영·유포죄에 불법영상물 소지·구입·저장·시청 처벌규정을 신설하고, 촬영물 이용 협박·강요죄 또한 신설(2020. 5. 19.)했다. 「청소

년성보호법」은 성매수의 대상이 된 아동·청소년을 피해자로 보호하도록 기존 대상
아동·청소년 규정을 폐지(2020. 5. 19.)했으며, 아동 성착취물의 광고·소개 및 구입
·시청 처벌규정을 신설(2020. 6. 2.)했다. 「성폭력방지법」에 2차피해 방지를 위해
불이익조치 금지규정을 명문화(2020. 10. 20.)했다. 「청소년성보호법」에는 온라인상
성착취목적 대화의 처벌규정을 신설하고, 디지털성범죄에 대한 위장수사 특례를 규
정(21. 3. 23.)했다.

표 3-6 성폭력 방지 관련 법률의 주요 정의 조항

구분	주요 내용
성폭력 처벌법 (정의)	제2조 "성폭력범죄"란 1. 「형법」 제2편제22장 성풍속에 관한 죄 중 제242조(음행매개), 제243조(음화반포등), 제244조(음화제조등) 및 제245조(공연음란)의 죄 2. 「형법」 제2편제31장 약취(略取), 유인(誘引) 및 인신매매의 죄 중 추행, 간음 또는 성매매와 성적 착취를 목적으로 범한 제288조, 제289조, 제290조, 제291조, 제292조, 제294조의 죄 3. 「형법」 제2편제32장 강간과 추행의 죄 중 제297조(강간), 제297조의2(유사강간), 제298조(강제추행), 제299조(준강간, 준강제추행), 제300조(미수범), 제301조(강간등 상해·치상), 제301조의2(강간등 살인·치사), 제302조(미성년자등에 대한 간음), 제303조(업무상위력등에 의한 간음) 및 제305조(미성년자에 대한 간음, 추행)의 죄 4. 「형법」 제339조(강도강간)의 죄 및 제342조(제339조의 미수범으로 한정한다)의 죄 5. 이 법 제3조(특수강도강간 등)부터 제15조(미수범)까지의 죄
청소년 성보호 법 (정의)	제2조 "아동·청소년"이란 19세 미만의 자를 말한다. 다만, 19세에 도달하는 연도의 1월 1일을 맞이한 자는 제외한다. "아동·청소년대상 성범죄"란 가. 제7조, 제7조의2, 제8조, 제8조의2, 제9조부터 제15조까지 및 제15조의2의 죄 나. 아동·청소년에 대한 「성폭력처벌법」 제3조부터 제15조까지의 죄 다. 아동·청소년에 대한 「형법」 제297조, 제297조의2 및 제298조부터 제301조까지, 제301조의2, 제302조, 제303조, 제305조, 제339조 및 제342조(제339조의 미수범에 한정한다)의 죄

라. 아동·청소년에 대한 「아동복지법」 제17조제2호의 죄

"아동·청소년대상 성폭력범죄"란

아동·청소년대상 성범죄에서 제11조부터 제15조까지 및 제15조의2의 죄를 제외한 죄를 말한다.

"아동·청소년의 성을 사는 행위"란

아동·청소년, 아동·청소년의 성(性)을 사는 행위를 알선한 자 또는 아동·청소년을 실질적으로 보호·감독하는 자 등에게 금품이나 그 밖의 재산상 이익, 직무·편의제공 등 대가를 제공하거나 약속하고 다음 각 목의 어느 하나에 해당하는 행위를 아동·청소년을 대상으로 하거나 아동·청소년으로 하여금 하게 하는 것을 말한다.
가. 성교 행위
나. 구강·항문 등 신체의 일부나 도구를 이용한 유사 성교 행위
다. 신체의 전부 또는 일부를 접촉·노출하는 행위로서 일반인의 성적 수치심이나 혐오감을 일으키는 행위
라. 자위 행위

"아동·청소년의 성착취물"이란

아동·청소년 또는 아동·청소년으로 명백하게 인식될 수 있는 사람이나 표현물이 등장하여 제4호 각 목의 어느 하나에 해당하는 행위를 하거나 그 밖의 성적 행위를 하는 내용을 표현하는 것으로서 필름·비디오물·게임물 또는 컴퓨터나 그 밖의 통신매체를 통한 화상·영상 등의 형태로 된 것을 말한다.

"성매매 피해아동·청소년"이란

제13조제1항의 죄의 상대방 또는 제13조제2항·제14조·제15조의 죄의 피해자가 된 아동·청소년을 말한다.

3) 가정폭력방지법

1997년 12월 13일에 제정되어 1998년 7월 1일부터 시행된 「가정폭력처벌법」은 직계존속 고소, 응급조치 및 임시조치, 가정보호사건 처리(보호처분)를 핵심내용으로 하고 있고, 「가정폭력피해자보호법」(제정 1997. 12. 31., 시행 1998. 7. 1.)은 가정폭력피해자 보호시설 및 상담소 관련 규정을 두고 있다.

가정폭력피해자보호법이 제정된 후 8회의 개정이 있었고, 그중 사법경찰관리의 가정폭력범죄 현장 출입·조사권 신설은 피해자보호를 위하여 반드시 필요한 의미 있는 개정이었다(2012. 2. 1. 일부개정, 2012. 5. 2. 시행)고 평가할 수 있다. 가정폭력 처벌법이 제정된 후 8회의 개정이 이루어지면서 가정폭력범죄(제2조 제3호)의 내용이 지속적으로 추가되었다. 가장 최근 개정(2020. 11. 일부개정, 2021. 1. 21. 시행)에서도 가정폭력범죄에 '특수손괴', '주거침입·퇴거불응', '카메라 등 이용 촬영범죄'가 추가되었다. 동법의 목적과 주요 정의는 <표 3-7>로 정리하고 피해자 보호조치는 <그림 3-3>과 <표 3-8>의 흐름도와 표로 정리하였다.

가정폭력처벌법의 목적이 '가정의 평화와 안정'으로 규정되어 있고, 가정폭력은 피해자가 가해자의 처벌을 원하지 않을 때 처벌을 면하게 해주는 반의사불벌죄[18]이다. 이러한 동법의 목적조항의 가정유지·보호관점이 가정폭력방지 정책들에 주요하게 반영되어 왔다는 문제제기가 여성단체에서 지속적으로 이루어져왔다. 가정폭력은 다른 사람의 인권을 침해하는 범죄가 아닌 가정문제, 부부싸움 정도로 가볍게 인식될 수밖에 없고, 이는 결국 제대로 된 가해자 처벌과 피해자 안전으로 이어지지 못했다는 지적이다.[19]

표 3-7 「가정폭력처벌법」과 「가정폭력피해자보호법」상의 목적조항과 주요 정의

구분		주요 내용
목적	「가정폭력처벌법」	가정폭력범죄의 형사처벌 절차에 관한 특례를 정하고 가정폭력범죄를 범한 사람에 대하여 환경의 조정과 성행(性行)의 교정을 위한 보호처분을 함으로써 가정폭력범죄로 파괴된 가정의 평화와 안정을 회복하고 건강한 가정을 가꾸며 피해자와 가정구성원의 인권을 보호함을 목적으로 함
	「가정폭력피해자보호법」	가정폭력을 예방하고 가정폭력의 피해자를 보호·지원함을 목적으로 함
정의	「가정폭력처벌법」	제2조 "가정폭력"이란 가정구성원 사이의 신체적, 정신적 또는 재산상 피해를 수반하는 행위를 말한다.

"가정구성원"이란

가. 배우자(사실상 혼인관계에 있는 사람을 포함한다. 이와 같다) 또는 배우자였던 사람

나. 자기 또는 배우자와 직계존비속관계(사실상의 양친자관계를 포함한다. 이와 같다)에 있거나 있었던 사람

다. 계부모와 자녀의 관계 또는 적모(嫡母)와 서자(庶子)의 관계에 있거나 있었던 사람

"가정폭력범죄"란

가. 「형법」제2편제25장 상해와 폭행의 죄 중 제257조(상해, 존속상해), 제258조(중상해, 존속중상해), 제258조의2(특수상해), 제260조(폭행, 존속폭행)제1항·제2항, 제261조(특수폭행) 및 제264조(상습범)의 죄

나. 「형법」제2편제28장 유기와 학대의 죄 중 제271조(유기, 존속유기)제1항·제2항, 제272조(영아유기), 제273조(학대, 존속학대) 및 제274조(아동혹사)의 죄

다. 「형법」제2편제29장 체포와 감금의 죄 중 제276조(체포, 감금, 존속체포, 존속감금), 제277조(중체포, 중감금, 존속중체포, 존속중감금), 제278조(특수체포, 특수감금), 제279조(상습범) 및 제280조(미수범)의 죄

라. 「형법」제2편제30장 협박의 죄 중 제283조(협박, 존속협박)제1항·제2항, 제284조(특수협박), 제285조(상습범)(제283조의 죄에만 해당한다) 및 제286조(미수범)의 죄

마. 「형법」제2편제32장 강간과 추행의 죄 중 제297조(강간), 제297조의2(유사강간), 제298조(강제추행), 제299조(준강간, 준강제추행), 제300조(미수범), 제301조(강간등 상해·치항), 제301조의2(강간등 살인·치사), 제302조(미성년자등에 대한 간음), 제305조(미성년자에 대한 간음, 추행), 제305조의2(상습범)(제297조, 제297조2, 제298조부터 제300조까지의 죄에 한한다)의 죄

바. 「형법」제2편제33장 명예에 관한 죄 중 제307조(명예훼손), 제308조(사자의 명예훼손), 제309조(출판물등에 의한 명예훼손) 및 제311조(모욕)의 죄

사. 「형법」제2편제36장 주거침입의 죄

아. 「형법」제2편제37장 권리행사를 방해하는 죄 중 제324조(강요) 및 제324조의5(미수범)(제324조의 죄에만 해당한다)의 죄

자. 「형법」제2편제39장 사기와 공갈의 죄 중 제350조(공갈), 제350조의2(특수공갈) 및 제352조(미수범)(제350조, 제350조의2의 죄에만 해당한다)의 죄

차. 「형법」제2편제42장 손괴의 죄 중 제366조(재물손괴등) 및 제369조(특수손괴)제1항의 죄

차. 「형법」제2편제42장 손괴의 죄 중 제366조(재물손괴등) 및 제369조(특수손괴)제1항의 죄

카. 「성폭력처벌법」제14조(카메라 등을 이용한 촬용) 및 제15조(미수범)(제14조의 죄에만 해당한다)의 죄

타. 「정보통신망 이용촉진 및 정보보호 등에 관한 법률」제74조제1항제3호의 죄

파. 가목부터 타목까지의 죄로서 다른 법률에 따라 가중처벌되는 죄

"가정폭력행위자"란

가정구성원 사이의 신체적, 정신적 또는 재산상 피해를 수반하는 행위를 말한다.

"피해자"란

가정폭력범죄로 인하여 직접적으로 피해를 입은 사람을 말한다.

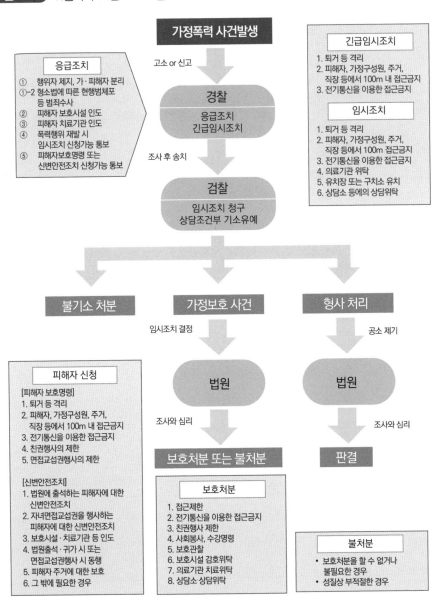

그림 3-3 가정폭력 사건처리 흐름도

가정폭력 사건발생

고소 or 신고

응급조치
① 행위자 제지, 가·피해자 분리
①-2 형소법에 따른 현행범체포 등 범죄수사
② 피해자 보호시설 인도
③ 피해자 치료기관 인도
④ 폭력행위 재발 시 임시조치 신청가능 통보
⑤ 피해자보호명령 또는 신변안전조치 신청가능 통보

긴급임시조치
1. 퇴거 등 격리
2. 피해자, 가정구성원, 주거, 직장 등에서 100m 내 접근금지
3. 전기통신을 이용한 접근금지

임시조치
1. 퇴거 등 격리
2. 피해자, 가정구성원, 주거, 직장 등에서 100m 내 접근금지
3. 전기통신을 이용한 접근금지
4. 의료기관 위탁
5. 유치장 또는 구치소 유치
6. 상담소 등에의 상담위탁

경찰
응급조치
긴급임시조치

조사 후 송치

검찰
임시조치 청구
상담조건부 기소유예

불기소 처분

가정보호 사건

임시조치 결정

형사 처리

공소 제기

피해자 신청

[피해자 보호명령]
1. 퇴거 등 격리
2. 피해자, 가정구성원, 주거, 직장 등에서 100m 내 접근금지
3. 전기통신을 이용한 접근금지
4. 친권행사의 제한
5. 면접교섭권행사의 제한

[신변안전조치]
1. 법원에 출석하는 피해자에 대한 신변안전조치
2. 자녀면접교섭권을 행사하는 피해자에 대한 신변안전조치
3. 보호시설·치료기관 등 인도
4. 법원출석·귀가 시 또는 면접교섭권행사 시 동행
5. 피해자 주거에 대한 보호
6. 그 밖에 필요한 경우

법원

조사와 심리

법원

조사와 심리

보호처분 또는 불처분

판결

보호처분
1. 접근제한
2. 전기통신을 이용한 접근금지
3. 친권행사 제한
4. 사회봉사, 수강명령
5. 보호관찰
6. 보호시설 감호위탁
7. 의료기관 치료위탁
8. 상담소 상담위탁

불처분
• 보호처분을 할 수 없거나 불필요한 경우
• 성질상 부적절한 경우

출처: 경찰청, (2022). 2021 사회적 약자보호 치안백서, 108쪽.

표 3-8 가정폭력사건 단계별 보호조치 절차

구분	초동 대응		수사		송치
경찰 대응	① 응급조치 ② 긴급임시조치	⇨	③ 임시조치	⇨	④ 보호처분

피해자 직접 신청	⑤ 피해자보호명령

구분	주요 내용	유형	위반 시 제재
① 응급 조치	진행 중인 가정폭력범죄 신고를 받은 사법경찰관리의 현장 조치 **의무**(法 제5조)	▶1호 : 폭력행위 제지, 가·피해자 분리 ▶1의2 : 형소법에 따른 현행범체포 등 범죄수사 ▶2호 : 피해자 보호기관 인도 ▶3호 : 피해자 의료기관 인도 ▶4호 : 임시조치 신청 가능 통보 ▶5호 : 피해자보호명령·신변안전조치 신청가능 통보	–
② 긴급 임시 조치	① 응급조치에도 불구, ② 가정폭력범죄 재발 우려 있고 ③ 긴급을 요하여 법원의 임시조치 결정을 받을 수 없을 때, **사법경찰관 직권 또는 피해자 신청**에 의해 결정(제8조의2·8조의3)	▶1호 : 퇴거 등 격리 ▶2호 : 100m 이내 접근금지 ▶3호 : 전기통신 이용 접근금지	300만원 ↓ 과태료
③ 임시 조치	**가정폭력범죄 재발 우려** 時 사법경찰관은 검사에 임시조치 신청, 검사는 법원에 임시조치 청구(**경찰 → 검사 → 법원**, 제8조·29조)	▶1호 : 퇴거 등 격리 ▶2호 : 100m 이내 접근금지 ▶3호 : 전기통신 이용 접근금지 ▶4호 : 의료기관 위탁(판사직권) ▶5호 : 유치장·구치소 유치 (1~3호 위반 시 신청) ▶6호 : 상담소 등 위탁(판사직권)	1년↓징역 또는 1천만원↓ 벌금 또는 구류
④ 보호 처분	가정폭력범죄 수사 시 사건의 성질·동기·결과, 행위자 성행 등 고려하여 보호처분 필요한 경우 가정보호사건으로 처리 가능 (제7조·40조) ※ 친고죄·반의사불벌죄에도 적용	▶1호: 피해자 접근행위 제한 ▶2호: 전기통신 이용 접근행위 제한 ▶3호: 피해자 친권행사 제한 ▶4호: 사회봉사·수강명령 ▶5호: 보호관찰 ▶6호: 보호시설 감호위탁 ▶7호: 의료기관 치료위탁 ▶8호: 상담소등 상담위탁	△ (1~3호) 2년↓ 징역, 2천만원 ↓ 벌금 △ (4~8호) 보호처분 취소 후 형사 사건 송치

| ⑤
피해자
보호
명령 | 형사절차와 별개로, 피해자는 직접 법원에 보호명령 신청 가능(제55조의2) | ▶ 1호: 퇴거 등 격리
▶ 2호: 100m 이내 접근금지
▶ 3호: 전기통신 이용 접근금지
▶ 4호: 피해자 친권행사 제한
▶ 5호: 면접교섭권 행사의 제한 | 2년 ↓ 징역
2천만원 ↓
벌금 |

출처: 법률내용을 참고하여 구성함

4) 성매매특별법

성매매방지를 위한 법률은 「성매매피해자보호법」과 「성매매처벌법」으로 구성된다. 2022년 10월 기준 '성매매처벌법'은 2004년 제정된 이후 4차례의 개정이 이루어졌다. '성매매피해자보호법'은 9차례의 개정이 이루어졌다. 성매매특별법은 성착취당하며 억압받던 여성들을 보호하기 위하여 제정되었음에도 불구하고 입법과정에서 예견된 것처럼 성매매특별법상 성매매피해자의 지위를 획득하기 위해서는 문턱이 높은 정의(「성매매처벌법」 제2조 제4호)가 문제가 되고 있다. 성매매현장에서 위계, 위력, 강요로 인하여 성매매를 강요당했다는 것을 본인이 입증하지 못하면 성매매사범으로 처벌을 받을 수밖에 없는 현실인 것이다. 주요 내용을 살펴보면 다음과 같다.

표 3-9   성매매처벌법 주요 내용

구분	주요 내용
정의 (「성매매 처벌법」 제2조 제1호 ~제4호)	"**성매매**"란 불특정인을 상대로 금품이나 그 밖의 재산상의 이익을 수수(收受)하거나 수수하기로 약속하고 다음 각 목의 어느 하나에 해당하는 행위를 하거나 그 상대방이 되는 것을 말함(제1호) 가. 성교행위 나. 구강, 항문 등 신체의 일부 또는 도구를 이용한 유사 성교행위 "**성매매알선 등 행위**"는 다음과 같음(제2호) 가. 성매매를 알선, 권유, 유인 또는 강요하는 행위 나. 성매매의 장소를 제공하는 행위 다. 성매매에 제공되는 사실을 알면서 자금, 토지 또는 건물을 제공하는 행위

"성매매 목적의 인신매매"(제3호)
"성매매피해자"는 다음과 같음(제4호)

> 가. 위계, 위력, 그 밖에 이에 준하는 방법으로 성매매를 강요당한 사람
> 나. 업무관계, 고용관계, 그 밖의 관계에 인하여 보호 또는 감독하는 사람에 의하여 마약·향정신성의약품 또는 대마에 중독되어 성매매를 한 사람
> 다. 청소년, 사물을 변별하거나 의사를 결정할 능력이 없거나 미약한 사람 또는 대통령령으로 정하는 중대한 장애가 있는 사람으로서 성매매를 하도록 알선·유인된 사람
> 라. 성매매 목적의 인신매매를 당한 사람

젠더폭력범죄 중에서 성매매는 남성들의 성욕을 해소하기 위한 필요악이라는 왜곡된 성의식과 결합하여 여성을 대상으로 한 폭력이라는 인식이 부족한 것이 현실이다. 가령 경찰청의 업무분장에서도 이러한 문제가 드러나 있다. 대부분의 젠더폭력범죄는 시·도 경찰청과 경찰서의 여성청소년과에서 담당하고 있다. 그러나 유일하게 성매매는 풍속사범으로 분류돼 생활질서과에서 업무를 담당하고 있고, 15개의 시·도 경찰청에서는 풍속수사팀에서 단속과 수사를 병행하고 있다. 일선 경찰서에서는 성매매 단속은 생활질서과, 수사는 지능팀과 경제팀으로 단속과 수사가 분리되어 있다. 단속에서 검거되어 경찰서의 지능팀에서 별다른 보호조치 없이 조사받는 성매매여성, 더불어 조사받는 과정에서 스스로 성매매피해자임을 주장하는 사례가 거의 없는 안타까운 현실은 여성인권의 관점에서 성매매특별법이 개정되고 성매매에 대한 대국민 인식전환이 필요함을 보여준다.

5) 스토킹처벌법

「스토킹처벌법」은 2021. 4. 20.에 제정되고 같은 해 10. 21.부터 시행되었다. 2023년 2월 기준 아직까지 법 개정은 이루어지지 않았다. 스토킹처벌법의 '스토킹행위'와 '스토킹범죄'에 대한 정의는 <표 3-10>과 같다. 피해자가 스토킹행위에 대해 신고를 하면 경찰은 즉시 현장에 나가 스토킹행위를 제지하거나, 처벌을 경고하고, 피해자와 스토킹행위자를 분리한 범죄 수사 등을 해야 한다(제3조 응급조치). 만약 스토킹행위가 도를 지나쳐 스토킹범죄로 발전할 가능성이 높아져 긴급을 요

하는 경우에는 경찰이 직권 또는 스토킹행위자에게 피해자 또는 그 주거 등으로부터 100m 이내 접근 금지, 전기통신기본법상 전기통신을 이용한 접근금지의 조치를 할 수 있다(제4조 긴급응급조치).

다만 이 경우 경찰은 긴급응급조치에 대해 지체 없이 검사에게 사후승인을 청구할 것을 신청해야 하고 궁극적으로는 지방법원 판사의 승인을 받아야 한다.[20] 더 나아가 사법경찰관 신청 또는 검사·판사 직권으로 스토킹범죄가 재발될 우려가 있을 때에는 스토킹행위자에 대해 국가경찰관서의 유치장 또는 구치소에 유치하는 조치도 취할 수 있다(제9조).

잠정조치 (제9조) ※사법경찰관 신청 또는 검사 ·판사직권	1. 피해자에 대한 스토킹범죄 중단에 관한 서면 경고 2. 피해자나 그 주거등으로부터 100미터 이내 접근금지 3. 피해자에 대한 전기통신을 이용한 접근금지 4. **유치장 또는 구치소 유치*** 　'☞ 절차: 경찰 → 검사 → 법원(사전)/ 기간: 2·3호 2개월 이내(2회에 한하여 각 2개월의 범위 연장 가능 → 최장 6개월), 4호 1개월 이내

* 표시는 저자가 강조하기 위하여 임의로 진하게 처리한 것임.

표 3-10　스토킹처벌법의 주요 내용

구분	주요 내용
스토킹행위 (제2조 제1호)	'스토킹행위'란 상대방 의사에 반해 정당한 이유 없이 상대방 또는 그의 동거인, 가족에 대하여 다음 각 목의 어느 하나에 해당하는 행위를 하여 상대방에게 불안감 또는 공포심을 일으키는 것 가. 접근하거나 따라다니거나 진로를 막아서는 행위 나. 주거 등 또는 그 부근에서 기다리거나 지켜보는 행위 다. 우편·전화·팩스 또는 정보통신망을 이용하여 물건등(물건, 글, 그림, 음향, 영상 등)을 도달하게 하는 행위 라. 직접 또는 제3자를 통하여 물건등을 도달하게 하거나 주거등 또는 그 부근에 물건등을 놓는 행위 마. 주거등 또는 그 부근에 놓여져 있는 물건등을 훼손하는 행위
스토킹범죄 (제2조제2호)	'스토킹범죄'란 지속적 또는 반복적으로 스토킹행위를 하는 것

스토킹범죄를 저지른 사람에게 3년 이하의 징역 또는 3000만원 이하의 벌금, 흉기 또는 그 밖의 위험한 물건을 휴대하거나 이를 이용해 스토킹범죄를 저지른 자에게 5년 이하의 징역 또는 5000만원 이하의 벌금으로 가중 처벌될 수 있음을 규정하고 있다. 다만, 해당 사안은 피해자의 의사에 반해 공소를 제기할 수 없는 반의사불벌죄에 해당하여 피해자가 가해자의 처벌을 원하지 않는다면 처벌을 면할 수 있다. 잠정조치를 위반한 자에게는 2년 이하의 징역 또는 2000만원 이하의 벌금이 부과되고 있다. 다만, 긴급응급조치를 위반한 자에 대해서는 형사처벌이 아닌 1천만원 이하의 과태료가 부과, 즉 금전적 제재에 불과하여 한계로 지적되고 있다.

4. 개선과제

이 장에서는 대표적인 젠더폭력범죄 관련 법률 5개를 입법과정을 시작으로 주요 내용을 살펴보았다. 성폭력, 가정폭력, 성매매, 데이트폭력, 스토킹범죄의 대부분의 피해자 성별은 여성이다. 젠더폭력범죄의 피해자의 대부분이 여성인 원인은 남녀간 권력관계에서 찾을 수 있다. 젠더폭력범죄가 근절되기 위한 장기적 목표는 성평등한 사회, 국가가 되어야 할 것이다. 단기적 목표로는 피해자보호와 가해자처벌, 범죄예방에 있어서 사각지대를 보이고 있는 법률 제·개정이고, 관련 법률이 실효성 있게 집행될 수 있는 체계를 갖추어야 한다. 이 장에서 살펴본 법률이 제대로 시행되어 젠더폭력이 사라지기 위해서는 다음과 같은 개선과제들이 검토되어야 할 것이다.

젠더폭력범죄의 모법에 해당하는 여성폭력방지법이 제대로 기능하기 위해서는 입법과정에서부터 논쟁점이었던 '여성폭력'에 대한 정의가 재정의되어야 할 것이다. 법 제정 마지막 단계인 법제사법소위에서 소위원장이 법을 통과시키기 위해서는 법 취지를 명확하게 해야 한다는 이유로 일부 남성피해자들도 보호받을 수 있는 여가부의 법제명 제안을 후퇴시키며 법제명이 급하게 결정되는 입법과정이 있었다. 현행 「성폭력방지법」, 「가정폭력방지법」, 「성매매피해자보호법」에서는 피해자의 성별을 특정하고 있지 않다. 따라서 법제명과 피해자를 특정성별에 한정하지 않을 수 있도록 하는 내용으로의 개정이 검토되어야 할 것이다. 또한 여성폭력방지법이 규정하고 있는 '여성폭력' 중 강력범죄로 이어지기 쉽고 재발우려가 크지만 법적 근거가 마련되어있지 않은 데이트폭력의 피해자를 보호하기 위한 법적 근거가 마련되어야 할 것이다.

성범죄와 관련해서는 관련 법률의 개정이 가장 활발하게 이루어져 왔다. 성폭력특별법 제정시에도 남성의원들의 적극적인 발의가 있었던 것에서 짐작할 수 있듯이, 다른 젠더폭력범죄 중에서 남녀노소 이견이 없는 부분이 성범죄자에 대한 강력한 처벌과 피해자 보호였다. 따라서 성폭력범죄 관련해서는 별도의 법률개정보다는 피해자에 선입견과 편견에 기반한 2차 가해의 해소가 더욱 시급한 과제라고 할 수 있다. 디지털성범죄를 포함하여 성범죄 피해자에게 "피해자다움"을 요구하며 피해자를 의심하고 신뢰하지 않는 풍토를 사라지게 하고, '성범죄자는 반드시 잡힌다'라는 대국민 메시지가 더욱 확산되어야 할 것이다. 더불어 성범죄는 가정폭력, 데이트폭력, 스토킹 등 다른 젠더폭력과 결합되어 발생하고 있는 현실을 적극적으로 참고하여 성범죄피해의 복합성에 기반한 지원이 이루어져야 할 것이다.

우리 정부도 가입이 되어 있는 유엔여성차별철폐협약(CEDAW)의 한국정부에 대한 주요 권고사항 중 하나가 '성매매여성의 비범죄화'이다. 성매매방지법이 여성들의 인권을 보호하고, 성산업수요에 효과적으로 대응하는 법이 되기 위해서는 여성을 성적대상화하여 이용하는 성구매자와 성산업구조에 대한 철저한 단속과 처벌, 노르딕 모델처럼 수요차단을 위한 성매매여성 비범죄화도 장기적으로 검토할 필요가 있다.

가정폭력방지와 관련하여 개별법률이 제정되어 시행되고 있다. 그러나 가정폭력처벌법은 경찰관이 가정폭력범죄의 재발우려가 있고, 긴급을 요하여 법원의 임시조치결정을 받을 수 없을 때 직권으로 취하는 '긴급임시조치'가 가능한 경우를 범죄발생 이후로 한정하고 있다. 따라서 가정폭력을 선제적으로 예방하기 위해서는 긴급임시조치를 스토킹처벌법을 참고하여 범죄발생우려가 있을 때 경찰관이 신청할 수 있도록 하는 내용의 법개정을 검토할 수 있다. 그리고 가정폭력이 효과적으로 방지될 수 있기 위해서는 '건강한 가정의 회복'이 '피해자의 인권'보다 우선시되는 현행 가정폭력처벌법 목적조항 개정을 포함하여 친밀한 관계에서 발생하는 폭력의 특성을 반영한 '가정폭력처벌법'의 개정을 검토해야할 것이다.

가장 최근에 제정된 스토킹처벌법이 시행되고 있음에도 불구하고 스토킹피해를 입고 경찰에 여러 차례 신고를 했음에도 피해자가 살해당하는 몇 건의 가슴 아픈 사건들이 발생하고 있다. 스토킹처벌법의 사각지대를 메우고 피해자를 두텁게 보호하기 위해서는 피해자보호명령제도[21] 도입, 긴급응급조치 위반시 과태료처분에서 형사처벌로의 상향조정, 행위자와 피해자의 신속한 분리를 위한 경찰의 행정작용으로서의 절차를 경찰 → 검사 → 법원에서 경찰 → 법원이라는 2단계로 간소화하는 내용의 법 개정이 있어야 할 것이다. 이 모든 것들이 가능하기 위해서는 스토킹범죄는 행위반복으로 인해 그 정도가 점차 악화되어 중대범죄로 발전할 가능성이 있다는 것에 대한 홍보 등이 적극적으로 이루어져야 할 것이다.

생각해 볼거리

1. 모든 가정 내 학대의 피해자가 수동적으로 폭력을 사회화하는 것은 아니다. 가정 내 학대의 피해자였다가 성인이 되어 가정폭력의 가해자가 되기도 한다. 동시대적으로는 가정폭력의 피해자가 아동학대의 가해자일 수도 있는 상황에서 경찰관들은 범죄예방 측면에서 어떻게 젠더폭력범죄에 대하여 접근하여야 할까?
2. 대부분의 선진국가에서도 젠더폭력범죄 피해자의 성별은 여성(80%)인 상황이다. 최근 젠더폭력범죄의 한국적 특수성은 있을까? 전 사회·국가적으로 젠더폭력범죄율을 낮추기 위해서는 어떠한 노력을 해야 할까?

찾아보기

1. 문헌정보
   1) 경찰청(2022). 2021 사회적 약자 보호 치안백서.
   2) 민경자(2020). "한국 성매매추방운동사 '성 사고 팔기'의 정치사, 1970~98". 한국 여성인권운동사. 한국여성의전화 엮음. 한울아카데미.
   3) 이상덕(1997). 성폭력특별법 입법과정에 대한 분석적 연구. 중앙대 석사학위 논문.
   4) 조주은·전진영(2012). 사회발전을 향한 여성통합 30년의 성과와 전망(Ⅱ): 입법과정을 통해서 본 여성정책 30년. 연구보고서 – 22 – 1. 한국여성정책연구원.
   5) 조주은(2019). 여성폭력방지법에 관한 연구. 통합법제연구보고서. 법제처.

2. 영상정보
   영화 '벌새'(2019), 김보라 감독.

3. 인터넷링크
   1) 국회회의록
      https://likms.assembly.go.kr/record/

2) 의안정보시스템
   https://likms.assembly.go.kr/bill/main.do
3) 국가법령정보센터
   https://www.law.go.kr
4) 성매매문제해결을위한전국연대 홈페이지(jkyd2004.org) 내 성매매여성인권아카이브(achive.jkyd2004.org)
5) 한국여성의전화(https://hotline25.tistory.com)

1) 동법률은 2010년 「성폭력범죄의 처벌 등에 관한 특례법」, 2011년 「성폭력방지 및 피해자보호 등에 관한 법률」 제정으로 이어졌다.

2) 데이트폭력범죄를 방지하기 위한 내용의 제정법안은 제20대 국회에서 다수 발의되어 공청회까지 개최되었으나 통과되지 못하였고, 제21대 국회에서도 가정폭력처벌법 개정안과 제정법안이 발의되어 관련 상임의에 계류되어 있는 상황이다.

3) 「성폭력특별법」은 「성폭력범죄의 처벌 등에 관한 특례법」과 「성폭력방지 및 피해자보호 등에 관한 법률」을 통칭하도록 한다.

4) 「가정폭력방지법」은 「가정폭력범죄의 처벌 등에 관한 특례법」과 「가정폭력방지법」을 통칭하도록 한다.

5) 「성매매특별법」은 「성매매처벌법」과 「성매매피해자보호법」을 통칭하도록 한다.

6) 조주은·전진영(2012). 사회발전을 향한 여성통합 30년의 성과와 전망(Ⅱ): 입법과정을 통해서 본 여성정책 30년. 연구보고서-22-1. 한국여성정책연구원. 16쪽.

7) 이 장의 내용은 저자가 유사한 주제로 2019년도에 작성한『여성폭력방지법에 관한 연구』. 통합법제연구보고서. 법제처의 내용을 주로 참고하여 이루어졌습니다.

8) 1988년 2월 32세 주부 변○○씨는 술을 마시고 새벽에 귀가하다 두 남자에 의해 두 팔이 잡힌 채 골목길로 끌려갔다. 변씨는 강제로 키스를 하며 성폭력을 시도하는 남성의 혀를 깨물어 혀의 일부가 절단되었다. 혀를 잘린 남성의 가족이 변씨를 고소하며 배상금을 요구했고, 구속된 변씨는 성폭력혐의로 그들을 고소했다. 제1심 재판부인 대구지방법원 안동지원은 두 남성의 주장을 인정해 변씨에게 과잉방어라고 판시, 폭력행위를 적용, 징역 6월에 집행유예 1년을 선고했다. 변씨에게 유죄가 선고되자 여성계는 강력하게 비판하였고, 변씨는 여성계의 도움을 얻어 항소했다. 2심은 변씨의 손을 들어줬다. 검찰은 상고했으나 대법원은 변씨의 정당방위를 인정해 상고를 기각했다. 이 판결은 기존의 판례를 뒤덮고 여성의 성과 인권에 대한 '최소한의 법적 보호장치'를 마련할 수 있는 귀중한 선례를 남겼다.

9) 1992년 1월 17일, 충북 충주시에서 의붓아버지에게 지속적인 성폭력을 당하던 20대 여성 김○○이 남자친구 김○○과 함께 의붓아버지를 살해한 사건이다. 남자친구의 이름까지 더해서 '김○○·김○○ 사건'이라고도 불리운다.

10) 3당 합당으로 탄생한 민자당은 총선을 앞두고 성폭력사건의 반발로 여론이 악화되고 이에 대한 여성단체의 활동이 활발해지자, 성폭력특별법의 제정을 적극 추진하기로 하였다. 1992년 2월 12일 민자당은 "성폭력을 근절하기 위해 형량을 대폭 강화토록 하는 성폭행에 관한 특별법의 제정을 적극 추진하기로 했다"고 발표하고, 2월 27일에는 성폭력특별법 제정을 중심으로 한 여성관련 공약을 제시한다. 그리고 민주당과 국민당도 14대 총선공약 가운데 성폭력특별법의 제정을 주된 여성공약으로 제시하였다(이상덕, "성폭력특별법 입법과정에 대한 분석적 연구", 1997, 중앙대 석사학위 논문, 42-43쪽).

11) 민경자, "한국 성매매추방운동사 '성 사고 팔기'의 정치사", 1970~98, 『한국 여성인권운동사』, 한국여성의전화 엮음, 한울아카데미, 291쪽.

12) 성매매특별법은 「성매매 알선 등 행위의 처벌에 관한 법률」(이하 성매매처벌법)과 「성매

매방지 및 피해자보호 등에 관한 법률」(이하 성매매피해자보호법)으로 이원화되어 있다.

13) 이와 같은 총선 결과에 영향을 미친 것은 제16대 총선을 앞둔 2000년 2월 26일의 정당법 개정을 통해서 비례대표 국회의원 후보자와 비례대표 시·도의회 의원후보자 중 30%를 여성으로 추천해야 한다고 명문화했기 때문이다.

14) 2000년 9월 군산시 대명동에 있는 사창가(속칭 '쉬파리골목')에서 화재가 발생해 그 안에 있던 여성이 쇠창살에 갇힌 채 그대로 숨지는 사건이 발생했다. 이 사건은 '강제 매춘'이 여성에 대한 폭력이라는 사실을 인식할 수 있도록 하는 중요한 계기가 되었고, 이들이 착취 고리에서 벗어나게 하기 위한 법적 장치와 국가 정책이 필요하다는 공감대를 형성하게 하는 계기가 되었다.

15) 대한민국헌정역사상 최초로 제15대 국회에서 1999년도에 스토킹처벌을 위하여 발의된 '스토킹처벌에관한특례법안'(김병태 의원안, 의안번호 151966)의 법사위 검토보고서에는 "스토킹이라는 외국어 표현이 아직 다수의 국민들에게 비교적 생경한 외국어표현으로 그 의미하는 바가 널리 알려지지 않은 것으로 생각되므로 이를 법률의 제명 등에 사용하는 것은 좀 더 신중한 검토가 필요하다"고 적시되어 있다.

16) 가해자는 온라인 게임에서 피해자를 처음 알게 되어, 점차 연락을 피하는 피해자를 약 3개월간 스토킹하다, 피해자가 연락을 차단하자 원한을 품고 살인하였다.

17) 2008년 조두순이 당시 8세였던 여자아이를 납치 성폭력하고 신체를 훼손한 사건이다. 이 사건의 2심판결에서 피의자 조두순의 알코올중독 등으로 재범 가능성이 대단히 높아 중형을 내림이 마땅하다고 하면서도 "술에 취하여 사물을 변별하거나 의사를 결정할 능력이 미약한 상태"임을 인정하여 심신미약에 의한 감형사유에 해당한다고 인정하여 강간치상죄의 최고형인 무기징역이 아닌 12년의 징역형을 선고하였고, 대법원에서 그 형이 확정되었다(수원지방법원 안산지원 2009고합6: 서울고등법원 2009노794, 대법원 2009도7948).

18) 이때, 필요한 전제는 별도의 흉기를 사용하지 않았다는 조건이 성립되어야 하며, 만약 흉기를 사용했을 경우 반의사불벌죄가 성립되지 않아 처벌을 피할 수 없다.

19) 한국여성의전화. 181127[화요논평] 가정폭력처벌법 목적조항 개정 없는 '정부 합동 가정폭력 방지대책'은 과연 변화를 이끌 것인가.(https://hotline25.tistory.com/666)

20) 절차: 경찰 → 검사 → 법원(사후)/ 기간: 1개월 이내(연장 불가)

21) 잠정조치는 불송치·불기소시 효력 상실(스토킹처벌법 제11조)되어 피해자 보호 공백상태가 발생하여 피해자가 법원에 직접 보호조치 신청할 수 있는 제도가 필요하다.

[부록] 법률 개정 연혁

1. 성폭력 분야

법률	제·개정 및 시행일	주요 내용
성폭력 범죄의 처벌 및 피해자 보호 등에 관한 법률 (舊法)	제정 (94.1.5. / 94.4.1.)	○ 성범죄 처벌규정 신설 － △친족 성폭력 △장애인 준강간 △'통신매체 이용음란' △'공중밀집장소 추행' 등 신설 ○ 성범죄 예방정책 및 피해자 보호·지원제도 규정 － △피해자 사생활 보호 △성폭력 상담소 설치
	개정 (97.8.22. / 98.1.1.)	○ 성범죄 처벌규정 신설 － △신고의무규정 신설 △13세 미만 미성년자 성폭행 가중처벌 ○ 성폭력 피해자 보호제도 신설 － 피해자 진술 시 신뢰관계인 동석
	개정 (98.12.28. / 98.12.28.)	○ 성범죄 처벌규정(카메라등 이용촬영죄) 신설
	개정 (03.12.11. / 04.3.12.)	○ 성폭력 피해자 보호제도 신설 － △비디오 중계장치 이용 증인신문 △13세 미만·심신미약자 진술녹화 및 증거활용
	개정 (06.10.27. / 06.10.27.)	○ 성범죄 처벌규정 신설·강화 － △'불법촬영물 유포죄' 신설 △장애인 보호시설 종사자에 의한 성폭력 처벌강화 ○ 성폭력 피해자 보호제도 신설 － △피해자 인적사항 공개 금지 △피해자 전담조사제(경찰·검찰) △진술녹화 대상 확대(16세 미만) △신뢰관계인 동석 의무 확대(신청 시)
	개정 (08.6.13. / 08.6.13.)	○ 성범죄 처벌규정 강화 － △13세 미만 대상 강간·유사강간·강제추행죄 법정형 상향 △13세 미만 대상 강간 등 살인·치사·상해·치상 가중처벌
성폭력 범죄의 처벌 등에 관한 특례법	제정 (10.4.15. / 10.4.15.)	○ 기존 「성폭력특별법」을 처벌법과 피해자보호법으로 분리 ○ 성범죄 처벌규정 신설·강화 － △친족 성폭력 및 13세 미만 대상 성폭력범죄 법정형 상향 △음주·약물감경 미적용 － △미성년 대상 성폭력 공소시효 특례 신설 △DNA 증거가 있는 경우 공소시효 10년 연장 － △피의자 얼굴 공개 규정 신설 △성인 대상 성폭력 피해자 신상정보 등록제도 적용

법률	제 · 개정 및 시행일	주요 내용
		○ 성폭력 피해자 보호제도 신설 − 13세 미만 · 심신미약 피해자의 경우 수사과정에서 전문가 의견조회 의무화
	개정 (11.11.17. / 11.11.17.)	○ 성범죄 처벌규정 신설 · 강화 − 13세 미만 · 장애인 대상 성폭력 △처벌규정 유형화 △법정형 강화 △가중처벌 규정 신설
	개정 (12.1.17. / 12.3.16.)	○ 성범죄 처벌규정 강화 − 신상정보 고지 대상에 어린이집 · 유치원 · 학교 추가
	개정 (12.12.18. / 13.6.19.)	○ 성범죄 처벌규정 신설 · 강화 − △형법 개정에 따라 강간죄 객체 변경(여자 → 사람) 및 친고죄 삭제 △'성적목적 공공장소침입죄' 신설 ○ 성폭력 피해자 보호제도 신설 − △피해자 변호인 △진술조력인 제도 신설
	개정 (17.12.12. / 17.12.12.)	○ 성범죄 처벌규정 개정 − '성적목적 공공장소침입죄'의 장소 범위를 '다중이용장소'로 확장
	개정 (18.10.16. / 18.10.16.)	○ 성범죄 처벌규정 강화 − '업무상 위력 등에 의한 추행죄' 법정형 상향
	개정 (18.12.18. / 18.12.18.)	○ 성범죄 처벌규정 신설 − △스스로 신체를 촬영한 영상물도 불법유포시 처벌하는 규정 신설 △관련 법정형 강화
	개정 (19.8.20. / 19.8.20.)	○ 성범죄 처벌규정 강화 − 위계 · 위력으로 13세 미만 간음 · 추행한 경우 공소시효 배제
	개정 (20.3.24. / 20.6.25.)	○ 성범죄 처벌규정 신설 − 영상을 성적 욕망 · 수치심을 유발할 수 있는 형태로 편집 · 반포하는 행위(딥페이크) 처벌
	개정 (20.5.19. / 20.5.19.)	○ 성범죄 처벌규정 신설 · 강화 − △'불법촬영 · 유포물 소지 · 구입 · 저장 · 시청죄' 신설 △'촬영물 이용 협박 · 강요죄' 신설 △성범죄 전체적인 법정형 상향
성폭력 방지 및 피해자 보호 등에 관한 법률	제정 (10.4.15. / 11.1.1.)	○ 기존 「성폭력특별법」을 처벌법과 피해자보호법으로 분리 ○ 국가 및 지방자치단체의 책무, 성폭력 피해자 등에 대한 취학 지원, 성폭력통합지원센터의 설치 · 운영의 법적 근거 규정
	개정 (12.2.1./ 12.8.2.)	○ 성폭력피해자에 대한 해고 등 고용상 불이익 금지에 대한 형사처벌 조항 신설(3년 이하 징역 또는 2천만원 이하 벌금) ○ 성폭력피해자에 대한 법률상담, 소송대리 등 법률지원 명시

법률	제·개정 및 시행일	주요 내용
	개정 (12.12.18./ 13.6.19.)	○ 사회인식 제고를 위해 성폭력 예방교육 대상 기관 확대 ○ 성폭력 예방 홍보영상을 제작하여 공익광고에 송출 근거 마련 ○ 성폭력피해자 보호시설의 종류를 세분화하고, 입소기간 연장, 상담원 교육훈련시설 설치·운영과 위탁근거 마련
	개정 (15.2.3./ 15.8.4.)	○ 성폭력피해자 보호시설의 종류에 외국인 보호시설 추가 ○ 성폭력 전담의료기관의 지정취소에 관한 법적 근거 마련
	개정 (15.12.1./ 16.6.2.)	○ 장애인 등 대상별 특성을 고려한 교육프로그램 개발 명시 ○ 통합지원센터 법률상담 등 연계 및 수사지원을 명시 ○ 상담소, 보호시설, 통합지원센터 또는 교육훈련시설 검사 등의 주체를 지방자치단체의 장으로 규정
	개정 (16.5.29./ 16.11.30.)	○ 기관별 성교육, 성폭력 예방교육, 재발방지대책 수립 등 필요한 조치를 취하도록 의무화 ○ 국가기관 등에서 성폭력 관련 상담 및 고충처리 등 공식창구 마련 및 성폭력예방조치의 지원계획 수립·시행 명시
	개정 (17.3.21./ 17.6.22.)	○ 성폭력 범죄 신고 접수 시 사법경찰관의 지체없는 현장 출동 및 초기 대응 권한(출입, 조사, 질문) 명시
	개정 (18.3.13./ 18.9.14.)	○ 디지털성폭력피해자에 대하여 국가가 불법촬영 영상물 삭제 지원 – 발생 비용은 행위자가 부담하고, 구상권 행사 규정 명시
	개정 (20.10.20./ 21.1.21.)	○ 성폭력 피해자 2차피해 방지대책 실효성 제고 – 성폭력 피해자에 대한 불이익 조치 유형을 신설하고, 징역형과 벌금형 사이의 균형 조정(징역1년당 1천만원 비율)
	개정 (20.1.12./ 21.7.13.)	○ 국가기관 등의 장이 성폭력 발생사실을 알게 된 경우 여가부 장관에게 통보, 재발방지대책 제출 의무 근거 마련 ○ 디지털성범죄 피해자 삭제지원 강화 – 삭제지원할 수 있는 촬영물 등의 범위 확대 및 삭제지원 대상자의 대리인도 요청 가능 ○ 성폭력 발생 사실에 대한 신고 활성화 – 성폭력 발생사실 신고자에 대한 불이익조치 금지 및 해당 의무 위반 시 처벌규정 신설
청소년의 성보호에 관한 법률 (舊法)	제정 (00.2.3./ 00.7.1.)	○ 성범죄 처벌규정 신설·강화 – △청소년 성매매·알선 △청소년이용음란물 제작·배포 등에 대한 처벌규정 신설 △청소년 대상 성폭력 가중처벌 ○ 성폭력 피해자 보호제도 신설 – △보호시설 및 상담시설 운영 △수사절차에서의 배려 △비밀누설 금지 등 규정

법률	제·개정 및 시행일	주요 내용
	개정 (07.8.3. / 08.2.4.)	○ 성범죄 처벌규정 신설·강화 − 청소년 대상 성범죄를 친고죄 → 반의사불벌죄 ○ 성폭력 피해자 보호제도 신설 − 가해자가 친권자인 경우 친권상실청구 및 피해자 보호조치 규정
아동·청소년의 성보호에 관한 법률 (법률명 개정)	개정 (10.4.15. / 10.4.15.)	○ 성범죄 처벌규정 강화 − △음주·약물감경 미적용 △피해자가 성인 도달 시부터 공소시효 진행 △청소년 성매매·알선행위 법정형 강화 ○ 성폭력 피해자 보호제도 신설 − △진술녹화 및 증거활용 △신뢰관계인 동석
	개정 (11.9.15. / 12.3.16.)	○ 성범죄 처벌규정 신설·강화 − △온라인서비스제공자의 영상 삭제 등 의무 △장애인·피보호자 대상 성범죄 법정형 강화 △성매매 신고자 포상금 지급
	개정 (12.2.1. / 12.8.2.)	○ 성범죄 처벌규정 신설·강화 − 13세 미만·장애인 대상 강간·준강간죄 공소시효 배제
	개정 (12.12.18. / 13.6.19.)	○ 성범죄 처벌규정 신설·강화 − △'아동 음란물 소지죄' 신설 △법정형 상향 △음주·약물감경 미적용 범죄 확대 △공소시효 배제 범죄 확대
	개정 (19.1.15. / 19.7.16.)	○ 성범죄 처벌규정 신설·강화 − △13−16세 대상 궁박상태이용 간음·추행죄 신설 △13세 미만 대상 위계·위력 간음·추행 공소시효 배제
	개정 (20.5.19. / 20.11.20.)	○ 성범죄 처벌규정 신설·강화 − △장애인 대상 성범죄 가중처벌 △'미성년자 의제강간죄' 공소시효 배제 ○ 성매매 피해아동·청소년 보호제도 신설 − 성매매 대상이 된 아동·청소년을 보호처분하던 규정 삭제 및 성매매 피해아동·청소년으로서 보호·지원
	개정 (20.6.2. / 20.6.2.)	○ 성범죄 처벌규정 신설·강화 − △'아동·청소년이용음란물'에서 '아동·청소년성착취물'로 용어변경 △강간·강제추행 예비·음모죄 △'성착취물 광고·소개 및 구입·시청죄' 신설
	개정 (20.12.8. / 21.6.9.)	○ 성범죄 처벌규정 강화 − 16세 미만 대상 성구매 가중처벌 ○ 성폭력 피해자 보호제도 신설 − 13세 미만·장애인 진술조력인 제도 신설
	개정	○ 성범죄 처벌규정 신설

법률	제 · 개정 및 시행일	주요 내용
	(21.3.23. / 21.9.24.)	− △'온라인상 성착취목적대화(그루밍)죄' 신설 △디지털성범 죄 대상 위장수사 특례 규정

2. 성매매 분야

법률	제 · 개정 및 시행일	주요 내용
성매매 알선 등 행위의 처벌에 관한 법률	제정 (04.3.22. / 04.9.23.)	○ 성매매알선등 행위와 성매매 근절을 위한 제도적 장치 마련 − △성매매알선등 목적 고용·모집, 소개·알선 금지 △성매매 피해자 불처벌 △신고자·피해자 보호 △성매매알선등 행위 로 인한 불법원인채권 여부 확인 △외국인 성매매피해 여성 보호 등 규정
	개정 (10.4.15. / 11.1.1.)	○ 「성폭력방지 및 피해자보호 등에 관한 법률」 제정 반영 − 성폭력 피해자 보호·지원 확대 및 명문 근거 마련을 위해 「성폭력특별법」에서 분리 제정
	개정 (13.4.5. / 13.4.5.)	○ 「형법」 개정 반영, 인신매매방지의정서 이행 의무사항으로 각 종 착취목적 인신매매죄 신설 등
	개정 (14.1.28. / 14.7.29.)	○ 「대중문화예술산업발전법」 제정 반영, 청소년 대중문화예술인 의 인권 보호를 위한 규정 등 제정
	개정 (21.3.16. / 21.3.16.)	○ 「형사소송법」 개정(2021. 1. 1.)으로 사법경찰관에 1차 수사 종결권 부여에 따라 관련 조항 정비 − 외국인 성매매 여성 피해자 수사 시 강제퇴거명령 또는 보 호 집행의 금지 사유에 검사의 불기소 처분에 대응 사법경 찰관의 불송치 결정 추가
성매매 방지 및 피해자 보호 등에 관한 법률	제정 (04.3.22. / 04.9.23.)	○ 성매매된 자 및 파는 행위를 한 자의 사회복귀와 성매매행위 의 재발 방지 목적 제정 − 국가 등 성매매 방지·성매매피해자 등 보호·자립 지원, 시 설의 설치·운영 법적·제도적 장치 마련 − 초·중·고교장 성매매 예방 교육 − 지원시설장의 입소자 등에 대한 인권 보호, 상담·교육·정 보제공·신변보호·건강관리 등
	개정 (05.12.29. / 06.3.30.)	○ 성매매피해자 등 일반지원시설 입소기간 연장 − 6월에서 1년으로 기한 연장 ○ 성매매피해자 등의 의료지원 시 사생활 침해 문제 예방 − 「성폭력특별법」에 규정된 의료기관을 성매매피해자등의 치 료를 위한 전담병원 지정 운영
	개정	○ 성매매방지중앙지원센터 설치·운영 규정 신설 반영

	(08.6.13. / 08.9.4.)	– 성매매방지 및 피해자 지원시설·자활 지원센터· 상담소 간 연계·조정 및 서비스 향상 목적 설치
	개정 (08.3.21. / 08.9.22.)	○ 성매매 실태조사 의무 부과 – 여성부장관은 3년마다 국내외 성매매 실태조사 및 중앙행정 기관 등의 장에게 협조 요청 ○ 성매매 예방 교육 실시 주체 확대 – 초·중·고교장 외 국가 및 지자체 등 포함 ○ 해외 성매매피해자 보호·지원활동 비영리법인 등 경비 보조 규정 신설
	개정 (12.2.1. / 12.8.2.)	○ 유흥종사자를 둘 수 있는 식품접객업 영업자 의무규정 신설 – △성매매 관련 채권은 불법원인으로 무효 △성매매피해자 상담소 연락처 등 안내물을 업소 내 게시 – 위반 시 500만 원 이하 과태료 부과
	개정 (14.3.27. / 14.9.28.)	○ 그간의 노력에도 불구 성매매 감소 효과 미미, 국가 등 책무 강화 적극적 대응 촉구 – △성매매 예방교육 강화 △성매매 방지 홍보 강화 △온라인 등 통한 성매매 성매매 사전 대책 마련 △성매매피해자등 지원확대 등 규정
	개정 (16.3.2. / 16.9.3.)	○ 시행규칙 上 자활지원센터·상담소의 폐지·휴지 시 감독기관 의 이용자 타 시설 이관 등 권익 보호조치 감독의무 규정을 법률로 규정 ○ 지원시설 등의 장은 명령 등에 의한 시설의 업무정지·폐쇄 시 이용자 권익 보호조치 이행 의무규정 신설 ○ 지자체장은 해당 시설의 장이 권익 보호조치 이행 여부 확인 의무규정 신설
	개정 (16.12.20. / 17.6.21.)	○ 디지털콘텐츠 대화 화면에 아동·청소년 대상 성매매 신고 포 상금, 「성매매처벌법」上 신고 보상금 안내문 홍보 규정 신설 ○ 여성가족부장관, 지자체장의 숙박업소 등 대상 성매매 방지 및 피해자등 보호를 위한 출입·지도 근거 규정 신설
	개정 (18.4.17. / 18.4.17.)	○ 여성가족부장관·시도지사에 의무교육 대상에 포함되지 않은 일반 국민에 대한 성매매 방지 및 성매매 피해자 인권 보호 교육 업무 수행 권한 및 교육 위탁 규정 명시
	개정 (18.3.13. / 18.9.14.)	○ 성매매피해자 지원시설·자활지원센터·상담소의 민원처리 기 간 규정 신설(10일 이내) ○ 성매매 경고문구 게시 의무 부과 확대 – 인터넷사이트뿐 아니라 모바일 웹사이트·어플리케이션 포 함 확대

3. 가정폭력 분야

법률	제·개정 및 시행일	주요 내용
가정폭력 범죄의 처벌등에 관한 특례법	제정 (97.12.13. / 98.7.1.)	○ 가정폭력 문제에 사회와 국가가 적극 개입하여야 한다는 여론 증가, 건강한 가정 육성 및 가정의 평화와 안정을 회복하기 위해 신규 제정 ○ 가정폭력행위자에 대하여 보호처분 실행
	개정 (99.1.21. / 99.2.22.)	○ 가정폭력피해아동의 교육과 보호를 담당하는 기관 종사자 및 그 장에 대하여 비밀엄수 의무 규정 신설
	개정 (02.12.18./ 03.3.19.)	○ 임시조치 위반자에 대한 검사의 유치 청구권 신설
	개정 (05.1.27. / 05.1.27.)	○ 친고죄, 반의사불벌죄의 경우에도 보호처분 근거 마련 ○ 보호처분 불이행 시 과태료 부과 규정 신설
	개정 (07.8.3. / 07.8.3.)	○ 임시조치 청구요건 개선 - △사법경찰관리의 응급조치 선행요건 삭제 △피해자의 임시조치 신청·청구 요청권 신설 ○ 상담조건부 기소유예제도 신설 ○ 임시조치 및 보호처분 강화 - △피해자 외에 가정구성원 추가 △전기통신 이용 접근금지 신설 △임시조치 연장 횟수 및 보호처분 시간 증가 ○ 감호위탁기관 교육 실시 의무화 ○ 보호처분 불이행 과태료 상한 인상(100 → 500만원)
	개정 (11.7.25. / 11.10.26.)	○ 사법경찰관 긴급임시조치 권한 신설 ○ 피해자보호명령 제도 도입 ○ 임시조치 중 격리 또는 접근금지 불이행 시 과태료 부과 규정 신설
	개정 (12.1.17. / 12.1.17.)	○ 가정구성원에 의한 성범죄를 가정폭력범죄로 규정 ○ 보호처분 상습 위반자, 보호명령 상습 미이행자 형사처벌 규정 신설 ○ 사회복지전담공무원 등에 대하여 신고의무 부여
	개정 (14.12.30. / 15.7.1.)	○ 가정폭력범죄에 유사강간죄 추가 ○ 긴급임시조치 불이행 시 과태료 처분 규정 신설
	개정 (20.10.20. / 21.1.21.)	○ 가정폭력범죄에 주거침입·퇴거불응·카메라등이용촬영·정통망법위반 등 추가 ○ 응급조치 규정 강화 - △현행범인의 체포 △피해자보호명령·신변안전조치 청구

		권리 고지 명시
		○ 임시조치 · 피해자보호명령 강화
		– △특정 장소가 아닌 '사람으로부터 100미터 이내'도 접근금지 조치 가능 △임시조치 불이행죄 신설 △임시조치에 상담 위탁 추가 △검사의 피해자보호명령 청구 권한 신설 △피해자보호명령에 면접교섭권 행사 제한 추가
가정폭력 방지 및 피해자 보호등에 관한법률	제정 (97.12.31. / 98.7.1.)	○ 국가와 지방자치단체에 가정폭력 예방 및 피해자 보호를 위한 법 · 제도적 장치 및 예산 마련 의무 부과
	개정 (04.1.20. / 04.1.20.)	○ 가정폭력관련상담소 및 피해자보호시설 관리업무를 시 · 도지사에서 시장 · 군수 · 구청장 사무로 이관
	개정 (09.5.8. / 09.11.9.)	○ 가정폭력피해자에 대한 임대주택 우선입주권 신설 ○ 긴급전화센터(1366)의 설치 · 운영 근거 마련
	개정 (10.5.17. / 10.11.18.)	○ 가정폭력 예방교육과 성 관련 타 예방교육 통합 ○ 가정폭력피해자 긴급 구조가 필요할 경우 경찰관 동행 요청 규정 마련
	개정 (12.2.1. / 12.5.2.)	○ 사법경찰관리의 가정폭력범죄 신고에 대한 현장출입 · 조사 규정 마련
	개정 (13.7.30. / 14.1.31.)	○ 피해자, 가정폭력 관련 시설 종사자의 신변보호를 위한 안전대책 실시 근거 마련 ○ 사법경찰관리의 현장출입 · 조사시 긴급전화센터, 상담소 등 종사자의 동행요청 근거 마련 ○ 사법경찰관리의 현장조사 거부 등 방해행위자에 대한 처벌(500만원 이하) 규정 마련
	개정 (15.6.22. / 15.12.23.)	○ 피해자 신변노출 방지 및 보호 · 지원체계 구축 근거 규정 마련 ○ 가정폭력 추방 주간 운영 근거 규정 마련
	개정 (17.12.12. / 18.6.13.)	○ 기본이념 규정 및 피해자에 대한 불이익을 가한 자에 대한 처벌 규정 마련
	개정 (20.6.9. / 20.6.9.)	○ 가정폭력 관련 피해아동에 대한 상담 · 치료프로그램 제공 근거 규정 마련

4. 스토킹 분야

법률	제·개정 및 시행일	주요 내용
스토킹 범죄의 처벌등에 관한법률	제정 (21.4.20. / 21.10.21.)	○ '99년 법안 최초 발의 후 총 24건 발의, '21년 정부안 및 의원 발의안 10건을 병합하여 제정 ○ 스토킹행위 및 스토킹범죄 규정 ○ 스토킹 피해자 보호조치 및 가해자 접근금지조치 신설 　- △응급조치 △긴급응급조치 △잠정조치 ○ 스토킹범죄 처벌규정 신설 　- 스토킹범죄 시 3년↓징역, 3천만원↓벌금 　- 잠정조치 불이행 시 2년↓징역, 2천만원↓벌금 　- 긴급응급조치 불이행 시 1천만원 이하 과태료

　　공식범죄통계는 젠더폭력범죄의 발생실태와 그 특성에 대해 제한적이지만 적지 않은 정보를 제공한다. 지난 20년간 젠더폭력범죄는 3배가량 증가하였으며, 이는 공식범죄통계상 발생건수가 감소하였거나 큰 변화가 두드러지지 않는 살인, 강도, 방화와는 구분되는 양상이다. 젠더폭력범죄는 절대다수의 가해자는 남성, 절대다수의 피해자는 여성으로 이분화된, 성별화된 범죄라는 점도 공식범죄통계를 통해 확인할 수 있다. 디지털 환경 및 정보통신기술(ICT)의 발달은 젠더폭력범죄 증가 추세를 심화시킨 주된 원인으로, 카메라등 이용촬영, 통신매체 이용음란 등의 '디지털성범죄'는 최근 발생하는 젠더폭력범죄에서 상당한 부분을 차지한다.

　　통계작성기관마다 각기 다른 범죄분류체계에 따라 젠더폭력범죄를 여러 분류항목에 나누고 있는 점은 젠더폭력범죄 발생실태를 파악하고 증거에 기반한(evidence-based) 젠더폭력범죄 대응방안 수립을 어렵게 하는 주된 원인이 되고 있다. 외부에 신고되지 않거나 알려지지 않은 범죄를 가리키는 암수범죄가 적지 않은 젠더폭력범죄의 경우 실제 발생 정도가 공식범죄통계상 과소추정될 우려가 있다. 스토킹범죄의 예에서 보는 바와 같이 처벌규정이 마련되기 전까지는 관련 통계가 작성되지 않는 점, 피해자 관련 측정항목의 부족도 젠더폭력범죄통계 작성체계가 내재하고 있는 한계다.

　　최근에는 젠더폭력범죄통계 개선을 촉진하기 위해 여성폭력방지법이 제정되었으며, 경찰청은 피해자와 가해자 간의 관계범주 세분화를 추진하고 있고, UNODC가 제안한 국제범죄분류의 국내 이행가능성도 검토되고 있다. 젠더폭력범죄통계를 둘러싼 일련의 변화들을 일별하며 젠더 관점을 반영한 범죄통계가 구축되어야 하는 이유를 고찰하고 젠더폭력범죄통계 개선 가능성을 전망해 본다.

공식범죄통계로 본 젠더폭력범죄

04

한민경

▶ **학습목표**

❶ 다른 강력범죄와 구분되는 젠더폭력범죄의 증가 추세를 살펴보고 그 배경을 논할 수 있다.

❷ 공식범죄통계에 나타나는 젠더폭력범죄의 특성을 파악할 수 있다.

❸ 젠더폭력범죄통계 작성체계가 갖는 한계를 이해할 수 있다.

❹ 젠더폭력범죄통계를 개선하기 위한 대내외적 동향을 개관할 수 있다.

주요용어

▲ 젠더폭력범죄   ▲ 경찰범죄통계

▲ 검찰범죄분석   ▲ 풍속범죄

▲ 암수범죄(hidden crime)   ▲ 여성 대상 폭력(violence against women)

▲ 친밀한 파트너 폭력(intimate partner violence)

젠더폭력범죄는[1] 얼마나 발생하고 있을까? 이 질문에 대한 답을 구하기 위해 가장 먼저 들여다보게 되는 자료는 공식범죄통계일 것이다. 우리나라의 공식범죄통계로는 경찰이 작성·공표하는 경찰청범죄통계(이하 경찰범죄통계)와 검찰이 작성·공표하는 범죄분석통계(이하 검찰범죄분석), 한국형사·법무정책연구원이 작성·공표하는 국민생활안전실태조사(전국범죄피해조사)의 세 가지가 있다.[2] 이 장에서는 우리나라의 공식범죄통계 중 경찰범죄통계와 검찰범죄분석을 토대로 젠더폭력범죄의 발생실태와 그 특성을 고찰하고, 젠더폭력범죄통계를 개선하기 위한 최근의 동향들을 개관한다.

1. 젠더폭력범죄
　　발생 추이와 그 특징

1) 성폭력범죄의 증가 추세

　정보통신기술(ICT) 기술의 급속한 발달과 확산, 인구 고령화 등 사회변화는 범죄 발생에도 일정한 영향을 미치고 있다. CCTV가 촘촘하게 설치된 오늘날, 날치기나 은행을 상대로 한 강도는 과거 언론보도 검색에서나 찾아볼 수 있는 사건이 되었다. 최근 20년간의 강력범죄 발생에 대한 [표 4-1]에서 보는 바와 같이 소위 '강력범죄(흉악)'로 일컬어지는 살인, 강도, 방화 발생건수는 전반적으로 감소하였거나 큰 변화가 두드러지지 않는 데 반해, 성폭력범죄 발생건수는 2001년 10,503건에서 2020년 30,105건으로 3배가량 증가하였다. 살인 등 다른 강력범죄의 발생에는 감소 또는 억제 요인으로 작용한 사회변화가 성폭력범죄 발생에 있어서는 역으로 촉진 요인으로 작용하였거나 유의한 영향을 미치지 않은 것이다. 이는 곧 살인 등 다른 강력범죄와 성폭력범죄 발생기제는 상이함을 시사한다.

표 4-1　최근 20년간 강력범죄 발생건수(2001-2020): 성폭력범죄의 증가 추세

(단위: 건)

연도	성폭력	살인	강도	방화
2001	10,503	1,064	5,546	1,375
2002	9,435	983	5,953	1,388
2003	10,365	1,011	7,327	1,713
2004	11,105	1,082	5,762	1,590
2005	11,757	1,091	5,266	1,827
2006	13,573	1,064	4,684	1,685
2007	13,634	1,124	4,470	1,694
2008	15,094	1,120	4,827	1,946
2009	16,156	1,390	6,379	1,866
2010	19,939	1,262	4,395	1,886
2011	22,034	1,221	4,021	1,972
2012	21,346	1,029	2,643	1,897
2013	26,919	966	2,013	1,744
2014	29,863	938	1,618	1,707
2015	31,063	958	1,472	1,646
2016	29,357	948	1,181	1,477
2017	32,824	858	990	1,358
2018	32,104	849	841	1,478
2019	32,029	847	845	1,345
2020	30,105	805	692	1,210

자료: 검찰범죄분석, 각년도
비고: 검찰범죄분석 작성상 강력범죄(흉악)에 해당하는 범죄분류 기준에 따름.

　이전 10년(2001년－2010년)과 비교해 볼 때 최근 10년간(2011년－2020년) 성폭력 범죄 발생건수 증가 추세는 한층 심화되었다. 2010년 4월 15일에 성폭력처벌법이 제정 및 시행되고,[3] 공중밀집장소 추행, 성적목적의 장소침입, 카메라등 이용촬영, 통신매체이용음란 등의 행위에 대한 법정형이 상향되었으며, 2012년 12월 18일에는 형법에 유사강간에 대한 규정이 추가되고(제297조의2) 성폭력범죄에 대한 법제도적 대응이 강화된 것이 성폭력범죄 발생건수 증가로도 이어졌다고 평가할 수 있다. 이와 더불어, 성적 자기결정권에 대한 인식이 확산되는 등 성폭력범죄에 대한

우리 사회의 민감도가 높아져 암수범죄(hidden crime; dark figure of crime)가 전반적으로 감소한 측면도 있을 것이다.

2) 절대다수의 가해자는 남성, 절대다수의 피해자는 여성

성폭력범죄는 절대다수의 가해자는 남성, 절대다수의 피해자는 여성으로 이분화된, 성별화된 범죄(gendered crime)다. 개별 성폭력범죄 사례에서는 남성이 피해자가, 여성이 가해자가 된 사례도 적지 않게 찾아볼 수 있다. 그러나 성폭력범죄의 가해자와 피해자의 성별을 집합적인 수준(aggregate level)으로 살펴보면 [표 4-2]에서와 같이 최근 20년간 성폭력범죄의 경우 남성 가해자의 비율은 평균 98.2%, 여성 피해자의 비율은 평균 93.5%에 달하고 있어 '여성 대상 폭력'(violence against women)이라는 표현이 결코 무색하지 않다.

표 4-2 최근 20년간 강력범죄 가해자 및 피해자 성별(2001-2020)

연도	남성 가해자 비율(%)				여성 피해자 비율(%)			
	성폭력	살인	강도	방화	성폭력	살인	강도	방화
2001	99.6	87.7	96.4	85.5	92.0	40.5	46.2	20.2
2002	98.6	88.5	95.7	84.9	93.9	45.4	45.1	20.5
2003	98.8	87.7	96.0	85.5	92.1	40.4	47.0	19.9
2004	99.2	87.8	94.3	83.3	90.9	43.4	48.7	18.3
2005	99.4	88.1	94.0	84.0	91.2	43.8	45.6	22.1
2006	99.3	87.8	93.5	85.4	92.8	43.6	47.3	22.5
2007	99.3	89.6	91.7	83.5	94.5	46.0	50.6	23.1
2008	98.6	88.4	92.0	83.9	94.7	44.9	53.1	24.6
2009	98.5	90.2	91.7	85.9	93.5	47.6	53.2	28.7
2010	98.9	86.2	92.8	85.5	94.4	45.2	56.2	26.7
2011	98.3	88.3	90.4	83.8	96.3	49.3	56.2	33.8
2012	97.1	84.5	92.3	84.3	94.7	48.8	59.5	30.2
2013	97.5	86.5	91.1	83.1	94.3	43.9	56.2	30.0
2014	98.3	84.0	91.2	87.3	94.3	42.3	51.1	31.0
2015	98.2	83.9	89.5	85.3	94.4	40.7	48.4	31.0
2016	97.9	86.0	90.7	83.6	93.8	42.0	48.9	32.2

연도	남성 가해자 비율(%)				여성 피해자 비율(%)			
	성폭력	살인	강도	방화	성폭력	살인	강도	방화
2017	97.5	85.7	90.3	82.7	90.3	37.3	45.9	28.4
2018	97.0	85.5	90.0	83.7	93.9	39.7	48.5	23.7
2019	96.6	85.2	88.8	83.7	94.9	41.3	51.7	29.4
2020	96.2	83.7	86.5	83.9	92.4	38.7	48.8	29.6

자료: 검찰범죄분석, 각년도
비고: 검찰범죄분석 작성상 강력범죄(흉악)에 해당하는 범죄분류 기준에 따름.

3) 디지털 환경·정보통신기술 발달과의 높은 관련성

[표 4-3]과 [표 4-4]는 [표 4-1]에서 확인되는 바와 같이 최근 10년간 성폭력범죄 발생건수 증가 추세가 한층 심화된 것은 디지털 환경 및 정보통신기술의 발달과 밀접히 관련되어 있음을 보여준다.[4] 검찰범죄분석상 성폭력범죄 유형별 발생건수를 나타낸 [표 4-3]을 보면, 2014년부터 2020년까지의 기간 동안 카메라등 이용촬영은 한 해 5천 건 이상 발생하며, 전체 성폭력범죄 중 최저 16.6%(2020년)에서 최대 24.9%(2015년)의 비율을 차지한다. 통신매체 이용음란 발생건수는 2014년부터 2020년까지 최근 7년간 평균적으로 전체 성폭력범죄 발생건수의 4.5%에 해당한다. 2020년에 처벌규정이 신설된 허위영상물 편집·반포(성폭력처벌법 제14조의2), 촬영물등 이용 협박·강요(성폭력처벌법 제14조의3)에도 성폭력범죄 발생을 촉진하는 요인으로 작용하는 디지털 환경 및 정보통신기술의 특성이 반영되어 있다.[5]

표 4-3   성폭력범죄 유형별 발생건수(1): 검찰범죄분석(2014-2020)

(단위: 건(%))

구분＼연도	2014	2015	2016	2017	2018	2019	2020
간음	264	251	267	268	318	251	288
	(0.9)	(0.8)	(0.9)	(0.8)	(1.0)	(0.8)	(1.0)
강간	4,828	5,023	5,145	5,287	5,508	5,594	5,537
	(16.2)	(16.2)	(17.5)	(16.1)	(17.2)	(17.5)	(18.4)
강간등(강간, 준강간, 간음, 강제추행, 준강제추행)	622	283	192	144	182	157	102
	(2.1)	(0.9)	(0.7)	(0.4)	(0.6)	(0.5)	(0.3)

구분 \ 연도	2014	2015	2016	2017	2018	2019	2020
강간등살인	7	5	6	7	4	2	7
	(0.0)	(0.0)	(0.0)	(0.0)	(0.0)	(0.0)	(0.0)
강간등상해	281	276	201	223	214	200	167
	(0.9)	(0.9)	(0.7)	(0.7)	(0.7)	(0.6)	(0.6)
강간등치사	1	1	2	0	4	0	2
	(0.0)	(0.0)	(0.0)	(0.0)	(0.0)	(0.0)	(0.0)
강간등치상	591	573	535	493	441	453	407
	(2.0)	(1.8)	(1.8)	(1.5)	(1.4)	(1.4)	(1.4)
강제추행	12,849	13,266	14,339	15,981	15,672	15,766	14,486
	(43.0)	(42.7)	(48.8)	(48.7)	(48.8)	(49.2)	(48.1)
공중밀집장소추행	1,838	1,901	1,773	2,085	1,609	1,532	906
	(6.2)	(6.1)	(6.0)	(6.4)	(5.0)	(4.8)	(3.0)
성적목적의 장소침입	470	543	477	422	646	685	697
	(1.6)	(1.7)	(1.6)	(1.3)	(2.0)	(2.1)	(2.3)
특수강도강간등	123	72	56	34	43	42	274
	(0.4)	(0.2)	(0.2)	(0.1)	(0.1)	(0.1)	(0.9)
카메라등 이용촬영	6,735	7,730	5,249	6,615	6,085	5,893	5,005
	(22.6)	(24.9)	(17.9)	(20.2)	(19.0)	(18.4)	(16.6)
통신매체 이용음란	1,254	1,139	1,115	1,265	1,378	1,454	2,070
	(4.2)	(3.7)	(3.8)	(3.9)	(4.3)	(4.5)	(6.9)
허위영상물 편집·반포등							125
							(0.4)
촬영물등 이용 협박·강요							32
							(0.1)
계	29,863	31,063	29,357	32,824	32,104	32,029	30,105
	(100.0)	(100.0)	(100.0)	(100.0)	(100.0)	(100.0)	(100.0)

자료: 검찰범죄분석, 각년도
비고: 검찰범죄분석 작성상 강력범죄(흉악) 및 성폭력에 해당하는 범죄분류 기준에 따름.

카메라등 이용촬영, 통신매체이용음란 등과 같이 디지털 환경 및 정보통신기술을 매개로 하는 성폭력범죄가 꾸준히 발생하고 있는 점은 [표 4-4]의 경찰범죄통계에서도 확인된다. 경찰과 검찰의 범죄통계 작성기준이 상이함에 따라 [표 4-3]과 비교할 때 수치상 약간의 차이는 있으나 [표 4-4]에서도 디지털 환경 및 정보통신기술의 발달로 한층 범행이 용이해진 '디지털성범죄'의 높은 발생정도를 확인할 수 있다.

표 4-4　성폭력범죄 유형별 발생건수(2): 경찰범죄통계(2013-2020)

(단위: 건(%))

구분 / 연도	2013	2014	2015	2016	2017	2018	2019	2020
강력범죄								
강간	5,753	5,078	5,151	5,155	5,223	5,293	5,310	5,313
	(14.6)	(14.3)	(14.0)	(14.9)	(13.8)	(14.1)	(14.5)	(14.7)
유사강간	132	375	518	583	636	776	782	823
	(0.3)	(1.1)	(1.4)	(1.7)	(1.7)	(2.1)	(2.1)	(2.3)
강제추행	14,778	14,611	15,059	16,054	17,947	17,053	17,120	15,344
	(37.6)	(41.0)	(41.0)	(46.3)	(47.6)	(45.5)	(46.8)	(42.5)
기타(강간·강제추행등)	1,647	991	558	408	304	356	325	237
	(4.2)	(2.8)	(1.5)	(1.2)	(0.8)	(0.9)	(0.9)	(0.7)
풍속범죄								
공연음란	1,472	1,842	2,112	2,466	2,989	2,612	2,960	2,606
	(3.7)	(5.2)	(5.7)	(7.1)	(7.9)	(7.0)	(8.1)	(7.2)
성폭력처벌법 (성적목적 다중이용장소침입)	209	463	535	470	414	639	666	686
	(0.5)	(1.3)	(1.5)	(1.4)	(1.1)	(1.7)	(1.8)	(1.9)
청소년성보호법 (아동·청소년성착취물제작 배포등)	2,508	634	644	831	479	988	735	2,621
	(6.4)	(1.8)	(1.8)	(2.4)	(1.3)	(2.6)	(2.0)	(7.3)
성폭력처벌법 (허위영상물편집, 반포등)								31
								(0.1)
성폭력처벌법 (촬영물등이용협박, 강요등)								120
								(0.3)
성폭력처벌법(카메라등 이용 촬영)	4,841	6,635	7,615	5,170	6,465	5,925	5,764	4,881
	(12.3)	(18.6)	(20.7)	(14.9)	(17.1)	(15.8)	(15.8)	(13.5)
성폭력처벌법(통신매체 이용 음란)	1,411	1,250	1,130	1,109	1,249	1,365	1,437	2,047
	(3.6)	(3.5)	(3.1)	(3.2)	(3.3)	(3.6)	(3.9)	(5.7)

구분＼연도	2013	2014	2015	2016	2017	2018	2019	2020
음화등반포(판매, 임대, 전시, 제조)	60	7	7	22	29	13	12	19
	(0.2)	(0.0)	(0.0)	(0.1)	(0.1)	(0.0)	(0.0)	(0.1)
정보통신망법(음란물유포)	6,525	3,717	3,419	2,412	1,986	2,463	1,482	1,409
	(16.6)	(10.4)	(9.3)	(7.0)	(5.3)	(6.6)	(4.0)	(3.9)
계	39,336	35,603	36,748	34,680	37,721	37,483	36,593	36,137
	(100.0)	(100.0)	(100.0)	(100.0)	(100.0)	(100.0)	(100.0)	(100.0)

자료: 경찰범죄통계, 각년도
비고: 1. 경찰범죄통계 작성상 강력범죄 및 풍속범죄에 해당하는 범죄분류 기준에 따름.
　　　2. 성폭력처벌법상 성적목적 공공장소침입은 성적목적 다중이용장소침입에, 청소년성보호법상 음란물 제작배포 등은 아동·청소년성착취물제작배포등에 재분류함.

2. 젠더폭력범죄통계 작성체계의 한계

1) 불법촬영은 풍속범죄라고요?

[표 4-4]에서는 카메라등 이용촬영, 통신매체 이용음란, 허위영상물 편집·반포 등, 촬영물등 이용 협박·강요 외에도 디지털성범죄로 일컬을 수 있는 청소년성보 호법(아동·청소년성착취물제작배포등), 음화등반포(판매, 임대, 전시, 제조), 정보통신 망법(음란물유포)에 대한 발생건수가 제시되어 있다. 이는 경찰범죄통계가 카메라등 이용촬영, 통신매체 이용음란 등과 함께 이들 범죄를 '풍속범죄'로 묶어 분류하고 있기 때문이다. 다시 말해, 검찰범죄분석에서는 [중분류] 강력범죄(흉악)－[소분류] 성폭력 아래 세분류에 해당하는 카메라등 이용촬영, 성적목적의 장소침입, 통신매 체 이용음란, 공중밀집장소추행, 허위영상물 편집반포등, 촬영물등 이용 협박강요가 경찰범죄통계에서는 모두 [대분류] 풍속범죄－[중분류] 성풍속범죄에 해당한다.[6] [표 4-5]는 경찰범죄통계상 성풍속범죄로 분류된 젠더폭력범죄의 세부 죄명을 보 여준다.

표 4-5 경찰범죄통계상 '성풍속범죄'로 분류된 젠더폭력범죄

세분류	죄명
간통	구)형법 제241조 간통
혼인빙자간음	구)형법 제304조 혼인빙자간음
혼인빙자간음(위계간음)	구)형법 제304조 위계간음
공연음란	형법 세245조 공연음란
음행매개	형법 제242조 음행매개
음화등반포 (판매, 임대, 전시, 제조)	형법 제243조(음화, 음란문서, 음란필름, 음란물건)(반포, 판매, 임대, 전시, 상영), 제244조(음화, 음란문서, 음란필름, 음란물건)(제조, 소지, 수입, 수출)
정보통신망법(음란물유포)	정보통신망법위반 제74조 제1항 제2호(음란물유포)
성폭력처벌법(카메라등이용촬영·반포등)	성폭력처벌법위반 제14조(카메라등이용촬영·반포등), 제15조(카메라등이용촬영·반포등)미수
성폭력처벌법(허위영상물편집·반포등)	성폭력처벌법위반 제14조의2 제1,2,3항(허위영상물편집·반포등), 제4항(상습허위영상물편집·반포등)
성폭력처벌법(촬영물등이용협박·강요등)	성폭력처벌법위반 제14조의3(촬영물등이용협박·강요등)
성폭력처벌법(통신매체이용음란)	성폭력처벌법위반 제13조(통신매체이용음란)
성폭력처벌법(성적목적다중이용장소침입)	성폭력처벌법위반 제12조(성적목적다중이용장소침입), 구)성폭력처벌법위반 제12조(성적목적공공장소침입)
아동·청소년의성보호에관한법률위반(아동·청소년성착취물소지·제작·배포등)	아동·청소년의성보호에관한법률위반 제11조 제5항(성착취물소지등), 그 외의 11조(성착취물제작·배포등), 제17조 제1항(성착취물온라인서비스제공)
풍속영업의규제에관한법률	풍속영업의규제에관한법률위반

자료: 경찰청(2022), 2021 범죄통계, (부록) 719-720쪽.

카메라등 이용촬영, 통신매체 이용음란 등과 같은 젠더폭력범죄가 어떤 맥락에서 풍속범죄로 분류된 것인지는 통계작성지침 등에 명시적으로 드러나 있지는 않다. 다만, 경찰범죄통계 작성부서는 카메라등 이용촬영, 통신매체 이용음란 등과 같은 젠더폭력범죄는 강간·유사강간·강제추행과 같은 강력범죄와는 '결이 다르다'고 보아 함께 묶는 것이 적절하지 않다고 판단한 것으로 추정된다. 국립국어원은 풍속(風俗)을 '옛날부터 그 사회에 전해 오는 생활 전반에 걸친 습관, 그 시대의 유행과

습관'으로 정의한다.[7] 한 해 발생하는 젠더폭력범죄 100건 중 20건에서 25건가량이 디지털 환경 및 정보통신기술을 악용하여 발생하고 있는 상황에서, 경찰범죄통계 작성부서는 이러한 젠더폭력범죄가 우리 시대의 생활 전반에 걸친 유행 내지 습관과도 같은 것이라고 여기고 있는 것일까?

　젠더폭력범죄 중 일부는 강력범죄로, 나머지는 풍속범죄로 분류하고 있는 경찰범죄통계 작성방식은 해당 범죄유형에 대한 선입견을 갖게 할 수 있다. 젠더폭력범죄 내에 위상이나 경중이 있어 가해자가 피해자에게 물리적이고 신체적인 방식으로 성적인 위해를 가한 경우에는 강력범죄로 분류하여 보다 중한 죄임을 명확히 하였다면, 직접적인 접촉을 수반하지 않고 카메라나 인터넷과 같은 매체를 이용한 경우에는 풍속범죄로 분류하여 보다 경한 죄로 다루도록 한다는 것이 경찰범죄통계의 젠더폭력범죄 분류체계가 내포하게 되는 선입견의 한 예다.

　경찰범죄통계 작성방식에 익숙하지 않은 가운데, 젠더폭력범죄 관련 통계를 찾아보고자 하는 사람들은 [대분류] 강력범죄의 [중분류]에서 강간·유사강간·강제추행·기타 강간강제추행 외의 젠더폭력범죄 유형에 대한 통계는 어느 분류항목에서 찾아보아야 하는지 쉽게 가늠하지 못한다.[8] 경찰범죄통계의 대분류는 15개가 있고, 강력범죄는 대분류명 순서 중 첫 번째, 풍속범죄는 다섯 번째에 해당하여 분산된 젠더폭력범죄 분류항목 간 거리가 멀다. 풍속범죄의 하위 [중분류] 범죄유형에는 성풍속범죄 외에 도박범죄가 있다. "불법촬영도 범죄입니다. 보는 순간 당신도 공범입니다"와 같이 카메라등 이용촬영죄의 중함을 알리는 공익광고 포스터의 강렬한 문구를 기억한다면, 이러한 범죄가 도박범죄와 유사한 성격의 범죄로 간주되어 풍속범죄로 분류되어 있다는 것을 쉽게 납득할 수 있을까?

2) 젠더폭력범죄통계의 분산과 기관 간 상이한 범죄분류체계

　경찰범죄통계상 카메라등 이용촬영, 통신매체 이용음란 등과 같은 젠더폭력범죄가 풍속범죄로 분류되어 있는 것은 젠더폭력범죄를 어떻게 이해하는지, 보다 구체적으로는 어떤 범죄가 젠더폭력범죄에 해당하는지에 대한 인식과도 관련되어 있다. 이 장을 비롯한 책 전체에 걸쳐 젠더폭력범죄는 강간, 준강간, 강제추행 등 형법상 성폭력범죄뿐만 아니라 젠더위계에 기반한 폭력 전체를 포괄한다. 우리나라의 경우 성폭력처벌법, 성매매처벌법, 가정폭력처벌법, 스토킹처벌법 등 특별법을 통해 젠더폭력범죄가 개별적, 분절적으로 규정되었고, 범죄통계도 이러한 법률체계를 좇아 작성되면서 젠더폭력범죄 관련 통계도 분산되었으며 법으로 명명되지 않은 젠더폭력범죄는 통계에서 제외되는 결과로 이어졌다.

현재 공식범죄통계에는 성폭력, 성매매, 가정폭력, 스토킹 등 젠더폭력범죄가 흩어진 퍼즐과도 같이 수 개의 분류항목에 분산되어 있다. 우리나라의 대표적인 공식범죄통계인 경찰범죄통계와 검찰범죄분석이 각기 다른 범죄분류체계에 따라 젠더폭력범죄를 여러 분류항목에 나누고 있는 점은 젠더폭력범죄 발생실태를 파악하고 증거에 기반한(evidence-based) 젠더폭력범죄 대응방안 수립을 어렵게 하는 주된 원인이 되고 있다. 검찰범죄분석에서는 ▶ [대분류] 형법범죄-[중분류] 강력범죄(흉악)-[소분류] 성폭력 아래 강간, 강제추행, 간음, 강간등(강간, 준강간, 간음, 강제추행, 준강제추행), 강간등상해, 강간등치상, 강간등살인, 강간등치사, 특수강도강간 등, 카메라등 이용촬영, 성적목적의 장소침입, 통신매체 이용음란, 공중밀집 장소추행, 허위영상물 편집·반포등, 촬영물등 이용 협박·강요의 15개 세분류, ▶ [대분류] 특별법범죄 아래 가정폭력범죄의처벌등에관한특례법, 성매매알선등행위의처벌에관한법률, 아동·청소년의성보호에관한법률(성매수등), 아동·청소년의성보호에관한법률(성착취물등), 정보통신망법 등 중분류에서 젠더폭력범죄에 대한 통계를 찾아볼 수 있다. 검찰범죄분석은 카메라등 이용촬영, 통신매체 이용음란과 같은 디지털 성범죄를 '강력범죄(흉악)'로 분류하고 있다는 점에서 전향적으로 평가할 수 있는 면이 있으나, 젠더 기반 '폭력'에 비해 성매매처벌법, 청소년성보호법 등 젠더 기반 '착취' 관련 특별법은 특별법범죄 아래 흩어져 있는 등 젠더 기반 '착취'에 대한 고려가 상대적으로 부족하다는 아쉬움도 있다. 이는 후술하는 바와 같이 성적 성격의 유해행위(Injurious acts of a sexual nature)를 성폭력(sexual violence)과 성적 착취(sexual exploitation)로 크게 대별하고 있는 UNODC(United Nations Office on Drugs and Crime, UN마약범죄사무소)의 국제범죄분류(ICCS: International Classification of Crime for Statistical Purpose)와 비교되는 부분이기도 하다.

경찰범죄통계는 앞서 언급한 바와 같이 젠더폭력범죄를 두 개의 대분류(▶ [대분류] 강력범죄-[중분류] 강간·유사강간·강제추행·기타 강간강제추행, ▶ [대분류] 풍속범죄-[중분류] 성풍속범죄)로 크게 구분하고, 이 분류항목에 속하지 않는 젠더폭력범죄는 모두 기타범죄로 분류하고 있다. 이렇게 기타범죄로 분류된 대표적인 젠더폭력범죄 유형은 성매매와 가정폭력이다. 성매매처벌법상 성매매강요·알선, 청소년

성보호법상 성매수 및 알선영업행위와 같이 약취·유인이나 인신매매와의 관련성이 낮은 성매매와 가정폭력처벌법위반 범죄에 대한 통계는 모두 기타범죄로 한데 뭉뜽그려져 있다. 성매매, 가정폭력과 함께 기타범죄에 분류되어 있는 범죄들을 일부 살펴보면 건설산업기본법, 공인중개사법, 문화재보호법, 소방법, 출입국관리법 위반 등과 같다. 성매매처벌법, 가정폭력처벌법, 스토킹처벌법, 그리고 청소년성보호법이 공통되게 염두에 두고 있는 젠더위계는 통계작성기관에서 범죄분류체계를 마련함에 있어서는 보이지 않았거나 중요하게 고려할 만한 가치가 있다고 여겨지지 않았던 것일까?

한편, 경찰범죄통계에서는 별도 집계하고 있는 정보통신망법상 음란물유포에 대한 통계를 검찰범죄분석에서는 찾아볼 수 없다. 경찰범죄통계는 유사강간을 강간과 분리하고 간음을 강간에 포함하고 있는 데 반해, 검찰범죄분석은 유사강간을 강간에 포함하고 간음을 강간과 분리하고 있는 차이도 있다.

3) 발생 정도 과소추정의 위험

경찰범죄통계와 검찰범죄분석은 젠더폭력범죄 전반에 걸쳐 범죄분류체계 및 통계작성기준이 상이하지만, 예외적으로 두 공식범죄통계가 일치하는 면도 찾아볼 수 있다. 성폭력처벌법상 특수강도강간은 강간으로, 형법 및 특정범죄가중처벌등에관한법률상 강도강간은 강도범죄로, 폭력행위등처벌에관한법률상 강도강간은 폭력범죄로 분류하고 있는 것이 그 단적인 예다. 강도·절도·폭행 등 다른 범죄와 강간범죄가 경합된 경우, 경합된 범죄로 분류하고 있는 것이다.9) 구체적으로, [표 4-4]에 따르면 2020년 강간 발생건수는 5,313건이지만, 여기에는 강도범죄로 분류된 특정범죄가중처벌등에관한법률상 강도강간, 폭력범죄로 분류된 폭력행위등처벌에관한법률상 강도강간은 제외되어 있다.10) 강도범죄와 폭력범죄로 분류된 강도강간을 강간으로 재분류하면 2020년 강간 발생건수는 5,313건보다 많아지게 된다.11) 다시 말해, 공식범죄통계에서 확인되는 강간 발생건수는 형사사법기관에서 입건하여 강간으로 의율한 전체 사건 중에서도 다른 범죄와 경합되지 않은 강간만을 의미한다.

실제보다 강간범죄의 발생 정도를 적은 것으로 오인할 수 있는 문제적 상황은 범죄구성요건과 적용법조에 따라 여러 분류항목에 분산하는 기이한 범죄분류체계

뿐만 아니라, 법으로 처벌을 구할 수 있는 사건만을 형사입건하고 그렇게 입건된 사건만이 범죄통계에 포함된다는 범죄통계 작성절차에서도 비롯된다. 실제 발생한 모든 강간이 강간'범죄'로서 형사사법기관에 인지되고 형사입건되는 것은 아니며, 경우에 따라 피해자는 자신의 피해사실을 경찰에 신고하지 않는 것을 택하기도 한다. 다시 말해, 공식범죄통계에 나타난 강간범죄 발생건수는 한 해 동안 우리나라에서 발생한 모든 강간범죄의 건수가 아니라, 힌 해 동안 우리나라에서 발생한 강간범죄 가운데 형사사법기관이 인지하여 형사입건 처리한 사건수를 가리킨다. '강간범죄 발생건수'로 알려진 숫자에는 이처럼 형사사법기관 등 외부에 신고되지 않거나 알려지지 않아 법적인 의미에서의 '범죄'로 확정되지 못한 강간은 제외되어 있다. 이러한 맥락에서 '발생건수'라는 표현은 오독의 여지가 있으며,12) 미국 연방수사국(FBI) 표준범죄보고서(UCR: Uniform Crime Reporting)의 "법 집행기관에 인지된 범죄(offenses known to law enforcement)",13) 영국(England & Wales) 통계청(Office for National Statistics) 범죄통계(Crime in England and Wales)의 "경찰에 입건된 범죄(police recorded crime)"14) 등을 참조하여 명확히 표현하는 것이 바람직할 것이다.

외부에 신고되지 않거나 알려지지 않은 범죄를 가리키는 암수범죄는 강간을 비롯한 젠더폭력범죄에서 특히 중요한 의미를 갖는다. 암수범죄는 형사사법기관에 알려진(형사입건된) 사건 중에 통계원표가 작성·승인된 사건만을 집계하는 공식범죄통계 작성과정에서 배제되는, 범죄통계 작성에 있어서의 고질적인 문제다. 다른 범죄유형에 있어서는 주로 피해자가 자신의 피해 사실을 미처 인지하지 못하거나 피해라고 인식하지 않아서, 또는 피해 정도가 크지 않다고 생각해서 신고하지 않아 공식범죄통계에서 제외되는 암수범죄가 발생한다면, 젠더폭력범죄에 있어서는 피해자가 자신의 피해 사실을 신고할 경우 일상이나 사회생활에 불이익이 발생하거나 가해자가 보복할 것을 두려워하거나 자신의 피해 사실을 입증하는 데 어려움이 따를 것을 염려하는 등의 이유로 암수범죄가 발생한다. 범죄통계를 발전시키기 위한 중요한 학문적 지향점은 이러한 암수범죄를 줄여서 오차를 최소화함으로써 실제에 더 가까운 범죄통계를 도출하는 것이다.

젠더폭력범죄가 통계상 실제 발생하는 정도보다 적은 것으로 보이게 되는 또 하나의 원인으로는 관련 법률이 마련된 때에야 비로소 범죄통계에도 반영될 수 있는 범죄통계 작성절차를 들 수 있다. 2012년 형법 개정으로 유사강간을 처벌하는 규정(제297조의2)이 신설되기 전까지 유사강간은 강제추행으로 분류되었으며, 검찰범죄분석은 여전히 유사강간에 대한 별도의 세분류를 두지 않고 있다. 스토킹범죄의 경우 2021년 스토킹처벌법이 제정·시행되기 전까지 스토킹범죄라고 일컬을 실체가 존재했음에도 관련 통계는 존재하지 않는 기이한 상황이었다. 통계작성기관에서 범죄분류체계를 마련함에 있어 젠더위계는 중요한 고려사항이 아니기 때문에 스토킹처벌법 위반은 검찰범죄분석상 성폭력범죄도, 경찰범죄통계상 성풍속범죄도 아닌 기타범죄로 분류되었다. 성폭력처벌법상 허위영상물 편집·반포나 촬영물등 이용 협박·강요도 범죄현상이 먼저 등장하고 뒤늦게 처벌규정이 마련된 경우다. 흔히 데이트폭력이라고 일컬어지는 교제폭력 내지 친밀한 파트너 폭력(IPV: intimate partner violence)은 폭행, 상해, 협박, 강요, 감금 등 종래 법률상 범죄유형으로 분절되어 범죄통계에 부분적으로 포함되고 있다. 젠더폭력범죄는 이처럼 법으로 먼저 명명되지 않는 한 관련 통계도 작성되지 않는 특성을 갖고 있다.

'범죄의 수단 또는 결과인 행위가 수 개의 죄명에 해당하는 경우에는 그중 중한 죄 또는 주된 죄 1건으로 입력'[15]하도록 하는 범죄통계 작성실무 또한 젠더폭력범죄의 발생 추정을 과소추정(underestimation)하게 하는 원인이다. 예를 들어, 남자친구로부터 데이트폭력에 시달리던 여성이 남자친구와 헤어진 후에도 오랫동안 스토킹을 당하던 중 결국 남자친구가 휘두른 칼에 찔려 사망하였다면, 이 사건은 경찰범죄통계에서는 [대분류] 강력범죄-[중분류] 살인기수, 검찰범죄분석에서는 [대분류] 형법범죄-[중분류] 강력범죄(흉악)-[소분류] 살인범죄 1건으로만 분류 및 집계될 것이다. 살인피해 발생 이전에 발생했던 데이트폭력과 스토킹범죄는 법정형이 더 중한 죄인 살인에 흡수되어, 살인 이전에 데이트폭력과 스토킹범죄가 수차례 발생했다는 사실은 공식범죄통계상 드러나지 않는다.

이처럼 젠더폭력범죄는 강간, 준강간, 강제추행 등 형법상 성폭력범죄뿐만 아니라 성매매, 가정폭력·데이트폭력 등 친밀한 파트너 폭력, 스토킹 등 젠더위계에 기반한 폭력 전체를 포괄하는 것이지만, 공식범죄통계에서는 여러 분류항목에 분산되어 있거나, 법으로 이름 붙여지지 않아 아직 공식범죄통계에 편입되지 못했거나, 살인·폭행·감금 등 젠더위계와 무관하게 발생한 다른 범죄사건과 뒤섞여 그 발생 정도가 과소추정되고 있다.

4) 피해 관련 측정항목의 부족

우리나라의 공식범죄통계는 범죄통계원표를 기반으로 작성된다. 범죄통계원표는 범죄발생통계원표, 검거통계원표, 피의자통계원표의 세 종류로 되어 있으며, 1962년 최초 도입 당시의 원표가 큰 변화 없이 유지되고 있다. 피해자통계원표, 즉 피해자의 특성을 통계에 반영하기 위한 원표는 애초에 존재하지 않는다. 피해자에 대한 공감, 이해와 보호·지원이 강조되고 있는 오늘날의 관점에서는 다소 이해되지 않을 수 있지만, 피해자통계원표의 부재는 현대 형사사법체계가 지극히 가해자와 그 범행 중심으로 구축되어 있음을 드러내는 단면이다.

아울러 피해자통계원표의 부재는 공식범죄통계에서 피해자에 대해 살펴볼 수 있는 정보가 극히 제한되어 있음을 시사한다. 공식범죄통계는 피해자 관련 항목에 있어서는 "발생건수 기준 대표 피해자 1명을 기초로 집계"16)되기 때문에, 범죄유형별 피해자수와 같은 가장 기본적인 정보도 제공하지 못한다.17) 공식범죄통계에서 살펴볼 수 있는 피해자 관련 항목은 피해자 성별, 연령, 피해시 상황, 피해자와 가해자와의 관계, 피해결과(재산피해정도, 재산회수정도, 재산피해 및 회수상황, 신체피해상황, 신체피해(상해) 정도)가 전부다. 이 중 성별은 앞서 [표 4-2]에서 살펴본 바와 같이 생물학적인 성(sex)을 의미하며, 성소수자의 존재나 젠더 정체성(gender identity)의 다양성은 고려되지 않는다.

취침중, 일하는중, 부재중, 담화중, 혼잡중, 보행중, 딴데정신잃어서, 속아서, 기타, 미상의 9개 범주로 되어 있는 '피해시 상황'은 피해 직전의 상황을 가리킨다. 가해자가 피해자를 성적으로 착취하기 위한 목적에서 오랜 기간에 걸쳐 피해자에게 '환심을 사는' 소위 '그루밍(grooming)'이 있었던 경우에는 위 9개 범주 중 어디에 해당한다고 보아야 할까? 젠더폭력범죄에서 가해자와 피해자가 함께 음주하고 있었거나 가해자가 피해자에게 약물을 투여한 경우가 결코 드물지 않은 가운데, 이러한 음주 또는 약물 투여 상황은 위 9개 범주 중 어디에 포함되어 있을까? 음주 또는 약물 투여로 인한 피해 당시 피해자의 취약성은 가해자의 범행이 준강간, 준강제추행 정도로 판단되지 않는 한 공식범죄통계상 파악하기 어렵다. 국외의 경우 그루밍이나 약물에 의해 촉진된 성폭력(DFSA: drug-facilitated sexual assault)이 활발히 연구되고 있는 데 비해, 우리는 이에 접근하기 위한 기초적인 통계항목부터 마련되어 있지 않은 것이다.

경계와 내용이 불분명하고 낙후된 범주가 오랫동안 사용되다 보니 범죄통계원표를 입력하는 현장에서는 판단이 애매한 경우 관행적으로 '기타' 내지 '미상'으로 분류하는 일이 빈번하다.[18] 검찰범죄분석상 성폭력범죄에 있어서의 피해자와 가해자와의 관계에 대한 [표 4-6]은 범죄통계원표 입력과정에서 '기타' 내지 '미상'으로의 분류가 남용된 결과를 보여준다. 공식범죄통계는 피해자와 가해자와의 관계를 국가, 공무원, 고용자, 피고용자, 직장동료, 친구, 애인, 동거친족, 기타친족, 거래상대방, 이웃, 지인, 타인, 기타, 미상의 14개 범주로 구분하는데, [표 4-6]에 따르면 성폭력범죄에 있어서 피해자와 가해자와의 관계 중 가장 높은 비율을 차지하는 것은 '타인'이다. 이때의 '타인'은 모두 피해자와 가해자가 서로 알지 못하는 관계라는 의미일까? 직장동료나 이웃도 엄밀한 의미에서는 모두 '타인'에 해당하지 않는가? 이혼하여 따로 살고 있었던 전 배우자에 의해 발생한 성폭력범죄가 있다고 할 때, 이 사건의 피해자와 가해자와의 관계는 애인, 동거친족, 기타친족, 타인 중 무엇으로 분류되어야 하는가? 이는 피해자와 가해자와의 관계에서 '타인'이 차지하는 높은 비율을 어떻게 해석하여야 하는지, 통계작성에 있어서의 기본원칙인 상호배타성·포괄성·통계적 타당성[19]이 준수될 수 있는지에 대한 의문이 제기되는 지점이기도 하다.

이러한 가운데, 피해자와 가해자와의 관계에서 '미상'이 차지하는 비율은 2014년 14.9%에서 2020년 23.2%로 점차 높아지고 있다. 피해자와 가해자와의 관계가 '미상'의 사전적 의미와도 같이 '확실하거나 분명하지 않은' 경우가 점차 많아지고 있는 것일까? 혹시 형사사법기관에게는 범죄사건을 처리하는 데 큰 지장이 없는 피해자와 가해자와의 관계 같은 정보는 중요하지 않은 것으로 간주되고 있으며, 점차 높아지고 있는 '미상'의 비율은 그러한 형사사법기관의 인식을 반영하는 것이 아닐까? 또는 피해자와 가해자와의 관계를 확인하기 어려울 정도로 성폭력범죄에 대한 형사사법기관의 수사가 미진한 것인가? 분명한 점은 이와 같이 성폭력범죄에 있어서의 피해자와 가해자와의 관계 중 매년 70%가량이 '타인' 또는 '미상'으로 분류되는 한, 젠더폭력범죄 발생원인에 대한 심층적인 분석이나 실효적인 젠더폭력범죄자 대응 및 피해자 보호·지원은 요원하리라는 점이다.

| 표 4-6 | 성폭력범죄에 있어서의 피해자와 가해자 간 관계(2014-2020) |

(단위: 건(%))

구분 \ 연도	2014	2015	2016	2017	2018	2019	2020
국가	8	9	0	0	0	0	0
	(0.0)	(0.0)	(0.0)	(0.0)	(0.0)	(0.0)	(0.0)
공무원	9	26	21	17	19	28	17
	(0.0)	(0.1)	(0.1)	(0.1)	(0.1)	(0.1)	(0.1)
고용자	177	169	234	248	252	209	251
	(0.7)	(0.6)	(0.8)	(0.8)	(0.8)	(0.6)	(0.8)
피고용자	284	294	300	359	282	263	229
	(1.1)	(1.1)	(1.0)	(1.1)	(0.9)	(0.8)	(0.7)
직장동료	691	744	840	1,053	1,097	1,096	1,210
	(2.7)	(2.7)	(2.9)	(3.2)	(3.3)	(3.3)	(3.8)
친구	731	788	1,014	1,101	927	1,057	953
	(2.9)	(2.9)	(3.5)	(3.4)	(2.8)	(3.2)	(3.0)
애인	686	802	1,015	1,071	1,092	1,206	1,298
	(2.7)	(2.9)	(3.5)	(3.3)	(3.3)	(3.6)	(4.1)
동거친족	428	485	517	539	593	521	517
	(1.7)	(1.8)	(1.8)	(1.6)	(1.8)	(1.6)	(1.6)
기타친족	203	203	213	245	274	264	267
	(0.8)	(0.7)	(0.7)	(0.7)	(0.8)	(0.8)	(0.8)
거래상대방	196	189	196	220	201	174	176
	(0.8)	(0.7)	(0.7)	(0.7)	(0.6)	(0.5)	(0.6)
이웃	661	581	591	529	503	499	430
	(2.6)	(2.1)	(2.0)	(1.6)	(1.5)	(1.5)	(1.3)
지인	1,815	1,718	1,826	2,006	3,101	3,340	3,617
	(7.2)	(6.3)	(6.2)	(6.1)	(9.4)	(10.0)	(11.3)
타인	14,864	16,106	16,752	18,457	15,952	16,084	14,388
	(58.9)	(59.2)	(57.2)	(56.2)	(48.5)	(47.9)	(45.0)
기타	721	1,096	1,067	1,063	1,385	1,256	1,182
	(2.9)	(4.0)	(3.6)	(3.2)	(4.2)	(3.7)	(3.7)
미상	3,749	3,989	4,703	5,929	7,180	7,554	7,417
	(14.9)	(14.7)	(16.1)	(18.1)	(21.9)	(22.5)	(23.2)
계	25,223	27,199	29,289	32,837	32,858	33,551	31,952
	(100.0)	(100.0)	(100.0)	(100.0)	(100.0)	(100.0)	(100.0)

자료: 검찰범죄분석, 각년도
비고: 검찰범죄분석 작성상 강력범죄(흉악) 및 성폭력에 해당하는 범죄분류 기준에 따름.

3. 젠더폭력범죄통계
   ### 개선 논의

1) 여성폭력방지법 마련과 피해자와 가해자 간 관계 세분화

젠더폭력범죄 관련 통계를 체계적으로 관리하여 정기적으로 수집·산출·공표할 필요가 있다는 고민은 여성폭력방지법에 담기기는 하였지만,[20] 그의 원자료가 되는 공식범죄통계가 법률체계에서 비롯된 문제에 더해 기관의 특성이나 입장을 반영하여 각기 다른 작성기준을 마련하고 이를 오랫동안 유지해 왔기 때문에 법적 근거가 마련되었다고 하더라도 지금 당장 젠더 관점에 기반한 범죄통계가 작성되기는 쉽지 않다. 앞서 예로 들었던, 데이트폭력에 시달리던 여성이 남자친구와 헤어진 후에도 스토킹을 당하던 끝에 결국 남자친구에 의해 사망한 사건에서 헤어진 전 남자친구인 피해자와 가해자와의 관계는 범죄통계원표 및 범죄통계 작성 실무상 타인, 기타, 미상 중 하나로 분류될 가능성이 크고, 이 사건과 유사하게 헤어진 전 연인 간에 발생한 범죄건수를 집계하는 것은 공식범죄통계상 불가능한 것이 현실이다.

젠더 관점을 반영한 범죄통계 구축 논의는 범죄통계 작성체계에 내재한 한계를 파악하고 그에 대한 개선방안을 마련하는 것에서부터 출발하여야 할 것이다. 이러한 맥락에서 피해자와 가해자 간의 관계범주를 세분화하는 것은 젠더폭력범죄통계 구축을 위한 첫걸음이라고 할 수 있다. 현재 경찰청은 범죄통계 고도화 사업을 통해 피해자와 가해자 간의 관계 중 '애인' 및 '동거친족'을 전/현 배우자, 전/현 애인, 양부모, 친부모, 계부모, 조부모, 자녀, 손자녀, 의붓자녀, 4촌 이내 친척, 형제로 변경하고, 빠르면 2023년 경찰범죄통계부터 변경된 범주를 반영하는 방안을 검토하고 있다. 해당 안이 실행될 경우, 범죄통계에 포함된 전체 범죄사건 가운데 피해자와 가해자 간의 관계를 기준으로 하여 젠더에 기반한 차별과 불평등에 기인한 신체적, 성적, 정서적 폭력을 추출할 수 있을 것으로 기대된다.

2) 국제범죄분류 이행가능성 제고

전체 범죄에서 젠더폭력범죄를 추출하기 위한 방안으로 피해자와 가해자 간의 관계를 세분화하는 방안을 검토하는 것은 여러 적용법조에 걸쳐 다양한 유형으로 나타나는 젠더폭력범죄의 특성을 이해하고 젠더폭력범죄통계를 개선하기 위한 범죄통계 작성기관 내부적인 노력이라고 한다면, UNODC가 제안한 국제범죄분류(ICCS)의 국내 적용가능성을 검토하고 형법 및 죄명 중심의 현행 범죄분류체계를 보완하고자 하는 것은 외부적인 요구에 해당한다. 경찰범죄통계와 검찰범죄분석 간 상이한 범죄분류 방식은 비단 젠더폭력범죄에 국한되지 않으며, 국내 범죄통계체계는 젠더폭력범죄 중에서도 성폭력을 중심으로 하고 있어 성매매와 같은 성착취에 대한 분류가 상대적으로 미흡하다. 경찰범죄통계가 카메라등 이용촬영, 통신매체이용음란 등과 같은 디지털성범죄를 풍속범죄로, 스토킹처벌법위반, 성매매처벌법위반 등을 기타범죄로 분류하고 있는 것은 물리적이거나 신체적인 접촉을 수반하지 않는 가운데 착취적인 성격을 갖는 젠더폭력범죄의 특성을 반영하지 못한 것이다.

국제범죄분류와 같은 외부적 요구에 따를 경우, 젠더폭력범죄는 종래의 범죄구성요건 및 법익침해가 아닌 행위를 중심으로 [표 4-7]과 같이 분류되며, 기관 간 상이한 범죄분류 방식도 조정되고 국가 간 비교도 가능해질 것으로 기대된다. 국제범죄분류에 따르면 "성매매 목적으로 사람을 모집, 유인 또는 조달하는 행위, 포주 행위, 성매매 업소 유지, 운영, 또는 성매매 업소임을 인식하고 자금을 제공하는 행위, 타인의 성매매를 목적으로 건물 기타 장소를 임대하는 행위"[21]는 모두 '성인에 대한 성적 착취'(sexual exploitation of adults)로 분류되며, 우리나라의 공식범죄통계에는 반영되지 않는 성희롱 내지 성적 괴롭힘(sexual harassment)도 '비신체적 성폭행'(non-physical sexual asssault)에 해당한다.

표 4-7 국제범죄분류(ICCS)상 '성적 성격의 유해행위' 세부 분류

2수준/중분류		3수준/소분류		4수준/세분류	
0301	성폭력(sexual violence)	03011	강간(rape)	030111	유형력에 의한 강간(rape with force)
				030112	유형력에 의하지 않은 강간(rape without force)
				030113	의제 강간(statutory rape)
				030114	기타 강간(other rape)
		03012	성폭행(sexual	030121	신체적

2수준/중분류	3수준/소분류	4수준/세분류
	assault)	성폭행(physical sexual assault)
		030122 비신체적 성폭행(non-physical sexual asssault)
		030129 달리 분류되지 않는 기타 성폭행(other sexual assault not elsewhere classified)
	03019 기타 성폭력 행위(other acts of sexual violence)	
0302 성적 착취(sexual exploitation)	03021 성인에 대한 성적 착취(sexual exploitation of adults)	
	03022 아동에 대한 성적 착취(sexual exploitation of children)	030221 아동 포르노그라피(child pornography)
		030222 아동 성매매(child prostitution)
		030223 성적 목적 아동 유인(sexual grooming of children)
		030229 기타 아동에 대한 성적 착취(other sexual exploitation of children)
	03029 기타 성적 착취 행위(other acts of sexual exploitation)	
0309 기타 성적 성격의 유해행위(other injurious acts of a sexual nature)		

자료: UNODC(2015), International Classification of Crime for Statistical Purposes (version 1.0), (Section 03) Injurious acts of a sexual nature, 25쪽; 통계청(2016), 국제범죄분류(번역본), 25쪽.

통계청은 국제범죄분류를 기반으로 우리 상황에 맞는 한국범죄분류체계를 2016년부터 개발해 왔다. 통계청은 2023년에는 한국범죄분류체계를 통계의 안정성과 타당성을 검증하는 단계인 일반분류로 제정하고 이후 표준분류로 전환하는 것을 검토하고 있다. 한국범죄분류체계가 표준분류로 확정되면 모든 통계작성기관이 이를 준수할 것이 권고된다.

젠더폭력범죄통계는 이처럼 내부적인 노력과 외부적인 요구에 이끌려 조금씩 개선을 모색하는 단계에 있다. 우리는 젠더폭력범죄 발생실태를 구체적이고 입체적으로 보여주는 범죄통계를 갖기 위해 지속적으로 노력하고 요구하여야 한다. 정확한 젠더폭력범죄통계는 곧 증거에 기반한 정책을 수립함으로써 젠더폭력범죄 문제에 적극적으로 대응하겠다는 목표에 근접할 수 있도록 하는 핵심 전제이기 때문이다.

생각해 볼거리

1. 젠더폭력범죄 중 공식범죄통계에 포함되지 못한 것에는 어떤 것이 있을까? 법률체계와 연동되어 있는 현행 공식범죄통계의 범죄분류 방식을 변경함에 있어 장애요인은 무엇인가?
2. 젠더폭력범죄에 대한 대응방안을 모색함에 있어 범죄통계가 갖는 의미 내지 중요성은 무엇인가? 젠더 관점을 반영한 범죄통계가 구축되어야 하는 이유는 무엇이라고 생각하는가?

찾아보기

1. 문헌정보
   1) 이인선·장미혜·황정임·윤덕경(2017). 「여성폭력 통계 개선방안 연구」, 한국여성정책연구원.
   2) 이수정 외(2019). 「젠더폭력 통계 구축 방안을 위한 해외 사례 비교 연구」, 국회여성가족위원회.

2. 인터넷링크
   1) 경찰범죄통계(제공범위: 2011년~2021년)
      https://www.police.go.kr/www/open/publice/public03_2021.jsp
   2) 검찰범죄분석(제공범위: 2000년~2020년)
      https://spo.go.kr/site/spo/crimeAnalysis.do
   3) 범죄와 형사사법 통계정보: 한국형사·법무정책연구원이 운영하는 범죄통계포털
      (경찰범죄통계, 검찰범죄분석 포함)

https://crimestats.or.kr/portal/main/indexPage.do

4) 국제범죄분류(ICCS: International Classification of Crime for Statistical Purposes): UNODC가 2015년 채택한 것으로, 법률 규정이 아닌 행위를 중심으로 하는 범죄분류체계

https://www.unodc.org/unodc/en/data−and−analysis/statistics/iccs.html

1) 이 장에서의 젠더폭력범죄는 강간, 준강간, 강제추행 등 형법상 성폭력범죄뿐만 아니라 성매매, 가정폭력 등 친밀한 파트너 폭력(intimate partner violence), 스토킹 등 젠더위계에 기반한 폭력 전체를 포괄한다. 이에 따라 젠더폭력범죄는 검찰범죄분석상 중분류명인 성폭력범죄보다 넓은 의미를 갖는다. 이러한 맥락에서 이 장에서는 젠더폭력범죄와 성폭력범죄 두 용어를 구분하여 사용하고 있다.

2) 이 장에서의 공식범죄통계는 정부(통계작성기관)가 생산하여 일반 이용자에게 제공하는 통계 가운데 통계청의 국가통계 승인을 받은 것을 가리킨다. 법원행정처가 발간하는 사법연감, 법무연수원이 발간하는 범죄백서, 법무부 교정본부가 발간하는 교정통계연보 등은 형사사법기관이 내부적으로 업무를 수행하는 과정에서 생성된 자료를 전용한 업무통계라는 점에서는 경찰범죄통계, 검찰범죄분석과 유사하지만, 통계청의 국가통계 승인을 받지 않았으며 이에 따라 기관이 작성기준을 임의로 변경할 수 있다는 점에서 차이가 있다.

3) 성폭력범죄의 처벌 등에 관한 특례법은 성폭력범죄의 처벌 및 피해자보호 등에 관한 법률이 "성폭력범죄의 처벌 등에 관한 특례와 성폭력범죄의 피해자 보호 등에 관한 사항을 함께 규정하고 있어 각 사항에 대한 효율적 대처에 한계가 있으므로 성폭력범죄의 처벌에 관한 사항을 분리"할 필요가 있다는 지적에 따라 제정되었다. 당시 입법자들은 성폭력범죄의 처벌 등에 관한 특례법 제정 이유로 "최근 성폭력범죄는 해마다 지속적으로 증가하고 있고 날로 흉포화되고 있으며, 다른 범죄에 비해 재범가능성이 높고 은밀하게 행해지므로 이를 근본적으로 예방하기 위해서는 성범죄자에 대한 처벌 강화와 재범방지 등을 위한 제도의 보완이 필요"하다는 점을 들었다. 성폭력처벌법 등 젠더폭력범죄 관련 법률 제정을 둘러싼 논의에 대해서는 3장 참조.

4) 검찰범죄분석의 경우 2014년 이전에는 [중분류] 강력범죄(흉악)－[소분류] 강간 외에는 젠더폭력범죄 유형별 수치를 확인할 수 없으며, 경찰범죄통계의 경우 현재는 [대분류] 강력범죄－[중분류] 강간·강제추행 아래 강간·유사강간·강제추행·기타 강간강제추행 등과 같은 4개의 소분류를 두고 있으나 2013년 이전에는 소분류 없이 강간, 강제추행(준), 준강간, 강간등상해·치상, 강간등살인·치사 등 24개의 세부 죄명을 병렬적으로 제시하였다. 이러한 점을 감안하여 현재와 같은 범죄분류 기준으로 개편된 시점 이후로 [표 4－3] 및 [표 4－4]를 작성하였다(검찰범죄분석은 2014년에, 경찰범죄통계는 2013년에 각각 개편되었다).

5) 허위영상물 편집·반포 및 촬영물등 이용 협박·강요 처벌규정이 신설됨에 따라 검찰범죄분석상 성폭력범죄의 세분류명은 (종래) 13개에서 (2020년 이후) 15개로 증가하였다.

6) 경찰청(2022), 2021 경찰범죄통계, (부록) 719－720쪽; 대검찰청(2021), 2020 범죄분석, (부록) 889－890쪽.

7) 국립국어원 표준국어대사전(https://stdict.korean.go.kr/main/main.do, 2022년 9월 10일 최종접속).

8) 물론, 경찰범죄통계 '일러두기'의 "성폭력처벌법 중 카메라등 이용촬영·반포, 허위영상물 편집·반포, 통신매체 이용음란, 성적목적 다중이용장소침입 등은 "성풍속범죄"로, 성매매

관련 위반행위는 "기타범죄"로 분류하였다"(경찰청(2022), 2021 경찰범죄통계, (일러두기) 10쪽)는 설명을 미리 참조하였다면, 왜 이들 범죄가 각각 성풍속범죄와 기타범죄로 분류되었는지에 대한 의문은 해소할 수 없더라도 어느 분류항목을 찾아보아야 하는지는 알 수 있었을 것이다.

9) 이에 대해 경찰범죄통계는 "위반행위속성(범죄행위의 내용적 특징)과 법익침해유형(범죄행위의 결과적 특징)을 기준으로" 죄명을 분류하되, "위반행위속성과 법익침해유형에 대한 평가에 차이가 있을 경우 위반행위속성을 제1분류원칙"으로 하고 있기 때문이라고 설명한다(경찰청(2022), 2021 경찰범죄통계, (일러두기) 9쪽).

10) 경찰범죄통계와 검찰범죄분석 모두 폭력행위등처벌에관한법률상 강도강간이 포함된 제4조 제2항 제1호에 해당하는 사건을 한데 묶어 '단체등의 상습·공동·상습특수' 등으로 집계하고 폭력행위등처벌에관한법률상 강도강간 건수를 별도로 공표하지 않고 있다.

11) 검찰범죄분석에서 확인되는 강도강간(강도강제추행 포함) 건수는 다음과 같다: 2014년 43건, 2015년 21건, 2016년 16건, 2017년 19건, 2018년 24건, 2019년 10건, 2020년 6건.

12) 물론, 경찰범죄통계는 '일러두기'에서 "'발생건수'는 전국에서 발생한 모든 범죄건수를 의미하는 것은 아니고 발생한 형사사건 중 수사기관이 형사입건한 건수를 의미한다"고 부연하고 있다(경찰청(2022), 2021 경찰범죄통계, (일러두기) 9쪽). 마찬가지로, 검찰범죄분석도 '일러두기'에서 "『범죄분석』에서의 '발생건수'는 전국에서 발생한 모든 범죄사건을 의미하는 것은 아니며, 발생한 범죄사건 중 각급 수사기관이 형사입건한 건수를 의미한다"고 설명한다(대검찰청(2021), 2020 범죄분석, (일러두기) 1쪽).

13) FBI: UCR, Crime in the United States 2019(https://ucr.fbi.gov/crime-in-the-u.s/2019/crime-in-the-u.s.-2019/additional-data-collections/federal-crime-data, 2022년 9월 10일 최종접속).

14) UK Office for National Statistics, Crime in England and Wales 2022(https://www.ons.gov.uk/peoplepopulationandcommunity/crimeandjustice/bulletins/crimeinenglandandwales/yearendingmarch2022, 2022년 9월 10일 최종접속).

15) 범죄통계 개선[시행 2015. 2. 27.] [대검찰청예규 제772호, 2015. 2. 27., 일부개정] I. 5. 가. (2) 범죄의 수단 또는 결과인 행위가 수개의 죄명에 해당하는 경우에는 그중 중한 죄 또는 주된 죄 1건으로 한다.

16) 경찰청(2022), 2021 경찰범죄통계, (일러두기) 9쪽. 같은 맥락에서, 검찰범죄분석은 "피해자가 여러 명인 경우, 주된 피해자 1명에 대해서만 작성"한다고 설명하고 있다(대검찰청(2021), 2020 범죄분석, (일러두기) 12쪽).

17) 일관성 있는 통계 작성의 전제가 되는 형사사법기관 담당자 교육이 시행되고 있지 않으며 "대표 피해자 1명"을 선정하는 기준이나 유의점과 같은 통계 작성지침도 명확하게 마련되어 있지 못한 점은 굳이 지적할 필요가 없을 것이다.

18) 이인선·장미혜·황정임·윤덕경(2017) 또한 통계 항목 간 구분의 모호성 및 상세 항목의 부재는 결측치(미상, 기타 등)의 증가를 초래하고, 통계 데이터의 정확도를 감소시키며 활용성을 낮추는 결과를 가져오게 됨을 지적한다.

19) 상호배타성(mutual exclusivity)은 하나의 사건은 다른 범주와의 중복 없이 하나의 범주에

만 해당하여야 함을, 포괄성(exhaustiveness)은 모든 사건을 포괄할 수 있도록 범주가 제시되어야 함을, 통계적 타당성(statistical feasibility)은 가용한 정보를 바탕으로 분류가 정확하고 일관성 있게 이루어져야 함을 의미하며, 국제범죄분류(ICCS)가 제시한 원칙이기도 하다(UNODC(2015), International Classification of Crime for Statistical Purposes (version 1.0), 12－13쪽).

20) 여성폭력방지법 제13조(여성폭력통계 구축) ① 여성가족부장관은 여성폭력 발생 현황 등에 관한 통계(이하 "여성폭력통계"라 한다)를 체계적으로 관리하기 위하여 이를 정기적으로 수집·산출하고 공표하여야 한다.

21) 원문은 다음과 같다: Recruiting, enticing or procuring a person into prostitution; pimping; keeping, managing or knowingly financing a brothel; knowingly letting or renting a building or other place for the purpose of the prostitution of others (UNODC(2015), International Classification of Crime for Statistical Purposes (version 1.0), 54쪽).

이 장에서는 2000년대 이후 경찰활동에의 변화를 추동한 젠더폭력범죄 사건들을 일별하고 젠더폭력범죄예방 및 대응에 있어서의 경찰의 역할을 숙고해 본다. 2000년·2002년 군산 성매매업소 화재 사건, 2003년 장애인 아동 성폭행 사건, 2006년 용산 초등학생 성폭행 살인 사건, 2007년 혜진·예슬 살인 사건, 2018년 웹하드 카르텔은 각각 경찰 내 성매매전담반, 원스톱지원센터, 아동성범죄전담반, 실종전담반, 사이버성폭력수사팀 신설로 이어졌다. 또한, 2005년 광주인화학교 사건, 2012년 오원춘 사건, 2012년 서진환 사건, 2020년 텔레그램 내 성착취 사건은 경찰의 재수사, 112 신고 위치추적, 전자감독 대상자 정보 공유, 위장수사와 같이 오랜 논의에도 불구하고 좀처럼 진척되지 않았던 제도 도입 내지 시행이 전격 추진되는 계기가 되었다.

중한 피해가 발생했던 젠더폭력범죄들이 모두 경찰활동의 변화로 이어지지는 않았다는 점을 상기할 때, 이 장에서 살펴본 총 10건의 젠더폭력범죄가 경찰활동의 변화를 이끌어낼 수 있었던 것은 크게 두 가지의 공통점에서 비롯되었다고 보인다. 첫째, 해당 젠더폭력범죄들은 여성이라는 젠더 특성에 아동·청소년이라는 연령 특성, 장애인이라는 신체적 특성이 중첩된 상호교차성(intersectionality; Crenshaw, 1989)으로 인해 한층 높은 사회적 주목을 받았으며, 그에 따라 성인이고 비장애인인 여성을 대상으로 한 젠더폭력범죄와는 달리 종래의 경찰활동에 변화를 가져올 만큼의 파급력을 가질 수 있었다는 점이다. 둘째, 해당 젠더폭력범죄를 미처 막지 못하였거나 적절히 대응하지 못한 데 대해 국가의 법적 책임이 인정되었다는 점이다.

젠더폭력범죄 사건과
경찰활동 변화

한민경 · 곽미경

05

▶ **학습목표**

❶ 2000년대 이후 발생한 젠더폭력범죄 사건과 해당 사건을 전후하여 변화된 경찰활동의
양상을 정리할 수 있다.

❷ 상호교차성(intersectionality)의 개념 및 특성을 설명할 수 있다.

❸ 젠더폭력범죄예방 및 대응에 대해 국가의 책임이 인정되는 이유를 이해할 수 있다.

주요용어

▲ 성매매전담반

▲ 실종전담반

▲ 위장수사

▲ 아동성범죄전담반

▲ 사이버성폭력수사팀

▲ 친고죄 및 반의사불벌죄

▲ 112 신고 위치추적

▲ 원스톱 지원센터

▲ 아동안전지킴이집

▲ 상호교차성(intersectionality)

지금, 이 순간에도 우리나라 어느 곳에선가 성폭력·성매매·가정폭력·스토킹 등 젠더폭력범죄가 발생하고 있다. 젠더폭력범죄 사건이 발생할 때마다 그 모든 사건 하나하나를 되짚어 보면서 경찰활동을 개선하기 위한 반면교사로 삼는 것은 아니다. 다소 극단적인 표현일 수 있으나, 젠더폭력범죄로 인해 피해자가 살해당하는 등 참혹한 결과에 이른 후에야 뒤늦게 이 범죄를 미리 막을 수는 없었을까에 대한 고민이 시작되고, 유사 사건이 발생하지 않도록 하기 위한 대응책 마련에 분주한 경우가 많다.

이 장에서는 2000년대 이후 종래의 경찰활동에 변화를 가져온 젠더폭력범죄 사건 10건을 추리고, 해당 사건을 전후하여 변화된 경찰활동의 양상을 살펴본다. 젠더폭력범죄 사건 검토의 시점을 2000년 이후로 설정함에 있어서는 2001년에 여성부 발족과 함께 경찰청에 여성실이 신설됨에 따라 경찰 내부에 젠더폭력범죄예방 및 대응 정책을 본격적으로 수립·추진할 수 있는 부서가 있게 되었다는 점을 고려하였다.

1. 경찰활동에 변화를 가져온 젠더폭력범죄 사건들

1) 2000년 · 2002년 군산 성매매업소 화재 사건과 성매매전담반 신설

2000년 9월 19일 군산 대명동의 '쉬파리골목'이라 불리는 성매매집결지 내 성매매업소에서 화재가 발생하여 5명의 여성이 목숨을 잃었다. 불은 건물 2층에서 발생했지만 포주가 성매매 여성들의 탈출을 막으려는 목적에서 계단 및 출입구는 철문으로 잠그고 창문에도 쇠창살을 달아두는 방법으로 여성들을 감금, 여성들은 대피할 수 없었다. 화재 발생 직후 사건을 보도했던 기사는 향후 사건이 미칠 사회적 파장을 미처 예상하지 못했던 듯, 짧고 건조하다.

19일 오전 9시반경 전북 군산시 대명동 오성장여관 옆 윤락가의 무허가건물 2층에서 불이 나 임모씨(20) 등 20대 여종업원 5명이 연기에 질식해 숨졌다.
이날 불은 3층 가건물의 2층에 있는 주방쪽에서 시작됐으며 내부 30평을 태우고 35

분만에 진화됐다. 사망자들은 이 업소에 고용돼 있던 윤락녀들로 2층 5개의 방에서 각각 잠을 자다 변을 당했다.

경찰은 이 업소 여주인 전모씨(63)를 붙잡아 정확한 화재 원인과 사망 경위를 조사 중이다.

- 동아일보, 군산 윤락가에 불… 20대 여종업원 5명 숨져, 2000년 9월 19일자.

화재가 발생한 건물의 100m 거리에 파출소가 위치하고 있었지만 경찰들이 포주들에게 뇌물을 수수하고 성매매업소 단속을 소홀히 하였으며, 사건 발생 후에도 계속하여 뇌물을 수수하고 수사정보를 유출한 것이 적발되어 구속된 경우도 있었다.[1] 이에 경찰은 성매매업소 단속과 관련된 부서의 책임자를 서울에서 군산경찰서로 전보 발령하는 등 인적 쇄신을 꾀하기도 했다.

28일 단행된 전북지방경찰청 인사에서 지난해 9월 윤락가 화재참사가 발생했던 군산경찰서 주요 보직에 서울에서 전입온 젊은 간부들이 대거 배치돼 배경에 관심이 모아지고 있다. 서울에서 전북경찰청으로 전보된 간부는 모두 12명으로 이중 4명이 군산경찰서로 발령을 받았으며 윤락가를 직접 관할하는 방범계장과 형사계장을 비롯, 조사계장, 교통사고조사계장 등 비위발생 소지가 큰 주요 보직을 맡았기 때문이다. 이들 4명은 이제 막 경위에서 경감으로 승진한 30대 초·중반의 간부로 아직 '때가 묻지 않은' 참신하고 의욕적인 인물들인 것으로 알려졌다.

군산경찰서는 지난해 9월 군산시 대명동 윤락가에서 발생한 화재로 윤락녀 5명이 숨진 사고와 관련, 포주들에게 수사정보를 누설하거나 뇌물을 받은 혐의로 형사반장 1명과 파출소장, 직원 등 모두 3명이 검찰에 구속되는 아픔을 겪었다. 경찰은 화재참사 당시 "포주와 유착은 절대 없다"고 호언하고 두 달이 넘게 수사를 벌였지만 결국 유착 혐의로 직원들이 줄줄이 구속되자 '축소, 은폐수사가 들통났다'는 여론의 집중적인 포화에 시달렸었다.

이에 대해 경찰 관계자는 "이런 사실들이 고려됐을지는 모르겠지만 참신성과 능력이 이번 인사의 핵심"이라며 시인도 부인도 하지 않았다. 그러나 젊은 간부를 주요 보직에 포진시킨 이번 인사에는 포주 등 '검은 세력'이나 지연과 학연에 따른 유착을 사전에 차단하기 위한 경찰의 의지가 담겼다는 해석이 지배적이다.

- 연합뉴스, 윤락가 화재 군산경찰서 간부 대대적 물갈이, 2001년 1월 28일자.

그러나 대명동 화재 사건의 충격이 채 가시지 않은 2002년 1월 29일 '쉬파리골목'에 인접한 개복동 유흥주점에서의 화재로 인해 성매매 여성 14명과 업소 감시인이자 관리자였던 남성 1명이 사망하는 사건이 또다시 발생하였다.[2] 이 사건의 피해자들 역시 인신매매로 팔려와 감금당한 채 성매매를 강요당하고 있었으며, 모두가 2층으로 올라가는 계단 철문 앞에서 쓰러진 채 발견되었다.

군산 대명동 및 개복동 화재 사건은 한국사회 성매매의 실태와 여성인권의 착취적인 상황을 고발하며 성매매방지법 제정을 촉구한 도화선이 되었을 뿐만 아니라,[3] 성매매업소 단속에 대한 경찰의 책무를 재인식하는 계기가 되었다. 이는 경찰이 2004년 한 해에만 성매매 피해 여성 긴급지원센터 개소,[4] 성매매 피해 상담 긴급전화 117 개통,[5] 시도경찰청 여경기동수사대 내 성매매전담반 설치,[6] 성매매 전담수사관 양성계획 발표,[7] 성매매 여성 조사 및 인권보호 지침 마련[8] 등 성매매 방지 및 대응역량 강화를 위한 일련의 조치를 시행하는 것으로 이어졌다.

한편, 법원은 성매매업소 단속이 경찰의 임무에 속함을 명확히 하며 대명동 화재 사건의 유족들이 손해배상 청구소송에서 "군산경찰서 역전파출소 소속 경찰관들로서는 망인들을 비롯한 윤락녀들이 이 사건 업소 내부에 감금된 채로 윤락을 강요받으면서 생활하고 있음을 쉽게 알 수 있는 상황이었으므로, 범죄의 예방과 제지에 관한 경찰관직무집행법 제6조 및 형사소송법 등 관계 법령의 규정에 따라 이러한 감금 및 윤락강요행위를 제지하고 체포, 수사하는 등 필요한 조치를 취했어야 함에도 이러한 조치를 취하지 아니하였을 뿐만 아니라, 오히려 윤락업소의 업주들로부터 뇌물을 수수하며 위와 같은 행위를 방치한 것은 직무상의 의무를 위반한 것으로서 위법하다"고 보아 국가는 유족들에게 위자료를 지급하도록 판결하기도 하였다.[9]

2) 2003년 장애인 아동 성폭행 사건과 원스톱 지원센터 개소

2003년 12월 20일 정신지체 3급인 초등학생이 50대 남성에게 성폭행을 당하는 사건이 발생하였다. 가해자는 바로 검거됐지만 피해자는 사건 이후 20시간 동안 경찰서, 상담소, 병원을 전전하며 피해 사실을 반복해서 진술하여야 했다. 언론보도를 통해 이러한 사실이 알려지면서 상담·수사·의료 지원기관을 일원화하여 2차피해를 방지하여야 할 필요성이 본격적으로 제기되었다.

경찰이 성폭행 피해아동이 조사 과정에서 당하는 제2의 피해를 막기 위해 각종 제도적 보호 장치를 도입하고 있지만 막상 현장에서는 제대로 먹혀들지 않고 있다. 조사 과정에 피해자를 가해자와 직접 대면시키는가 하면 피해자의 진술을 비디오 녹화하고서도 보강조사를 한다며 중복질문을 던져 피해자를 다시 악몽에 빠지게 하고 있다. 이 같은 사실을 경향신문 취재진이 지난 20~21일 성폭력 피해아동 ㅂ양(10)의 경찰 조사 과정을 지켜본 결과 드러났다.

◇ **사건발생**=지난 20일 밤 9시 40분 서울 ㅇ지하도. 정신지체 3급인 초등학생 ㅂ양이 길을 잃고 헤매는 것을 본 노숙자 조모씨(56)는 "딸기우유 사줄게"라며 ㅂ양을 유인, 인근 노래방 건물 화장실로 데려가 옷을 벗기고 성폭행했다. ㅂ양의 비명을 들은 시민이 경찰에 신고해 조씨를 붙잡았으나 ㅂ양은 이후 무려 20시간 이상 경찰서와 병원, 상담소를 전전하며 조사를 받아야 했다.

◇ **녹초 만든 조사**=다음날 0시 40분 서울 모 경찰서 형사계. ㅂ양은 이미 울다 지쳐 기진맥진해 있었지만 어린 정신지체아의 부모를 찾는 데는 2시간 가깝게 걸렸다. 새벽 3시 15분쯤 서울 모 병원에서 검사를 받게 한 경찰은 ㅂ양을 집에 돌려보낼 경우 다시 불러내야 하는 등 일처리가 늦어질 것을 우려, 이날 아침까지 난방도 제대로 되지 않는 경찰서 형사계에 대기시켰다.

ㅂ양은 오전 9시 40분 서울 모 아동상담소로 이동해 경찰관 입회 아래 비디오 진술을 한 뒤 오후 1시 30분쯤 경찰서로 되돌아왔다. 지난달 개정된 법에 따라 비디오 진술을 법정증거로 활용하기 위해서다.

– 경향신문, 기자가 지켜본 경찰조사 '안쓰런 현장', 성폭행 피해아동 '악몽' 두 번 겪는다, 2003년 12월 23일자.

각기 업무의 성격과 주관부처가 다른 상담·수사·의료 지원기관을 일원화하는 과정은 쉽지 않았다. 2004년 5월 13일 여성부가 연세의료원에 아동성폭력 전담센터인 '서울 해바라기아동센터' 운영을 위탁하면서 상담 및 의료 지원기관의 연계가 우선 이루어졌다.[10] 이후 수사지원 연계를 위한 여성부와 경찰청 간 협의가 이루어짐에 따라 2005년 8월 31일 경찰병원에 '학교·여성폭력 원스톱 지원센터'가 최초 개소하였다. 이후 부산의료원,[11] 안동의료원[12] 등에 여성경찰관, 간호사, 상담사 등이 24시간 상주하며 한자리에서 여성 및 학교폭력 치료와 상담, 수사에 필요한 진술녹화 및 증거채취, 법률문제를 통합지원하는 원스톱 지원센터가 추가 설치되었다.[13]

3) 2005년 광주인화학교 사건과 경찰의 재수사

2005년 6월 22일 청각장애인 교육시설인 광주인화학교의 직원이 피해 학생을 대신하여 여성장애인성폭력 상담소에 학교 임원 및 교사에 의한 성폭력 피해를 상담 접수한 것을 계기로 장애인 성폭력 사건이 세상에 알려지게 되었다. 수사결과 7세부터 22세까지의 연령에 해당하는 남녀 장애학생들이 피해를 입었으며, 공식적으로 확인된 피해자는 9명, 가해자는 6명이었다.[14] 그러나 당시에는 성범죄가 친고죄 내지 반의사불벌죄로 규정되어 있었으며, 이로 인해 성폭력이라는 중한 범죄에도 불구하고 피해자 측과 합의했다는 이유로 가해자들에게 집행유예가 선고되는 데 그쳤다.

전국교직원노조광주지부와 참교육학부모회광주지부, 광주장애인인권연대, 특수학교 학부모회 등은 8일 오전 광주시교육청에서 기자회견을 열고 "수사당국은 성폭행 사건의 진상규명을 낱낱이 밝히고 시 교육청은 전면 감사를 실시하라"고 촉구했다.

단체들은 "광주 한 특수학교 학생 A(14)양이 지난 초등학교 4학년(2001년) 때부터 이 학교 교직원 2명으로부터 4차례에 걸쳐 상습적인 성폭행에 시달려왔다"고 주장했다. 12개 단체로 구성된 '특수학교내 성폭행사건대책위(이하 대책위)'에 따르면, A양이 초등학교 4학년 당시 기숙사 학습보조사 O씨로부터 성폭행을 당했으며, 그 이후에도 성폭행을 당했다는 것이다.

대책위 한 관계자는 "가장 최근 사건으로는 '중학교 1학년 겨울방학 때 운동을 하고 있던 중 교직원 K씨가 팔을 잡고 행정실 안으로 들어가 성폭행했다'고 A양이 진술했다"고 전했다.

대책위는 "이 사건으로 드러난 특수학교의 열악한 교육현실에 대해서 우리는 참담함을 금할 수 없다"며 "학교는 학생들을 보호할 어떤 장치도 마련되어 있지 않고, 사건 확대되기 전에 미리 알고 있었음에도 적극적으로 해결하지 않았다"고 시교육청의 전면적 감사를 촉구했다.

– 오마이뉴스, 광주 특수학교 여학생 성폭행 논란… 교육청 특별감사, 2005년 7월 8일자.

광주인화학교 성폭력 사건은 이후 소설 및 영화 "도가니"의 소재가 되면서 재조명되었으며, 학교 폐교 및 전면 재수사를 요구하는 네티즌 청원운동과 같은 큰 사회적 공분을 불러일으켰다. 이를 계기로 아동·청소년에 대한 성범죄를 더욱 엄하게 처벌하는 내용으로 관련 법률들이 개정되었으며, 경찰은 재수사가 힘들다는 입장을 변경하여 2011년 9월 28일 경찰청 지능범죄수사대 5명과 광주청 소속 성폭력 전문수사관(여경 3명 포함) 등 10명, 총 15명으로 구성된 특별수사팀을 편성하여 추가 성폭행 피해 사례 수집을 위한 재수사에 착수하였다.[15] 영화로 인해 촉발된 대중들의 관심이 인터넷을 중심으로 폭발하자 경찰이 6년 전 사건을 재수사하기에 이른 것이다.

4) 2006년 용산 초등학생 성폭행 살인 사건과 아동성범죄전담반 편성

2006년 2월 17일 서울 용산에서 같은 동네에 사는 11세 여자 초등학생을 성폭행하고 살해한 50대 아버지와 증거를 인멸하려는 아버지를 도와 경기도 포천에 있는 창고로 시체를 옮겨 소훼한 20대 아들이 검거되었다.[16] 경찰은 경기도 포천에 시체를 유기한 범인을 서울 용산에서 검거함으로써 살인 사건을 해결하였다는 공을 인정받음과 동시에, 가해자가 사건 이전인 2005년 7월에도 4세 여아를 강제추행한 혐의로 구속되었다가 집행유예를 선고받고 석방되었는데 당시 사건을 담당한 경찰관이 피해자에게 합의할 것을 종용했다는 의혹이 제기됨에 따라 곤혹스러워하기도 하였다.

지난 17일 이웃에 사는 허모(11)양을 성추행하고 살해한 김모(53)씨가 앞서 지난해 7월 4세 여자 어린이 성추행 혐의로 조사받을 때 담당 경찰관이 피해자 가족에게 합의를 유도했다는 주장이 제기됐다. 그러나 담당 경찰은 이 같은 주장을 부인했다.

김씨는 지난해 치킨집에서 피해 어린이의 치마를 들치고 성기를 만진 혐의로 구속 기소돼 징역 1년에 집행유예 2년을 선고받아 풀려났다. 피해 어린이의 어머니는 21일 "담당 형사가 '합의를 보는 게 맞지 않겠느냐'고 했다"며 "지난해 철저하게 (수사)했으면 이번 사건이 일어나지 않을 수도 있었을 것"이라고 주장했다.

피해자와 가족을 상담했던 '해바라기아동센터' 최경숙 소장도 "경찰이 '사건이 경미하고 (피의자가) 반성하고 있으니 합의하라'고 했다"며 피해자쪽 주장을 뒷받침했다. 최 소장은 김씨가 '초범으로 반성하고 있고 공탁금을 냈다'는 이유로 집행유예를 받은 것과 관련해서도 "김씨는 '죄가 가벼워 금방 풀려날 텐데 어떻게 뒷감당을 할 거냐'며 오히려 피해자 가족을 협박할 정도로 반성의 기미가 없었다"고 전했다.

– 세계일보, "경찰이 "초등생 살해범" 성추행 합의 종용", 2006년 2월 22일자.

사건을 수사하는 경찰관이 아동성폭력 피해자 내지 그 가족에게 합의를 종용하였다는 의혹이 제기된 것은 아동성폭력 사건에 대한 보다 전문화된 수사가 필요하다는 사회적 공감대 형성, 그리고 경찰이 시도경찰청 내 여성기동수사대에 아동성범죄전담반을 편성하는 방안을 발표하는 것으로 이어졌다.

경찰청은 용산 초등생 살해유기 사건 이후 사회 문제로 떠오른 아동 성범죄 근절을 위해 전담 수사반을 전국 14개 지방청 산하 여경기동수사대에 설치했다고 2일 밝혔다.
여경 2~3명으로 구성된 지방청별 아동성폭력전담반은 만 13세 미만의 아동이 피해자인 성범죄가 잇따라 발생하거나 사회적 파장과 피해 규모가 큰 성범죄만 담당한다.
경찰청 관계자는 "아동을 대상으로 한 성범죄를 효과적으로 해결하고 수사과정에서 발생할 수 있는 2차피해를 막기 위해 피해자에게 안도감을 줄 수 있는 여경들로 수사전담반을 편성했다"고 말했다.

– 연합뉴스, 전국 경찰청에 아동성범죄 전담반 가동, 2006년 4월 2일자.

5) 2007년 혜진 · 예슬 살인 사건과 실종전담반 편성

2007년 12월 25일 크리스마스의 추운 날씨에 경기 안양의 집 근처 놀이터에서 놀던 10살 혜진이와 8살 예슬이가 실종되었다. 실종 후 열흘이 지나도 돌아오지 않자 안양시민들은 실종된 두 아이의 얼굴사진과 인적사항이 담긴 전단지를 배포하는 일에 자발적으로 참여하기 시작했다.[17] 경찰은 수사본부를 설치하고 공개수사와 함께 신고보상금도 상향하는 등 대대적인 수사를 벌였지만, 두 아이의 생사조차 확인하지 못하였다. 두 아이가 무사히 귀가하기를 기도했던 많은 시민들의 바람과는 달리, 혜진이는 실종 79일 만에 경기 수원의 한 야산에서 암매장된 채 나체 상태로 절단된 시신으로,[18] 예슬이는 범인 검거 후 5일 뒤인 경기 시흥의 군자천 하류지역에서 절단된 시신으로 발견되었다.[19]

연인원 2만여 명 이상을 동원하고도 실종자 시신 발견 및 사건 해결에 수개월이 걸린 경찰의 수사는 큰 비판을 받았다. 특히 범인이 혜진이와 예슬이 외에도 2005년 12월 3일 군포에서 여성을 성폭행한 전력이 있었다는 것이 알려지면서[20] 당시 유력 용의자를 검거하지 못해 중한 범죄피해가 발생하게 된 데 대한 질타가 쏟아졌다. 이 과정에서 군포경찰서와 안양경찰서 간의 수사공조가 원활하지 못했던 문제 또한 지적되었으며, 사건 관계자의 '양심고백'이 이뤄지기도 했다.[21]

경찰이 안양 초등학생 유괴·살인 사건의 피의자 정모(39)씨를 2004년과 2007년 잇따라 실종사건 등 두 차례의 강력사건 용의자로 지목하고도 그냥 놓아준 사실이 드러나면서 '경찰의 명백한 직무유기'가 아니냐는 비난의 목소리가 커지고 있다. 수박 겉핥기식 수사와 함께 협조체제 부실도 비판의 도마 위에 오르고 있다. 정씨가 용의자 선상에 오른 두 사건을 수사했던 군포경찰서는 이혜진(11), 우예슬(9) 양이 실종된 뒤에도 '공적'을 의식했기 때문인 듯 정씨에 대한 수사자료를 제때 이웃 안양경찰서에 넘기지 않았고 그러는 사이 두 어린 생명은 무참히 희생됐다.

19일 경찰에 따르면 '경기서남부 부녀자 연쇄실종사건 수사본부'를 운영하고 있는 군포경찰서는 2004년 7월 17일 실종된 정모(당시 44) 여인과 마지막으로 통화한 정씨를 유력한 용의자로 지목했다. 조사결과 정씨는 정 여인이 실종되기 직전인 이날 오후 11시 40분께 마지막으로 정 여인과 통화를 했으며 다음날 오후 2시께까지는 알리바이도 없었다. 정씨는 당시 경찰조사에서 "대리운전 일을 한 뒤 집에 가서 오후까지 잤다"고 진술했지만 거짓말 탐지기 조사 결과 거짓 반응이 수차례 나왔다. 그러나 경찰은 정씨의 집과 승용차 등에 대한 혈흔반응 등 감식에서 물증을 찾지 못했고 '증거불충분'으로 수사를 종결했다.

— 연합뉴스, 경찰이 수사협조체제만 유지했더라도…, 2008년 3월 19일자.

시민들의 적극적인 제보와 협조가 사건 해결의 중요한 실마리를 제공하였다는 점도 경찰 실종수사의 문제점을 부각시킨 요인이 되었다. 경찰이 놓친 범인을 유력한 용의자로 보고 경찰에 알린 신고자는 3년 전 범인으로부터 성추행 피해를 당한 이웃 주민이었으며, 혜진이의 시신을 발견한 것은 수색 작업에 나섰던 하루 700여 명의 경찰인력이 아니라 예비군 훈련 중이던 시민이었고, 예슬이의 시신을 발견한 것도 해병대 전우회와 HID 동지회원들이었다.[22]

혜진·예슬 살인 사건을 계기로 실종 또는 미귀가 사건은 초기 수사가 중요하며, 장기화되는 경우가 적지 않고, 일시점에 많은 인력을 동원하여야 할 수 있는 가운데, 상당한 전문성이 요구된다는 점에서 이러한 사건을 전담하는 특별수사반의 편성과 운영이 필요하다는 의견이 대두되었다.[23] 이에 경찰은 3년간 발생한 실종사건을 전면 재수사하고,[24] 실종 어린이 전담수사팀을 편성하겠다고 발표하였다.[25]

6) 2008년 조두순 사건 · 2010년 김수철 사건과 아동안전지킴이집 확대

2008년 12월 11일 경기도 안산의 한 교회 화장실에서 조두순이 등교 중이던 8세 여아를 목 졸라 기절시킨 뒤 성폭행하고 신체를 훼손한 사건이 발생했다. 경찰은 성폭력특별법상 '13살 미만 미성년자에 대한 강간상해'를 적용해야 한다는 의견으로 검찰에 이 사건을 송치했지만, 검찰은 그보다 법정형이 낮은 '형법상 강간상해'로 조두순을 기소했고, 재판이 시작된 뒤에도 공소장 변경을 하지 않았다.[26] 법원은 만취로 인해 범행 당시 심신미약 상태였다는 조두순의 주장을 받아들여 15년형에서 감형된 12년 형을 선고했으나, 검찰은 항소하지 않았다.[27]

조두순 사건으로 인해 아동성폭력에 대한 사회의 우려가 커짐에 따라 경찰은 학교주변·통학로·공원 주변의 문구점, 편의점, 약국 등을 아동안전지킴이집으로 지정하는 것을 확대하고, 아동 대상 범죄 취약지에 CCTV와 가로등을 추가 설치하며, 성폭력 피해아동 조사 시 전문가 참여를 확대하는 것을 주요 내용으로 하는 아동성폭력 예방 종합대책을 발표했다.[28] 그러나 마치 경찰이 추진한 아동성폭력 예방 종합대책의 낮은 효과를 보이기라도 하듯, 2010년 6월 7일 서울 영등포구의 한 초등학교 운동장에서 '제2의 조두순 사건'으로 불리는 김수철 사건이 발생했다. 사건 당일은 학교 휴교일이었으나 8세였던 피해자는 방과후 학교 수업에 참여하기 위해 학교에 갔다가 목에 커터칼을 들이대고 협박하는 가해자의 집으로 끌려가 성폭행을 당했다. 범인은 사건 발생 23년 전 부산에서 남편 앞에서 아내를 성폭행해 15년을 복역하고 2002년에 출소한 성범죄 전력자였다. 당시 학교 주변에 설치된 CCTV에 아무런 제지를 받지 않고 학교 운동장에 들어선 김수철이 피해자를 위협하며 납치하는 장면이 촬영되었다. 이 CCTV 영상이 언론에 공개되면서 피해자 또래의 자녀를 둔 학부모들의 불안이 한층 고조되었다.[29] 이러한 가운데, 경찰이 범인 검거 직후 피해자 부모에게 찾아가 2차피해가 발생할 수 있다며 사건을 언론에 말하지 말아 달라고 요청하였다는 것이 알려지면서 수사를 하여야 할 경찰이 사건을 은폐하려 했다는 의혹이 확산되기도 하였다.[30]

'제2의 조두순 사건' 방지 목적으로 경찰이 발표하였던 아동성폭력 예방 종합대책에 아동안전지킴이집 확대가 포함되어 있었던 가운데, 김수철 사건 발생 직후 김수철이 초등학교에서부터 피해자를 납치해 집까지 끌고 간 길목에 아동안전지킴이집이 단 한 곳도 없었다는 점이 문제로 지적되었다.[31] 이는 곧 경찰이 전국 초등학교 안전망을 일제 진단하고, 아동안전지킴이집 운영을 점검하는 것으로 이어졌다.[32]

7) 2012년 오원춘 사건과 112 신고 위치추적

2012년 4월 1일 경기도 수원에서 조선족 출신의 오원춘[33]이 20대 여성인 피해자를 납치해 성폭행 하려다가 피해자가 저항하자 살해한 뒤 시신을 훼손한 사건이 발생하였다. 오원춘 사건은 시신을 수백여 조각으로 잘게 절단했다는 범행의 잔인함 뿐만 아니라, 피해자가 강간을 당하고 있다며 경찰에 신고, 구체적인 범행 장소를 알려주었음에도 불구하고 인근 탐문수사 등 부실한 초동대응으로 인해 피해자가 살해당하는 것을 막지 못했다는 점에서 경찰에 대한 신뢰를 크게 저하시켰다. 사건 당일 밤 수원중부경찰서 간부들이 현장출동조차 하지 않았으며 형사 대부분도 다음 날 아침이 되어서야 현장에 출동한 사실도 속속 드러났다.[34] 결국 오원춘 사건 발생 9일만에 조현오 경찰청장과 서천호 경기지방경찰청장이 책임을 지고 사퇴하기에 이르렀다.[35] 한 기자는 당시 오원춘 사건의 피해자 사망을 막지 못한 사회적 분노가 무엇 때문에, 어느 정도 강하였는지를 다음과 같이 기록하고 있다.

이 사건처럼 짧은 시간에 폭발적인 반응과 파장을 일으킨 사건은 매우 드물다. 경찰에 이처럼 큰 전 국민적인 분노와 비난이 쏟아진 적은, 기자가 기억하기로는 민주화 이후 처음이 아닐까 생각된다. 경기지방경찰청장과 경찰청장이 연이어 대국민 사과를 하고 사의를 표명하는 데까지 걸린 시간은 언론보도 이후 일주일이 걸리지 않았다. 정치권이나 고위공직자가 연결된 권력형 게이트나 대형 금융비리도 아니고, 수십 명이 살해된 연쇄살인 사건도 아니었다. 한 여성이 흉악범에 의해 살해된, 어쩌면 자주 있는 단순한 살인 사건일 수 있었다. 그러나 이 사건에는 피해여성이 현장에서 범행을 당하며 112센터와 주고받은 7분 36초의 절박하고 소름끼치는 통화내용과 이를 숨기려는 대한민국 경찰의 거짓말과 사건 축소 은폐 행태가 있었다. 국민의 생명과 안전을 최일선에서 지켜야 할 경찰이 사건 축소은폐에만 급급해 거짓말로 일관하면서 명예와 신뢰를 땅에 떨어뜨렸다.

　기자는 처음 이 사건을 취재할 때만 해도 사건 이면에 숨은 폭발력을 알 수 없었다. 경찰이 112 신고를 받고 최선의 노력을 했음에도 어쩔 수 없이 벌어진 안타까운 죽음으로 대부분의 기자들이 그렇게 알았다. 4월 2일 시체를 엽기적으로 훼손한 흉악범을 잡았다는 내용이 경찰을 통해 알려졌다. 시체훼손 방법 등으로 볼 때 연쇄살인마가 아닌지 취재했지만, 다른 범죄는 확인되지 않았고 대부분 단신처리나 기사화하지 않았다. 사회적 의미가 없는 살해 수법이나 시신훼손 상태를 자세히 알리는 것은 오히려 선정적인 보도가 될 수 있기 때문이다. 그러나 '112 신고가 있었고 장소도 구체적으로 말했는데 경찰의 초동수사가 부실해 여성이 숨졌다'는 보도가 나오기 시작했다. 수원중부서 담당 간부는 "신고전화는 15초에 불과했고 구체적인 장소도 언급하지 않았다. 신고받고 형사 35명 전원을 출동시켜 밤새 탐문수사를 한 끝에 13시간 만에 범인을 잡았다. 안타깝지만 최선을 다한 수사였다"고 몇 번이고 조리있고 확신에 찬 어조로 해명만 했다.

　그러나 이런 거짓말은 이틀을 넘기지 못하고 깨지기 시작했다. 뭔가 석연치 않으니 떳떳하다면 112 신고 내용을 공개하라는 요구에 경기지방경찰청이 4월 5일 내놓은 112 신고 통화내역을 보면, 수원중부서 간부가 한 말이 모두 거짓임을 알 수 있었다. 신고시간은 15초가 아닌 1분 20초였고, 특정장소인 '지동초등학교 지난 못골놀이터 방향, 집 안'이란 신고내용이 고스란히 담겨있었던 것이다.

– 한국기자협회보, [동아일보 남경현 기자] 수원 20대 여성 피살사건 관련 은폐 및 거짓해명 보도, 2013년 11월 4일자.

오원춘 사건은 경찰의 뼈아픈 실책이었으나, 경찰은 물론 우리사회 전체가 112 신고 관련 체계를 다시 돌아보고 반성하는 계기로 작용했다. 오원춘 사건 이후 경찰은 경기지방경찰청의 112 종합상황실 근무자를 전원 교체하고,[36) 112 신고를 접수하는 경찰관의 자격기준을 형사·교통 등 외근경력 3년 이상으로 강화하는 한편, 인원을 2배 증원하였으며, 112 종합상황실 근무자만 듣던 긴급신고 내용을 현장에 출동하는 경찰관에게도 공유하도록 하는 등 112 신고 관련 시스템을 대폭 개선하였다. 아울러, 오원춘 사건을 계기로 112 신고접수 후 본인이나 신고자의 동의 없이 경찰의 휴대전화 위치추적을 허용하는 위치정보보호법 개정안이 '민생법안'으로 분류되어 제18대 국회 마지막에 극적으로 통과될 수 있었다.[37)

8) 2012년 서진환 사건과 전자감독 대상자 정보 공유

2012년 8월 20일 서울 광진구 중곡동에서 자녀 2명을 유치원 버스에 태우려고 잠시 집을 비웠다 돌아온 여성을 성폭행하려고 했다가 피해자가 저항하자 살해한 사건이 발생하였다. 범인인 서진환은 2004년 면목동의 한 옥탑방에 침입해 20대 여성을 성폭행한 특수강도강간으로 징역 7년을 복역하고 만기출소하였으며, 7년간 전자감독 부착명령을 선고받은 성범죄 전력자였다. 성폭력범죄로부터 국민을 보호하기 위한 목적에서 전자감독이 도입되었음에도 불구하고, 이에 아랑곳하지 않고 전자감독을 받고 있던 성범죄 전력자가 재차 살인 사건을 저질렀다는 것에 전자감독 제도의 재범예방 효과에 의구심이 제기됨과 동시에, 범행 이전에 막을 수 없었는지에 대한 검토가 이루어졌다.

이 과정에서 경찰서 간, 그리고 경찰과 검찰, 교정, 보호관찰 간 허술한 공조체계가 드러났다. 서진환은 사건 발생 2주 전인 2012년 8월 7일에도 서울 중랑구 면목동에서 잠시 집이 비워진 틈을 노려 열려 있는 현관문을 통해 미리 방에 들어가 피해자를 기다리는 동일한 수법으로 30대 주부를 성폭행하였다. 면목동 사건은 중랑경찰서 관할이고, 중곡동 사건은 서진환의 집에서 불과 1km 떨어진 곳에서 발생했지만 행정구역상 광진구에서 발생했기 때문에 광진경찰서 관할로 나뉘는 가운데, 범행수법이 유사한 사건 해결을 위해 두 경찰서 간에 공조는 이루어진 바 없었다.

경찰은 면목동 사건에서 서진환의 DNA를 확보했지만 국립과학수사연구소에서 보관 중인 DNA에는 일치하는 정보가 없어 용의자를 특정하는 것에 실패했다는 사실이 뒤늦게 알려졌다.[38] 이때 경찰은 이미 2년 전에 검찰이 당시 교도소에 수감되어 있던 서진환의 DNA를 채취하여 보관하고 있었다는 것은 알지 못했다.[39] 2011년 11월 서진환의 출소를 앞두고 교도소가 경찰에 발송한 출소 통보문에는 최근 범죄만 통보하고 있다는 이유로 절도로 징역 6월을 복역하였다고 되어 있었다. 이 때문에 경찰은 전과 11범으로, 성폭력 전과만 3범이었던 서진환을 절도범으로 착각하고 우범자 가운데 높은 등급인 '중점관리 첩보수집' 대상이 아니라 아무 감시를 받지 않는 '자료보관' 대상으로 지정하였다가 사건 발생 한 달 전에야 서진환의 성범죄 전력을 확인하였다.[40]

2017년 11월 출소 직후부터 서진환은 전자감독을 받고 있었음에도 경찰은 두 차례의 범행이 발생한 후에야 서진환이 전자감독 대상자라는 것을 알았다는 점도 문제점으로 지적되었다. 법무부는 서진환이 전자감독 대상자라는 것을 경찰에 통지하지 않았으며, 면목동 사건을 수사했던 중랑경찰서는 서진환이 중곡동에서 살인 사건을 저질러 광진경찰서에 체포되자 뒤늦게 서울동부보호관찰소에 위치기록 조회를 요청했다.[41] 이에 경찰이 서진환이 전자감독 대상자라는 것을 미리 인지하고, 서진환의 관할 지역 성범죄자의 전자감독 위치기록을 조회하는 업무를 철저히 수행하였다면 두 사건 모두 막을 수 있었으리라는 지적이 잇따랐다.[42]

재범위험성이 높은 전자감독 대상자에 대한 형사사법기관의 허술한 공조 상황을 드러냈던 서진환 사건은 긴급한 경우에 전자감독 대상자에 대한 경찰과 보호관찰 간 위치정보 공유를 허용하는 법률 개정을 추동하였다. 종래 경찰은 전자감독 대상자의 범죄 혐의를 수사하기 위해 위치정보를 열람 또는 조회하는 경우에도 인권보호를 이유로 법관이 발부한 압수수색영장을 보호관찰소에 제시하여야 하였으나, 서진환 사건 이후 긴급한 경우 사후허가로 가능하도록 하고 보호관찰소의 장과 수사기관 간 피부착자 정보공유를 강화하는 조항이 신설되었다.[43]

또한, 경찰 등 형사사법기관이 전자감독 대상자에 대한 주의를 다하지 않아 범행을 막지 못했다는 점에 대해서는 사건 발생 후 10년가량 경과한 후에야 국가의 책임이 인정되었다.[44] 1심은 경찰 등 수사기관의 실수는 인정되나 직무수행과 서진환의 범행 사이 인과관계가 없다고 보았고,[45] 2심도 장기간에 걸친 오랜 고민 끝에 국가가 배상할 정도로 위법하지 않다고 판단하였으나,[46] 대법원은 신원을 확보해서 수사 대상자로 삼는 조치를 취하지 않은 것은 경찰관으로서 수행해야 할 직무를 현저하게 위반한 것으로서 국가가 배상하여야 한다고 보아 사건을 파기환송하였다.[47]

9) 2018년 웹하드 카르텔과 사이버성폭력수사팀 신설

'정보기술(IT) 강국'이라는 화려한 수식어 뒤에는 여성들의 일상을 겨눈 렌즈로 촬영한 성착취물이 범람하고 있다는 부끄러운 민낯이 있다. 1999년 6월 '소라의 가이드'라는 이름으로 운영되기 시작한 지 17년 만에 회원 100만 명이 넘는 소라넷이 2016년 4월 7일 '공식적'으로 폐쇄되었지만,[48] 성착취 플랫폼은 이름과 겉모양만 조금 다른 형태로 여전히 끊임없이 생겨나고 있는 중이다.

성착취물을 업로드 하는 유포자, 다운로드 받는 수요자, 성착취물의 유통을 묶인하는 웹하드 운영자 간에 '침묵의 카르텔'이 존재하고 있다는 점은 이전에도 꾸준히 지적되어 온 가운데,[49] 2018년에 이용자들 간의 자료 공유를 위해 만들어진 웹하드 사이트가 불법촬영 영상이 유통되는 공간으로 악용되고 있다는 점이 본격적으로 공론화되었다. SBS의 <그것이 알고싶다> 보도를 통해 웹하드 업체가 단순히 성착취물의 유통을 방조하는 것을 넘어 직접 유포에 개입하였다는 의혹이 제기되고,[50] 이에 뒤따라 청와대 국민청원에 '위디스크'와 '파일노리'라는 해당 웹하드 업체명, 그리고 이들 웹하드 업체가 필터링 업체와 디지털 장의업체를 운영하면서 성착취물 유통으로 수익을 창출하는 동시에 필터링으로도 수익을 창출하고, 삭제 비용을 피해자들에게 받으며 또다시 수익을 창출하는 거대한 '산업' 구조를 갖고 있다는 구체적인 내용이 알려지면서 웹하드 카르텔에 대한 적극적인 수사 및 해체를 촉구하는 여론이 형성되었다.

위디스크와 파일노리에는 아주 오래전부터 여성의 동의 없이 촬영되거나 유포된 피해촬영물이 유포되어 왔다. 위디스크와 파일노리는 당시 해당 업체들의 대표였던 양진호가 음란물 유포 혐의로 1차 구속 및 처벌된 시점인 2009년에 (주)뮤레카의 DNA 필터링 시스템을 도입하였고, 이후에도 계속 불법 음란 영상물과 불법 피해 영상물을 유통하여 2011년에 2차 구속 및 처벌이 이루어졌다.

그러나 2011년 이후에도 위디스크와 파일노리는 불법 음란 영상물과 불법 피해 영상물을 지속적으로 유통했고, 2010년 웹하드 등록제 시행 이후에도 마찬가지였다. 뿐만 아니라 DNA 필터링 시스템을 형식적으로 도입하고, 도입 이후에도 여전히 필터링 시스템을 우회하였으며, 의도적으로 삭제 요청이 들어온 영상도 삭제하지 않았다. 또한, 이미 양진호는 2012년 업로더 회사를 차린 혐의로 구속된 바가 있었다. 이렇게 이들은 더 이상 단순히 개인 간 거래의 장을 제공하는 것이 아니라 불법 음란 영상 및 불법 피해 영상물을 배포·판매·임대하며 거액의 수익을 창출해왔다. 이들은 구속 및 처벌이 되었음에도 불법 행위를 계속하면서 사법시스템을 우롱해 온 것이다.

웹하드는 피해자를 돈으로 보고 수익을 위해 살아있는 인간을 착취한 산업이었다. 피해영상이 유포되면 재생되는 순간마다 피해가 반복된다. 누군가가 시청하고 다운 받는 것 자체가 폭력이기 때문이다. 피해영상을 유통하는 것을 통제하고 차단하는 것이야말로 디지털 성폭력 피해 규모를 줄이는 핵심이고, 이를 가능하게 하는 것은 정부의 결단 밖에 없다.

- 청와대 국민청원, 웹하드 카르텔과 디지털성범죄 산업에 대해 특별 수사를 요구한다(청원시작 2018년 7월 29일, 참여인원 208,543명, http://19president.pa.go.kr/petitions/322420, 2022년 10월 1일 최종접속).

불법촬영된 영상물이 유포된 피해자들은 경찰서 어느 부서에 가서 피해를 상담하고 사건을 접수하여야 할지 몰라 혼란을 겪는 경우가 많았다. 경찰서 민원실을 거쳐 여성청소년과에 가면 수사과 내 사이버수사팀으로 가라고 하고, 사이버수사팀에 가면 또 여성청소년과가 담당이라고 안내하면서 이미 불법촬영 범죄와 조직적인 성착취물 유통으로 인해 상처받은 피해자들이 2차피해를 경험하기도 하였다.

이러한 맥락에서 정보통신망을 이용한 젠더폭력범죄를 전문적으로 수사하는 동시에 성착취물의 유포 및 확산을 막기 위해 신속하게 협력기관에 자료삭제를 요청하는 사이버성폭력수사팀이 신설되었다. 각 시·도경찰청 사이버수사대에 1~6명씩 모두 50명 규모로 설치된 사이버성폭력수사팀에는 주로 여성인 피해자가 진술·증거 수집 과정에서 느끼는 모욕감 등을 최소화하고 2차피해 발생을 최소화하기 위한 목적에서 여성경찰관을 최소 1명 이상 배치하도록 하였다. '국민들이 만들어준 팀'이라는 담당 팀장의 언급이 무색하지 않을 정도로,[51] 2018년 3월 6일 경찰청에서 개최된 사이버성폭력수사팀 발대식에는 한국여성변호사회, 한국사이버성폭력대응센터, DSO(디지털성범죄 아웃, Digital Sexual Crime Out) 등 온라인상에서의 젠더폭력범죄에 대한 경찰의 대응강화를 요청해 온 활동단체들이 대거 참석하기도 하였다.[52]

10) 2020년 텔레그램 내 성착취 사건과 위장수사 도입

언제부터 성착취물을 업로드하고 신상정보까지 공유하는 텔레그램 채팅방이 생성되기 시작하였는지 구체적인 시점은 알 수 없으나, 대략적으로는 웹하드 카르텔 수사가 진행되었던 2018년~2019년을 기점으로 성착취물이 유통되는 플랫폼이 웹하드에서 SNS 및 메신저로 빠르게 변화하였다고 보인다. 텔레그램 내 성착취 가해자들은 피싱 방식의 해킹이나 '고액 스폰(성매매) 알바(아르바이트)'를 하겠느냐고 접근하는 방식을 통해 피해자들의 개인정보를 확보하고, 유출된 개인정보나 신체가 노출된 사진을 가족 등 피해자 주변의 사람들에게 알리겠다고 협박하여 신체 노출 촬영물을 강제로 추가 촬영하도록 하였으며, 해당 성착취물을 n번방·박사방 등으로 이름 붙여진 복수의 텔레그램 채팅방을 통해 유포 및 판매하였다. 신체 노출 촬영물을 강제로 추가 촬영하는 과정에서 피해자들은 자학, 고문, 성매매 강요 등 가혹한 상황에 노출되었다.

박사의 범죄는 철저히 '협박'을 기반으로 한다. 박사는 피해 여성의 신상 정보를 검색해 그 여성의 에스엔에스 계정을 찾아내고, 가족이나 친구 등 지인들의 연락처를 알아낸다. 이 작업이 완료된 뒤에야 '매칭남'을 소개하고 '면접'을 진행하며 요구하는 사진의 수위를 높여간다. 피해 여성이 거부 의사를 밝히면 협박이 시작된다. "성매매하려 했다고 가족들에게 알리겠다", "내가 네 친구들, 가족들의 이름과 연락처, 주소를 다 안다"는 겁박이다. 돌변한 박사의 태도에 넋이 나가면, 은밀한 탈출 방법을 제안한다. "돈이 들어왔다. 이제 마지막이다. 이것만 찍으면 돈이 입금될 것"이라는 식이다. 그래도 거부하면 "너의 집 앞으로 내 직원들을 보내서 죽일 것"이라는 살해 위협까지 한다. 끝내 돈은 입금하지 않고, 여성이 모든 걸 포기한 채 박사의 요구에 순종해야만 끝을 볼 수 있다. 피해 여성은 대화 기록이 이미 사라졌기 때문에 협박과 강요의 증거를 모을 수도 없다.

박사는 이렇게 만들어낸 성착취 영상을 텔레그램 대화방에 올리면서 적게는 수십만 원에서 많게는 100만 원이 넘는 '입장료'를 내걸고 관람자를 유치한다. 박사의 비밀 대화방에선 '모든 거래는 비트코인으로만 한다'고 명시돼 있다. 피해자 유인부터 사진과 영상 유포, 거래까지 모두 흔적을 남기지 않는 은밀한 방법이다.

박사는 성착취 피해 여성들을 자신의 '노예'라고 부른다. 박사는 피해 여성들의 개인 정보와 사진, 영상을 묶은 뒤 이들과 전혀 상관없는 스토리를 창조해 유포한다. 피해 여성들에게 사진과 영상을 찍을 때 새끼손가락을 들게 한 건, 이 성착취물이 박사의 '작품'임을 알리는 동시에 피해 여성들이 자신의 '노예' 리스트에 트로피처럼 소장되어 있음을 알리는 '워터마크'다. 몸에 '박사', '나는 노예입니다' 등의 글씨를 적고 사진이나 영상을 찍게 하는 것도 피해 여성들을 소유물로 만들고자 하는 일종의 마킹이다. 박사는 1만 명이 넘게 들어와 있는 텔레그램 비밀 대화방에서 어떻게 여성을 착취해 영상을 찍게 만들었는지를 다룬 소설 형식의 글을 써내려가기도 했다. 관람자들은 이 소설을 읽고 "제발 노예녀 영상을 더 풀어달라"며 환호한다.

인격 살해와 다름없는 성착취물이 유통되는 텔레그램 비밀 대화방이 올해 초부터 급격히 늘기 시작했다. 경찰은 피해 여성 일부의 신고를 접수해 박사의 범죄와 이에 동조한 가해자들을 수사하고 있다. 경찰 관계자는 "박사는 반드시 잡을 것"이라며 "검거를 위해 최대한 모든 수단을 동원하고 있다"고 말했다. 하지만 텔레그램의 철벽 보안 시스템과 주고받은 메시지를 수시로 삭제하는 박사와 가해자들의 증거 인멸로 인해 추적이 쉽지 않다. 이를 아는지 이들은 수사가 진행 중인 상황에도 불법촬영물과 아동·청소년 성착취 동영상을 버젓이 유통했다.

– 한겨레, 텔레그램에 퍼지는 성착취 영상… "알바 모집" 속아 '노예'가 되었다, 2019년 11월 25일자.

가해자들은 피해자들의 개인정보를 확인하기 위해 구청 등에서 근무하는 사회복무요원을 공범으로 포섭하였으며, 암호화폐 결제로만 채팅방에 참여할 수 있도록 하는 등 지능화·전문화된 양상을 보였다. 신원이 확인된 사람들만 채팅방에 입장시키고 이러한 인증을 통과한 경우에만 성착취물을 추가 공유하는 방식을 취하는 가해자들의 범행수법으로 인해 경찰은 텔레그램 내 성착취 사건을 본격적으로 수사하려는 과정에서 채팅방에 입장하지 못해 어려움을 겪었다.

이에 2021년 9월 24일 청소년성보호법이 개정되어 신분을 밝히지 않고 수사하는 신분 비공개수사와 문서·전자기록 등을 활용해 새로이 신분을 생성하는 신분 위장수사가 허용되었다.[53]

2. 젠더, 아동, 장애인의 상호교차성

중한 피해가 발생했던 젠더폭력범죄들이 모두 경찰활동의 변화로 이어지지는 않았다는 점을 상기할 때, 이 장에서 살펴본 총 10건의 젠더폭력범죄가 경찰활동의 변화를 이끌어낼 수 있었던 것은 크게 두 가지의 공통점에서 비롯되었다고 보인다. 먼저 첫 번째로, 해당 젠더폭력범죄들은 여성이라는 젠더 특성에 아동·청소년이라는 연령 특성, 장애인이라는 신체적 특성이 중첩된 상호교차성(intersectionality; Crenshaw, 1989)으로 인해 한층 높은 사회적 주목을 받았으며, 그에 따라 성인이고 비장애인인 여성을 대상으로 한 젠더폭력범죄와는 달리 종래의 경찰활동에 변화를 가져올 만큼의 파급력을 가질 수 있었다.

2000년대 이후 종래의 경찰활동에 변화를 가져온 젠더폭력범죄 사건 중에는 여성인 아동·청소년을 대상으로 한 성폭행 사건이 많다. 2003년 장애인 아동 성폭행 사건, 2005년 광주인화학교 사건, 2006년 용산 초등학생 성폭행 살인 사건, 2007년 혜진·예슬 살인 사건, 2008년 조두순 사건·2010년 김수철 사건, 2020년 텔레그램 내 성착취 사건은 여성이라는 젠더 특성에 아동이라는 연령 특성이 더해지면서 우리 사회가 각 범행을 한층 강하게 인식하도록 했다. 다시 말해, 이들 젠더폭력범죄에는 여성이라는 젠더 특성과 아동이라는 연령 특성이 상호교차되어 있다.

2003년 장애인 아동 성폭행 사건, 2005년 광주인화학교 사건에는 여성이라는 젠더 특성에 아동·청소년이라는 연령 특성 외에도 장애라는 신체적 특성이 추가로 결합되어 있다. 2022년 10월 현재 전국에 39개소 운영 중인 해바라기센터의 전신인 원스톱 지원센터가 개소될 수 있었던 데에는 이처럼 아동, 장애인, 여성의 특성이 중첩된 젠더폭력범죄의 상호교차성(intersectionality; Crenshaw, 1989)에서 비롯된 바 크다. 이는 달리 말하면, 아동이라는 연령 특성이나 장애인이라는 신체적 특성이 결합되지 않은 성인이고 비장애인인 여성을 대상으로 한 젠더폭력범죄는 종래의 경찰활동에 변화를 가져올 만큼의 파급력을 갖지 못하는 안타까운 현실을 시사하기도 한다.

한편, 2000년대 이후 종래의 경찰활동에 변화를 가져온 젠더폭력범죄 사건들의 명칭들에서 우리 사회가 젠더폭력범죄를 대해 온 인식을 살펴볼 수 있다. 2000년대 초기에는 젠더폭력범죄 사건들이 피해자가 속한 지역(군산·용산), 학교(광주인화학교)나 인적 특성(장애인 아동, 혜진·예슬)으로 일컬어지다가 조두순 사건을 계기로 신상공개된 가해자의 이름으로 명명되고 있음이 확인된다. 그러다 2016년 강남역 살인 사건[54] 이후 발생하는 젠더폭력범죄에는 웹하드 카르텔, 텔레그램 내 성착취 사건 등과 같이 해당 젠더폭력범죄의 주요 특성을 각인시키는 이름이 부여되고 있다.

3. 젠더폭력범죄 발생에 대한 국가의 책임을 묻다

이 장에서 살펴본 젠더폭력범죄들에서 발견되는 또 하나의 공통점은 법원이 경찰활동 과정에서 미흡한 부분을 직무상 의무위반행위로 보고, 이러한 직무위반행위와 젠더폭력범죄 발생 사이에 상당인과관계가 있다고 판단하여 국가의 배상책임을 인정하였다는 점이다. 유족들이 경찰 등 관련 공무원들의 위법한 직무수행으로 젠더폭력범죄 발생 및 피해자의 사망을 막지 못했음을 이유로 국가를 상대로 제기한 손해배상 청구소송에서 1심 및 2심은 원고패소 판결한 사건에 대해, 대법원은 범인에 대한 체포검거 또는 재범방지 업무를 담당하는 경찰 등 관련 공무원들의 직무수행에 객관적 정당성이 결여된다고 보아 원고패소 판결한 원심을 파기하는 경향도 확인된다. 이 장에서 살펴본 젠더폭력범죄 가운데 피해자 사망에 대한 국가의 배상책임이 인정된 것은 4건(2000년 및 2002년 군산 성매매업소 화재 사건,[55] 2012년 오원춘 사건, 2012년 서진환 사건)이며, 이 중 2012년 오원춘 사건 및 2012년 서진환 사건의 경우 대법원이 각각 2016년과 2022년에 국가의 배상책임을 인정하였다.

구체적으로, 2000년 군산 성매매업소 화재 사건에 대하여 대법원은 "경찰은 범죄의 예방, 진압 및 수사와 함께 국민의 생명, 신체 및 재산의 보호 등과 기타 공공의 안녕과 질서유지도 직무로 하고 있고, 그 직무의 원활한 수행을 위하여 경찰관직무집행법, 형사소송법 등 관계 법령에 의하여 여러 가지 권한이 부여되어 있으므로, 구체적인 직무를 수행하는 경찰관으로서는 제반 상황에 대응하여 자신에게 부여된 여러 가지 권한을 적절하게 행사하여 필요한 조치를 취할 수 있는 것이고, 그러한 권한은 일반적으로 경찰관의 전문적 판단에 기한 합리적인 재량에 위임되어 있는 것이나, 경찰관에게 권한을 부여한 취지와 목적에 비추어 볼 때 구체적인 사정에 따라 경찰관이 그 권한을 행사하여 필요한 조치를 취하지 아니하는 것이 현저하게 불합리하다고 인정되는 경우에는 그러한 권한의 불행사는 직무상의 의무를 위반한 것이 되어 위법하게 된다"[56]고 보아 경찰관의 직무상 의무위반행위를 이유로 국가에 위자료 지급책임을 인정하였다. 2012년 오원춘 사건에 있어서도 법원은 "당시 현장에 도착한 경찰관들이 신고 내용의 심각성을 제대로 전달받아 인식하고 있었다면, 이 사건 범행현장인 가해자의 집을 발견한 즉시 피해자를 구조하기 위하여 가해자의 집 안으로 강제진입하는 등의 적극적인 조치를 취할 수 있었을 것이며, 사건 발생 이전에 가해자의 범행현장을 발견할 수 있었으므로, 당시에는 피해자가 생존해 있었을 가능성이 매우 크다. 이와 같은 사정에 경찰관직무집행법 등 경찰관에게 직무상 의무를 부과하는 법령 기타 행동규범의 목적이나 이 사건 가해행위의 태양 및 피해자 및 그 유가족이 입은 피해의 정도를 종합적으로 고려하면, 피고 소속 경찰관들의 앞서 본 직무상 의무위반행위와 피해자의 사망 사이에는 상당인과관계가 인정된다고 볼 수 있다"고 보아 경찰관들의 직무상 의무위반행위와 피해자 사망 사이에 상당인과관계가 인정되지 않는다고 한 원심의 판단에 국가배상에서 상당인과관계에 관한 법리를 오해한 위법이 있다고 판시하였다.

2005년 광주인화학교 사건 및 2006년 용산 초등학생 성폭행 살인 사건의 경우에도 피해자의 유족 등이 젠더폭력범죄 발생 및 대응에의 국가의 책임을 묻는 소송을 제기하였으나 패소하였다.[57] 2012년 오원춘 사건 및 2012년 서진환 사건의 경우에도 사건 발생 후 상당한 기간이 경과한 시점에야 경찰의 직무상 의무위반행위와 피해자 사망 간 상당인과관계가 인정된다고 보았던 것에 비춰볼 때, 이들 사건이 오늘날 대법원의 판단을 받는다면 그 결과가 달라질 수도 있었으리라고 짐작되기도 한다.

어쩌면 그동안 우리는 젠더폭력범죄로 목숨을 잃은 피해자들이 불운했다고, 피할 수 없었다고, 경찰이 마땅히 할 수 있는 게 없었다고 여기며 '만약'의 가능성을 단념해 왔던 것이 아닐까. 그러나 국가의 배상책임을 인정한 일련의 대법원 판결들은 그 사건들은 운에 따라 발생한 것이 아니었으며, 막을 수 있었고, 분명 경찰이 할 수 있는 것이 있었다는 당연한 사실을 새삼 일깨우고 있다.

4. 정형화된 경찰활동 변화와 지속성에의 한계

젠더폭력범죄 발생에 따른 경찰활동에 사회적 비난이 거세질 때마다 경찰은 전담부서를 신설하거나 오랫동안 논의가 지지부진했던 제도 도입의 필요성을 주장하는 계기를 마련하는 것으로 대응했다. 이에 따라 2000년 · 2002년 군산 성매매업소 화재 사건, 2003년 장애인 아동 성폭행 사건, 2006년 용산 초등학생 성폭행 살인 사건, 2007년 혜진 · 예슬 살인 사건, 2018년 웹하드 카르텔은 각각 경찰 내 성매매전담반, 원스톱 지원센터, 아동성범죄전담반, 실종전담반, 사이버성폭력수사팀 신설로 이어졌다. 또한, 2005년 광주인화학교 사건, 2012년 오원춘 사건, 2012년 서진환 사건, 2020년 텔레그램 내 성착취 사건은 경찰의 재수사, 112 신고 위치추적, 전자감독 대상자 정보 공유, 위장수사와 같이 오랜 논의에도 불구하고 좀처럼 진척되지 않았던 제도 도입 내지 시행이 전격 추진되는 계기가 되었다.

그러나 해당 사건들에 대한 집단적 기억이 조금은 희미해진 오늘날에도 신설되었던 전담부서들이 현재까지도 신설 당시와 같은 수준의 경찰조직 내 사명감과 지지를 유지하고 있는지에 대해 의문을 제기하지 않을 수 없다. 성매매전담반은 2010년을 전후하여 사라졌으며, 원스톱 지원센터의 후신인 해바라기센터는 센터 운영에 참여해 온 의료기관이 코로나19 상황에 직면하자 잠재되어 있던 의료진 배치 문제가 대두되었고 결국 서울북부해바라기센터(서울 동대문구 삼육병원 소재) 및 서울중부해바라기센터(서울 중구 국립중앙의료원 소재), 경기북동부해바라기센터(경기 의정부 의정부의료원 소재)가 운영을 중단하기에 이르렀다.[58] 여경기동수사대에 설치되었던 아동성범죄전담반은 여경기동수사대가 사라지면서 함께 사라졌고, 관련 사건 발생 때마다 그때그때 수사를 맡을 팀이 지정되고 있는 것이 현실이며, 실종전담반은 2015년 형사과에서 여성청소년과로 이관되었다가 2021년 다시 여성청소년과에서 형사과로 이관되는 부침을 겪었다.

젠더폭력범죄 발생을 계기로 도입된 제도들이 현재 젠더폭력범죄예방 및 대응에 실효적으로 기능하고 있는지에 대해서도 비판적으로 검토할 필요가 있다. 2005년 광주인화학교 사건에서와 같이 경찰이 재수사를 결정한 극적인 사례는 이후 찾아보기 어렵고, 2012년 오원춘 사건으로 112 신고 후 위치추적이 바로 가능해지기는 했지만 신고자의 휴대전화 등 정보에 기반하여 측위된 위치값이 정확하지 않은 점은 여전히 기술적으로 해결되지 못한 난제다.

그리고 2012년 서진환 사건으로 경찰과 보호관찰 간 전자감독 대상자 정보 공유가 가능해졌지만, 이는 법무부 위치추적 중앙관제센터와 같이 전자감독 대상자가 이동하는 실시간 위치정보를 경찰 112 상황실에서도 확인할 수 있음을 의미하지 않는다. 경찰서 관할 지역 내 전자감독 대상자가 몇 명 거주하고 있는지를 확인하고 있다가 발생한 사건의 피의자가 전자감독 대상자일 가능성이 있는 경우 사건발생 지역에 전자감독 대상자가 있었는지 여부를 관할 보호관찰소에 요청, 조회결과를 받아볼 수 있다는 것이다. 이는 경찰이 관할 지역 내 전자감독 대상자의 실시간 위치정보를 모니터링하고 있다가 신속하게 출동, 대응할 것으로 기대하는 것과는 상당한 거리가 있다.

마지막으로, 2020년 텔레그램 내 성착취 사건을 계기로 위장수사가 전격 도입되기는 하였지만, 주민등록번호라는 우리나라 특유의 제도적 장벽으로 인해 은밀하게 이루어지는 성착취물 유포 및 판매에 위장수사를 적극적으로 활용하기에는 한계가 있다. 실제 살아있는 주민을 대상으로만 주민등록번호를 부여할 수 있다는 협의의 주민등록법 해석에 그치는 한 위장수사가 본래 목적한 젠더폭력범죄예방 및 대응의 수단으로 기능하는 것은 요원하다. 아동청소년 대상 성착취물 관련 수사에만 위장수사가 허용되고 있어 성인 여성이나 장애인, 성소수자를 대상으로 한 성착취물에 대해서는 위장수사가 허용되지 않는다는 흠결 또한 보완되어야 할 것이다.

생각해 볼거리

1. 젠더폭력범죄에 보다 선제적·적극적으로 대응하기 위해 향후 경찰활동은 어떻게 달라져야 할까?
2. 젠더폭력범죄예방 및 대응은 경찰만의 책임인가? 젠더폭력범죄예방 및 대응에 대한 국가의 배상책임 인정의 전제가 되는 '임무수행에의 객관적 정당성 결여', '직무상 의무위반과 사건 사이의 상당인과관계', '사건발생에 대한 예견가능성'은 어떻게 평가되고 있는가?

찾아보기

1. 문헌정보
 1) 공지영(2009[2017]). 도가니, 창비.
 2) 젠더폭력범죄 발생 및 대응 관련 국가의 배상책임이 인정된 대법원 판결
    • 대법원 2004. 9. 23. 선고 2003다49009 판결(2000년 군산 성매매업소 화재 사건 손해배상)
    • 대법원 2008. 4. 10. 선고 2005다48994 판결(2002년 군산 성매매업소 화재 사건 손해배상)
    • 대법원 2016. 7. 27. 선고 2014다227843 판결(2012년 오원춘 사건 손해배상)
    • 대법원 2022. 7. 15. 선고 2017다290538 판결(2012년 서진환 사건 손해배상)

2. 영상
 1) 도유진(2022). 오픈 셔터스(open shutters), 디지털성범죄 관련 단편 다큐멘터리
    https://fieldofvision.org/open-shutters
 2) Kimberlé Crenshaw(2018). What is Intersectionality?
    https://www.youtube.com/watch?v=ViDtnfQ9FHc

1) 연합뉴스, 포주에 수사정보 누설한 경찰 2명 구속, 2000년 11월 10일자; 연합뉴스, 포주로부터 뇌물수수 파출소장 구속, 2000년 11월 27일자.
2) 국민일보, [군산 유흥가 화재] 막힌 환기구·사방 스티로폼… 서로 뒤엉켜 참변, 2002년 1월 29일자.
3) 성매매방지법 제정 관련 내용은 3장 참조.
4) SBS, 경찰청, 성매매여성 긴급지원센터 설치, 2004년 6월 3일자.
5) 국민일보, "성매매 피해여성 전화 신고하세요"… ☎ 117, 2004년 9월 3일자.
6) 부산일보, 여경에 의한 여성을 위한 성매매전담반 신설, 2004년 6월 4일자.
7) 경향신문, "성매매 광고·호객행위도 뿌리뽑을 것", 2004년 9월 23일자.
8) 동아일보, 경찰, 강요에 의한 성매매여성 보호지침 발표, 2004년 4월 4일자.
9) 연합뉴스, 불법윤락소 방치, 국가 위자료 배상판결(종합), 2002년 7월 4일자: 서울고등법원 2003. 8. 21. 선고 2002나48599 판결, 대법원 2004. 9. 23. 선고 2003다49009 판결; 한편, 2002년 개복동 성매매집결지 화재 사건의 유족들이 국가를 상대로 한 손해배상 소송에 대해서는 재판부 기각 판결이 내려졌다(서울고등법원 2005. 7. 20. 선고 2004나39179 판결, 대법원 2008. 4. 10. 선고 2005다48994 판결).
10) 연합뉴스, 여성부-연세대 아동성폭력센터 위탁운영 협약 체결, 2004년 5월 13일자.
11) 부산일보, 여성·학교폭력 피해자 '원스톱 지원센터' 개소, 2005년 12월 22일자.
12) 한겨레, 여성·학교폭력 지원센터… 경북 안동의료원 설치, 2006년 1월 11일자.
13) 원스톱 지원센터의 후신인 해바라기센터 관련 내용은 8장 참조.
14) 뉴시스, 인권위, 인화학교 이사진 해임 권고… 성범죄 혐의 6명 고발, 2006년 8월 22일자.
15) 경향신문, 경찰청 '도가니' 재수사 착수… 인화학교 수사팀 급파, 2011년 9월 28일자.
16) SBS, 이웃 아저씨가 초등생 성추행 뒤 살해, 2016년 2월 19일자.
17) 세계일보, "혜진·예슬이를 가족품에"… 시민들, 실종 초등생 찾기 나서, 2008년 1월 5일자.
18) 경향신문, "살아 있기만 바랐는데" 주검으로 발견된 안양 실종 어린이, 2008년 3월 13일자.
19) 오마이뉴스, 군자천서 발견된 시신, 우예슬 양으로 확인, 2008년 3월 19일자.
20) 서울신문, 정씨, 군포 부녀자 성폭행 드러나, 2008년 3월 20일자.
21) 연합뉴스, <연합시론> 부실덩어리라는 안양사건 수사경찰의 고백, 2008년 3월 25일자.
22) 연합뉴스, 결국 시민이 해결했다, 2008년 3월 19일자; 경향신문, 130m내 용의자 모른채 '82일 겉돈 경찰 수사', 2008년 3월 17일자.
23) 연합뉴스, <연합시론> '사라지는 아이들', 전담수사팀 필요하다, 2008년 1월 27일자; 노컷뉴스, "아동 실종 사건, 최초 12시간이 운명 가른다", 2008년 3월 19일자; 서울신문, [사설] 혜진·예슬이 비극 다시는 없어야 한다, 2008년 3월 20일자.
24) MBC, 경찰, 3년간 실종 사건 전면 재수사, 2008년 3월 27일자.
25) MBC, 어린이 실종 전담수사팀, 2008년 3월 28일자.
26) 한겨레21, 조두순 사건, 검찰이 어떻게 기소했는지 아시나요, 2022년 5월 10일자.
27) 한국경제, 조두순 얼굴 공개… 11년 전 '경찰보다 법 몰랐던' 검사는 무슨 실수 저질렀나, 2019년 4월 25일자.
28) 세계일보, "제2 '조두순 사건' 막아라", 2009년 10월 6일자.

29) 매일경제, 범죄 무방비··· "불안해 학교 못보내겠다", 2010년 6월 10일자.

30) 뉴시스, 경찰, '김수철 사건 수사' 은폐 의혹 논란, 2010년 6월 14일자; 세계일보, 경찰 '김수철 사건' 초기 은폐 시도했다, 2010년 6월 15일자.

31) 연합뉴스, '제2조두순' 이동경로에 '지킴이집' 없었다, 2010년 6월 10일자.

32) MBN, 경찰, 전국 초등학교 안전망 일제 진단, 2010년 6월 14일자.

33) 우리말 표기법에 따르면 가해자의 이름은 중국식 독음인 '우위안춘'으로 표기하는 것이 정확하나, 대중들에게 한자 독음인 오원춘으로 널리 알려진 점을 고려하여 이 글에서는 오원춘으로 표기한다.

34) 경향신문, 피해여성 구조요청 전화 받고도 13시간 걸려 시신으로 찾은 경찰, 2012년 4월 4일자; 조선일보, [단독] 살인마 방엔 생리대·음란물·毒酒··· 화장실은 차마 볼 수도 없었다, 2012년 4월 7일자.

35) 매일경제, '수원 살인' 책임 조현오·서천호 청장 불명예퇴진, 2012년 4월 9일자.

36) 문화일보, 경기 112센터 요원 전면 교체, 2012년 4월 16일자; 세계일보, 오원춘 살인 사건 업무미숙 – 부실수사 경찰관 무더기 징계, 2012년 5월 24일자.

37) 뉴시스, 국회 법사위, 약사법·112위치추적법 등 60여개 법안 의결, 2012년 5월 2일자; 노컷뉴스, 112 신고해도 위치추적 가능··· 오원춘 사건이 계기, 2012년 5월 14일자.

38) 동아일보, 서진환 '중곡동 살해' 13일전에도 전자발찌 차고 성폭행, 2012년 9월 11일자.

39) SBS, 서진환 DNA 채취하고도··· 검·경 공조 구멍, 2012년 9월 12일자.

40) SBS, [단독] 서진환, '절도범'으로 관리 받고 활개, 2012년 8월 24일자.

41) 문화일보, 性범죄자 행적 조회도 안해 再犯 못막은 황당한 경찰, 2012년 9월 12일자.

42) 국민일보, [사설] 막을 수 있었던 서진환 사건, 얼빠진 경찰, 2012년 9월 12일자; 노컷뉴스, 서진환 살인 막을 수 있었는데···, 2012년 9월 12일자; 뉴스1, '전자발찌 경로·DNA 정보 확인했더라면'··· 서진환 막을 수 있었다, 2012년 9월 12일자.

43) 특정 범죄자에 대한 보호관찰 및 전자장치 부착 등에 관한 법률[법률 제11558호, 2012. 12. 18, 일부개정; 현 전자장치 부착 등에 관한 법률] 제16조(수신자료의 보존·사용·폐기 등) ④ 검사 또는 사법경찰관은 수신자료를 열람 또는 조회하는 경우 관할 지방법원(군사법원을 포함한다) 또는 지원의 허가를 받아야 한다. 다만, 관할 지방법원 또는 지원의 허가를 받을 수 없는 긴급한 사유가 있는 때에는 수신자료 열람 또는 조회를 요청한 후 지체 없이 그 허가를 받아 보호관찰소의 장에게 송부하여야 한다.

44) 유족이 국가를 상대로 1억 1천만 원의 손해배상 청구소송을 제기한 것은 2013년이다 (MBN, [단독] 중곡동 살인 사건 유족, 국가 상대 손해배상 청구, 2013년 2월 19일자).

45) 세계일보, '중곡동 살인 사건' 유가족 패소··· 法 "실수 인정하나 인과관계 無", 2013년 12월 18일자.

46) YTN, '서진환 피해' 유족 국가 배상 2심도 패소, 2017년 11월 14일자.

47) 세계일보, 전자발찌범 살인 못 막은 경찰··· 대법 "국가배상 책임" 원심 뒤집어, 2022년 7월 14일자; 대법원 2022. 7. 15. 선고 2017다290538 판결.

48) 경향신문, ①회원 100만 '소라넷' 폐쇄 앞장··· "성착취 명명, 여성이 싸워온 결과", 2020년 4월 21일자.

49) 서울신문, 국내 유통 아동음란물 10편 중 6편 '국산'··· 연간 400만회 다운로드, 2012년 9

월 25일자; 한국일보, [인물360°] '난 너의 야동이 아니야' 디지털성범죄, 끝까지 쫓는다, 2018년 5월 26일자; 노컷뉴스, 국가가 외면한 사이버성폭력 문제, 침묵하지 않은 여성들, 2018년 6월 4일자.

50) SBS, <그것이 알고싶다> 1131회 죽어도 사라지지 않는... – 웹하드 불법동영상의 진실 (https://programs.sbs.co.kr/culture/unansweredquestions/vod/4020/22000288628, 2022년 10월 10일 최종접속).

51) 머니투데이, 신설 경찰 사이버성폭력수사팀 "피해자 중심 수사할 것", 2018년 3월 18일자.

52) 대한민국 정책브리핑, 경찰, 사이버 성폭력 수사팀 발대식 개최, 2018년 3월 6일자.

53) 청소년성보호법의 해당 규정은 다음과 같다: 제25조의2(아동·청소년대상 디지털성범죄의 수사 특례) ① 사법경찰관리는 다음 각 호의 어느 하나에 해당하는 범죄(이하 "디지털성범죄"라 한다)에 대하여 신분을 비공개하고 범죄현장(정보통신망을 포함한다) 또는 범인으로 추정되는 자들에게 접근하여 범죄행위의 증거 및 자료 등을 수집(이하 "신분비공개수사"라 한다)할 수 있다.

1. 제11조 및 제15조의2의 죄

2. 아동·청소년에 대한 「성폭력범죄의 처벌 등에 관한 특례법」 제14조제2항 및 제3항의 죄
② 사법경찰관리는 디지털성범죄를 계획 또는 실행하고 있거나 실행하였다고 의심할 만한 충분한 이유가 있고, 다른 방법으로는 그 범죄의 실행을 저지하거나 범인의 체포 또는 증거의 수집이 어려운 경우에 한정하여 수사 목적을 달성하기 위하여 부득이한 때에는 다음 각 호의 행위(이하 "신분위장수사"라 한다)를 할 수 있다.

1. 신분을 위장하기 위한 문서, 도화 및 전자기록 등의 작성, 변경 또는 행사

2. 위장 신분을 사용한 계약·거래

3. 아동·청소년성착취물 또는 「성폭력범죄의 처벌 등에 관한 특례법」 제14조제2항의 촬영물 또는 복제물(복제물의 복제물을 포함한다)의 소지, 판매 또는 광고
③ 제1항에 따른 수사의 방법 등에 필요한 사항은 대통령령으로 정한다.

54) 경찰활동에의 구체적인 변화로 이어진 부분이 없어 이 글에서는 언급하지 않았으나 강남역 살인 사건은 젠더폭력범죄에 대한 우리 사회의 인식을 환기하였던 중요한 사건임은 틀림없다.

55) 각 사건이 발생한 직후 손해배상 청구소송이 제기되었으며, 2건 모두에 대하여 국가의 배상책임이 인정되었다(대법원 2004. 9. 23. 선고 2003다49009 판결, 대법원 2008. 4. 10. 선고 2005다48994 판결).

56) 대법원 2004. 9. 23. 선고 2003다49009 판결.

57) 연합뉴스, '도가니' 성폭력 피해자 국가배상청구 최종 패소, 2015년 11월 8일자; KBS, "용산초등생 살해 사건 국가 배상 책임 없다", 2008년 6월 30일자.

58) 서울북부해바라기센터의 경우 운영 중단 1년만인 2022년 3월 21일 서울 중랑구 신내의료안심주택으로 이전·개소하였다(한국일보, 다시 문 연 해바라기센터 소식에 '좋아요'와 응원 쏟아지는 까닭은, 2022년 3월 23일자). 경기의료원 의정부의료원이 운영하던 경기북동부해바라기센터도 코로나19의 영향으로 운영을 중단하고 의정부경찰서 청소년경찰학교로 임시 이전하였다가 다시 의정부의료원에서 운영을 재개하였다(서울신문, 운영비 쪼들린 병원… 해바라기센터 중단, 갈 곳 잃은 '멍든 가슴', 2021년 3월 2일자).

범죄피해자는 누구나 될 수 있지만 아무나 되지는 않는다. 범죄피해는 우리가 어느 시간대에 어떤 장소와 상황 속에 있느냐에 따라 수많은 변수에 의해 발생하기 때문에 그만큼 무작위로 발생한다고 할 수 있다. 따라서 우리는 평생에 걸쳐 범죄피해를 경험할 수도, 안 할 수도 있는 것이다. 이러한 범죄피해의 무작위성에도 불구하고 다른 유형의 범죄피해와 구분되는 젠더폭력범죄 피해의 대표적인 특징은 피해자와 가해자의 성별화가 분명하게 드러난다는 점이다.1)

이 장에서는 젠더폭력범죄 피해의 특성을 살펴보기 위해 먼저 범죄피해자의 법적 개념과 사회구성적 개념을 중심으로 살펴본다. 범죄행위가 사회적 합의를 통한 법률로써 정해진다는 점에서 범죄피해자 역시 법에 규정되어 있는 동시에 사회적 인정이 필요하다. 특히 범죄피해자의 사회구성적 개념은 범죄피해자가 사회적으로 인정받고 정당한 지위를 확보하는 과정에 초점을 둔다. 이러한 관점에서 이 장은 젠더폭력범죄가 어떻게 암수범죄가 되는가를 살펴보고, 젠더폭력범죄 피해의 특성을 탐색한다.

젠더폭력범죄 피해의 특성

06

김세령

▶ **학습목표**

❶ 범죄피해자의 법적 개념과 사회구성적 개념의 차이를 이해하고 설명할 수 있다.

❷ 사회적으로 구성되는 범죄피해자의 개념에서 범죄피해자의 정당한 지위 확보의 의미를 이해하고 그 의의를 논할 수 있다.

❸ 사회구성적 개념으로서 젠더폭력범죄 피해의 암수범죄화를 이해하고 그 배경을 설명할 수 있다.

❹ 사회구조적 불평등과 젠더폭력범죄 피해의 관계를 이해하고 그 맥락을 논할 수 있다.

주요용어

▲ 범죄피해자의 법적 개념   ▲ 범죄피해자의 사회구성적 개념

▲ 범죄피해자로서 지위   ▲ 젠더폭력범죄

▲ 암수범죄   ▲ 성역할 고정관념 · 사회적 통념

우리는 다양한 사건사고 뉴스를 거의 매일 접한다. 그리고 그 사건사고와 피해에 대한 뉴스는 나와 아무 상관이 없고 다른 사람의 일이라고 생각하며 일상을 살아간다. 특히 범죄와 관련된 피해에 대해서는 특별한 누군가의 일이며, 나에게는 일어나지 않을 것이라고 생각하는 것이 사실이다. 대체로 범죄와 관련된 뉴스는 살인, 강간, 학대 등 그 범죄행위가 자극적이고 극단적이거나 피해자의 취약성을 두드러지게 부각하여 대중의 흥미를 집중시키는 특성이 있다. 이에 따라 우리는 범죄피해자를 나와는 먼 나라의 특별한 이야기의 주인공쯤으로 막연하게 생각하는 경향이 있는 것 같다. 그렇다면 어떤 사람이 범죄피해자가 되는 것일까?

초기 범죄피해자에 대한 연구는 피해자의 특성을 탐색하는 것이었다. 범죄피해 경험이 있는 사람과 없는 사람을 구분하여 어떤 사람들이 범죄피해를 경험하는가에 초점을 두었다. 이러한 관점은 범죄피해자가 스스로 범죄피해를 유발한 것으로 설명할 우려를 내포하고 있으며, 범죄피해자가 겪는 어려움이나 고통에 대해서는 관심이 부족하다는 비판을 받는다. 또한 소위 '묻지마 범죄'와 같이 불특정 다수를 위협하는 범죄피해나 혐오범죄와 같이 특정 계층을 대상으로 삼는 범죄피해에 대한 설명에 한계가 있어 왔다. 이후 1960년대 아동권리운동, 여성해방운동 등이 일어나면서 피해자의 권리와 보호에 대한 관심이 높아짐에 따라 범죄피해자에 대한 연구도 본격화되었다.[2]

피해자의 권리를 보장하고 보호를 지원하기 위해서는 피해자가 누구인가를 정의하는 것이 중요하다. 사실상 범죄피해자는 어떤 특성이 있어서 되는 것이 아니다. 어느 시간대에 어떤 장소와 상황 속에 있느냐에 따라 수많은 변수에 의해서 범죄가 발생하기 때문에 자연재해 또는 교통사고와 같이 누구나 무작위로 피해자가 될 수 있다. 따라서 범죄피해에 대한 지원대상으로서 범죄피해자를 어떻게 정의하는가는 중요한 문제이다. 이 장에서는 범죄피해자의 정의에 대해 구체적으로 알아보고, 범죄피해자를 어떻게 정의하는가에 따라 무엇이 달라지는가를 살펴본다. 특히 젠더폭력범죄 피해자를 정의함에 있어 그동안 우리 사회가 무엇을 간과하고 있었는지 그리고 그 원인은 무엇인지에 대해 알아보고, 마지막으로 젠더폭력범죄 피해자의 대응 특성을 알아보고자 한다.

1. 범죄피해자의 정의

1) 범죄피해자는 누구인가?: 법적 개념으로서 범죄피해자

우리나라 법에서 범죄피해자를 정의하고 있는 법은 「범죄피해자 보호법」이다. 이 법은 2005년 12월 23일에 제정되어 2006년 3월 24일 시행되었다. 이 법의 제3조 제1항과 제4항은 범죄피해자가 국가의 보호와 지원을 받을 수 있는 대상으로써 범죄피해자의 요건과 범위를 분명하고 구체적으로 명시하고 있는데,3) 그 내용은 아래와 같다.

> **제1항** "범죄피해자"란 타인의 범죄행위로 피해를 당한 사람과 그 배우자(사실상의 혼인관계를 포함한다), 직계친족 및 형제자매이다.
>
> **제4항** "구조대상 범죄피해"란 대한민국의 영역 안에서 또는 대한민국의 영역 밖에 있는 대한민국의 선박이나 항공기 안에서 행하여진 사람의 생명 또는 신체를 해치는 죄에 해당하는 행위(「형법」 제9조, 제10조제1항, 제12조, 제22조제1항에4) 따라 처벌되지 아니하는 행위를 포함하며, 같은 법 제20조 또는 제21조제1항에5) 따라 처벌되지 아니하는 행위 및 과실에 의한 행위는 제외한다)로 인하여 사망하거나 장해 또는 중상해를 입은 것을 말한다.

한편 국제사회의 '피해자(victim)'에 대한 공식 정의는 1985년 "유엔 범죄 및 권력 남용 피해자에 대한 정의의 기본원칙 선언"(United Nations Declaration of Basic Principles of Justice for Victims of Crime and Abuse of Power) 제1조 제1항에 명시되어 있으며,6) 그 내용은 아래와 같다.

> "피해자"란, 권력의 남용을 범죄로 규정한 법을 포함하여, 회원국의 형법을 위반한 작위 또는 부작위로 인한 신체적 상해, 정서적 고통, 경제적 손실 또는 기본권의 실질적인 손상을 포함하여 개인 또는 집단으로 피해를 입은 사람을 의미한다.

UN선언의 범죄피해자 정의는 개인 또는 집단으로 피해자 범위를 설정하고, 피해 내용을 신체적·정서적·경제적 피해까지 총망라하고 있다. 범죄피해자의 요건은 '형법을 위반한 행위로 피해를 입은 사람'으로 설명하고 있다. 즉, 법률에 명시된 반사회적 행위로 피해를 경험한 사람을 의미한다. 우리나라의 「범죄피해자 보호법」과 UN선언의 범죄피해자 정의는 전반적으로 비슷해 보인다. 다만, 우리 법이 신체적 피해에 초점을 맞추고 있다면, UN선언은 신체적·정서적·경제적 피해까지 총 망라하고 있다는 점이 다를 뿐이다. 이 두 정의의 중요한 공통점은 범죄피해자의 피해는 바로 법률에 근거한 범죄행위로부터 발생한 것이어야 한다는 점이다.

죄형법정주의에 입각해서 범죄행위는 반사회적 행위로서 법률이 규정하고 있다. 이는 반사회적 일탈행위가 처벌에까지 이르기 때문에 사회적 합의에 의한 법률로써 정하는 것이다. 따라서 범죄피해의 개념에는 피해를 초래한 행위가 반사회적 행위이며, 그 행위에 대한 처벌과 함께 법률로써 규정되어야 한다는 것을 전제로 한다. 이로써 법률에 명시된 범죄행위로 피해를 경험한 사람이 범죄피해자라는 법적 개념이 성립한다.

2) 범죄피해자는 어떻게 되는가?: 사회구성적 개념으로서 범죄피해자

우리는 범죄피해자를 어떻게 확인할 수 있을까? 가장 명료하고 확실하게 확인할 수 있는 방법은 수사기관이 작성한 공식범죄통계를 통해서일 것이다. 우리는 수사기관에 범죄피해 사실을 신고하고 그 피해사실에 대한 공식적인 수사가 진행된 사건들을 통해 범죄피해자를 확인할 수 있다. 그러나 만약 법률에 명시된 범죄행위로 피해를 경험하고도 신고하지 않은 피해자가 있다면 우리는 어떻게 확인할 수 있을까? 신고하지 않은 피해자는 피해자가 아닌 것일까? 또는 범죄피해 사실을 피해자 스스로 인지하고 수사기관에 신고하였으나, 범죄피해를 인정받지 못하고 신고접수를 거부당한 경우, 그 피해자는 범죄피해자가 아닌 것일까? 이러한 점들을 고려해 볼 때 범죄피해자의 개념을 법적 개념, 즉 '법률에 명시된 범죄행위로 인해 피해를 경험한 사람'으로만 설명하기에 부족한 점이 있어 보인다.

앞에서 언급한 바와 같이 범죄행위는 사회적 합의를 통한 입법절차를 거쳐 법률로써 정의된다. 이는 범죄행위가 사회적으로 구성되고 정의된다는 것을 의미하며, 그 사회의 사회적·정치적 구조와 입법에 영향을 미치는 다양한 요인들에 의해 결정된다는 것을 의미한다. 그 결과 과거에는 사회적으로 수용되었던 행동이 현재에는 범죄행위가 될 수 있는가 하면, 일탈행동으로 간주되었던 행동이 비범죄행위가 될 수도 있는 것이다. 이에 따라 범죄피해자의 개념 역시 사회적으로 구성되고 정의되어야 할 것이다.

Rock(2002)은 범죄피해자가 사회적으로 구성되고 정의된다는 것이 무엇을 의미하는지에 대해 아래와 같이 설명하였다.[7]

다시 말해, '피해자'란 신분이다. 처음에는 범죄행위와 범죄자에 종속되고, 다음으로 일련의 목격자로서 경찰, 검찰, 변호인, 배심원, 대중매체 등에 직접 또는 간접적으로 종속된 사람이다. 그리고 개별사건을 언제나 다루지는 않겠지만, 그럼에도 불구하고, 광범위한 해석적 환경을 조성할 다른 요인들에 종속된 사람이다.

Rock(2002)의 범죄피해자에 대한 정의에 따르면, 범죄피해자는 자신이 경험한 것이 범죄행위로부터 비롯된 것임을 스스로 인식해야 할 뿐만 아니라 피해에 대응하기 위해서는 그 피해 사실이 수사기관이나 언론 등 타인들에 의해 범죄피해로 인식되어야 한다는 것이다. 결국 범죄피해자가 피해에 대응하기 위해서는 타인에게 의존해야 한다는 것을 의미한다.

3) 범죄피해자가 된다는 것은 무엇을 의미하는가?: 범죄피해자로서 정당한 지위 찾기

Greenberg와 Ruback(1992)의 범죄피해자의 피해대응을 위한 의사결정에 관한 연구 결과에 따르면,[8] 범죄피해자의 인구사회학적 변수들보다 사회적 영향력과 범죄의 심각성 인식 수준이 범죄피해자의 신고 결정에 주요한 예측 요인으로 나타났다. 사회적 영향력이란 범죄피해 발생 후 피해자가 대화를 나눈 사람들의 반응과 관련이 있다. 이 연구 결과를 자세히 살펴보면, 범죄피해를 경험한 연구대상자 5,439명 중 70% 이상이 경찰신고 전에 주변인에게 범죄피해 사실을 공유한 것으로 나타났으며, 이 중 과반수 이상이 조언을 받은 것으로 나타났다. 특히 강간피해자의 경우 조언을 받고 그 조언을 그대로 따른 경우가 90%로 나타났다. 즉 피해자가 자신의 범죄피해 사실을 타인과 공유했을 때, 상대의 반응이나 조언이 피해자의 대응에 영향을 미친다는 것이다. 다시 말해, 범죄피해에 대한 대화를 나눈 상대가 그 피해 사실를 심각하게 받아들이지 않거나, 피해자의 이야기를 믿지 않고 피해자가 원인을 제공했다는 반응을 보였을 때, 피해자는 자신의 피해사실을 수사기관에 신고하지 않거나 소극적으로 대응할 가능성이 높다고 예측할 수 있다. 이는 피해자가 자신의 피해경험을 주변인들과 공유함으로써 범죄피해를 재확인하고 수사기관에 대한 신고 여부의 적절성을 스스로 점검하고 독려한다는 것을 의미한다. 따라서 피해자가 된다는 것은 스스로 피해자임을 인식하고, 피해사실을 타인에게 알리고, 타인으로부터 피해자로 인정받는 일련의 과정이라고 할 수 있겠다.

이에 대해 Stroble(2010)은 사회구성적 개념으로서 범죄피해자를 아래 4가지 유형으로 설명하였다.[9]

① **실제 범죄피해자(actual victim)**: 자신을 피해자로 간주하는 동시에 다른 관련자들로부터도 피해자로 간주되는 사람
② **무/비 범죄피해자(nonvictim)**: 자신을 피해자로 간주하지 않는 동시에 다른 관련자들로부터 피해자로 간주되지 않는 사람
③ **거부당한 피해자(rejected victim)**: 자신은 피해자로 간주하지만 다른 관련자들로부터 피해자로 간주되지 않는 사람
④ **지정된 피해자(designated victim)**: 자신은 피해자로 간주하지 않는데 다른 관련자들로부터 피해자로 간주되는 사람

이 4가지 유형 중 우리가 눈여겨볼 피해자 유형은 바로 '거부당한 피해자(rejected victim)'와 '지정된 피해자(designated victim)'라고 할 것이다. 거부당한 피해자는 문자 그대로 범죄피해 사실이 주변인들로부터 범죄피해로 인정받지 못하거나 더 나아가 수사기관으로부터 신고접수를 거부당한 피해자라 할 것이다. 그리고 지정된 피해자의 대표적인 유형은 아동학대 피해자일 것이다. 자신이 범죄피해자라는 인식이 없는 상태에서 주변 관련자들에 의해 피해자로서 인식되고 수사기관에 알려지는 경우가 해당하기 때문이다.

범죄피해자의 사회구성적 개념은 범죄피해자는 사회적으로 인정받는 일련의 과정을 통하여 비로소 범죄피해자가 된다는 것이다. 이는 범죄피해자가 자신의 경험을 지인들과 공유함으로써 피해자로 인정받을 뿐만아니라 더 나아가 수사기관에 피해사실을 접수함으로써 공식적으로 피해자가 된다는 것이다. 이러한 일련의 과정을 통해 범죄피해자는 국가(법)로부터 적절한 보호와 지원을 받을 수 있는 정당한 지위를 획득할 수 있다는 점에서 매우 중요한 의미를 갖는다. 다시 말해 범죄피해 신고가 수사기관에 접수되고 이에 따른 수사가 착수된다는 것은 범죄피해자가 비로소 형사사법체계에서 범죄 사건의 고소인으로서 공식적인 지위를 획득한다는 것

을 의미하며, 이는 범죄피해자가 국가로부터 공식적인 보호와 지원을 받을 수 있는 자격을 얻는 것을 의미한다. 따라서 사회구성적 개념으로서 범죄피해자는 피해자로서 정당한 지위를 획득하는 과정의 중요성을 강조한다.

2. 사회구성적 개념으로 본
   젠더폭력범죄 피해자

1) 거부당한 피해자: 젠더폭력범죄의 암수범죄화

범죄유형별 신고율에 대한 연구 결과를 살펴보면, 성폭력과 같은 젠더폭력범죄 신고율이 강도, 절도, 사기 등의 재산범죄 신고율보다 낮게 나타났다(Baumer and Lauristen, 2010).[10] Greenberg와 Ruback(1992)은 범죄피해 유형에 따른 피해자의 대응을 피해자가 직접 경찰에 신고한 신고율의 차이를 통해 살펴보았다.[11] 그 결과, 절도와 빈집털이 피해자의 경우 경찰에 직접 신고한 비율이 각각 100%와 98%로 나타났으나, 강간의 경우 피해자가 면담한 기관에 따라 각각 55%와 61%로 나타났으며, 여성에 대한 폭력의 경우 77%로 나타났다. 이를 통해 피해자의 대응이 범죄유형에 따라 다르게 나타난다는 것을 확인할 수 있다. 젠더폭력범죄 피해자가 피해자로서의 정당한 지위를 갖는 것은 피해자로서 공식적인 인정을 받는다는 것을 의미한다. 이를 위한 첫 번째 중요한 단계가 바로 수사기관에 의한 신고접수라 할 수 있다.

우리는 제4장 "공식범죄통계로 본 젠더폭력범죄"에서 살인, 강도, 방화 등과 같은 강력범죄에 비해 성폭력은 최근 20년간 증가 추세에 있다는 것을 확인하였다. 20년간 성폭력 범죄가 증가했다는 것은 검찰의 공식범죄통계, 즉 수사기관에 공식적으로 신고 접수되어 수사가 착수된 성폭력 사건이 증가해왔음을 의미한다. 그렇다면 사회구성적 개념의 범죄피해자 관점에서 볼 때, 우리 사회가 젠더폭력범죄 피해자에게 정당한 지위를 부여하고 있는 것일까? 우리 사회가 성폭력범죄 피해자의 피해를 범죄행위의 결과로서 제대로 수용하고 인정하고 있기 때문에 증가하였다고 해석할 수 있을까?

최근의 자료들을 살펴보면, 젠더폭력범죄 피해자가 피해자로 인정받는 과정은 여전히 어려워 보인다. 일례로 2018년 한국형사정책연구원에서 발표한 『온라인 성폭력 범죄의 변화에 따른 처벌 및 규제 방안』에 관한 연구보고서에 따르면,[12] 디지털성범죄 피해신고의 25%(120건 중 30건)가 경찰의 신고접수 단계에서부터 거부당한 것으로 나타났다. 경찰의 신고접수 거부의 주된 이유는 '가해자를 특정할 수 없기 때문'(56.7%)이라는 것이었으며, 다음으로 '모욕이나 명예훼손 등에 해당이 안 된다'(13.3%), '이미지상 피해자임을 특정할 수 없다'(10.0%), '성기노출이 없다'(6.7%) 등의 순으로 나타났다. 가해자를 특정할 수 없기 때문에 신고접수가 거부되었다는 것은 피해자가 범죄피해를 호소함에도 불구하고, 그 피해를 확인하려는 시도조차 거부되었다고 볼 수 있다. 이러한 수사기관의 입장은 범죄 피의자 검거 가능성의 여부(與否)를 기준으로 신고접수의 가부(可否)를 결정했다고 볼 수 있다. 예를 들어, 절도나 강도, 살인 사건이 발생했을 때, 경찰이 "피의자를 특정할 수 없기 때문에" 피해 신고를 접수하지 않았다고 상상해보자. 수사란, 피의자를 특정하기 위한 일련의 과정이다. 피의자를 특정할 수 있는 범죄만을 수사한다면 수사기관의 미제사건은 어떻게 설명할 수 있을까? 결국 '거부당한 젠더폭력범죄 피해자'는 범죄피해 신고 과정에서 좌절하고 젠더폭력범죄는 암수범죄로 남게 된다. 이러한 점에서 젠더폭력범죄의 암수범죄화를 살펴보는 것은 중요한 의미가 있다.

이를 살펴보기 위해 수사기관의 공식범죄통계와 피해상담 실태를 비교해보고자 한다. 수사기관의 공식범죄통계는 범죄피해에 대해 공식적인 수사절차에 착수한 사건들의 현황을 보여주고, 피해상담 실태는 피해자가 자신의 범죄피해를 인지하고 이에 대한 대응을 위해 상담한 현황을 알 수 있는 통계이다. 이에 따라 젠더폭력범죄의 대표적인 하위유형인 성폭력범죄의 검찰청 공식통계와 성폭력 피해지원을 위한 상담통계를 비교해보았다.

다음 [표 6−1]은 최근 7년간 성폭력범죄에 대한 검찰청 공식범죄통계와 상담통계이다. 이를 살펴보면 2014년부터 2020년까지 성폭력 범죄통계는 소폭의 증감을 보이는 반면, 상담통계는 큰 폭으로 꾸준히 증가한 것을 확인할 수 있다. 성폭력 범죄통계의 경우 최소 29,357건(2016년)에서 최대 32,824건(2017년) 사이에서 소폭의 증감현상을 보이고 있지만, 상담건수는 2014년 89,975건에서 2020년 153,221건으로 7년 동안 63,246건이(70.3%) 폭발적으로 증가하였다.

표 6-1 최근 7년간 성폭력 공식범죄통계 및 상담건수

(단위: 건)

연도	성폭력 공식범죄통계	성폭력 상담
2014	29,863	89,975
2015	31,063	98,729
2016	29,357	102,028
2017	32,824	111,128
2018	32,104	154,378
2019	32,029	148,311
2020	30,105	153,221

자료: 검찰범죄분석, 각년도 / 여성가족부 성폭력 피해자 지원 사업 실적, 각년도
비고: 검찰범죄분석 작성상 강력범죄(흉악)에 해당하는 범죄분류 기준에 따름.

또한 다음 [그림 6-1]에서 확인할 수 있듯이 2014년부터 2020년 성폭력 공식
범죄통계 총 건수는 217,345건인데 반해 총 상담건수는 857,770건으로 상담건수가
실제 사건처리 건수보다 3.9배 높은 것으로 나타났다. 이는 상담사례 중 현 실정법
상 성폭력범죄행위에 해당하지 않은 사례가 어느 정도 포함되어 있을 것을 감안해
도 공식범죄통계와 상담건수의 격차가 심한 것을 알 수 있다. 이러한 현상은 사회
변화에 따라 성폭력 피해자가 자신의 범죄피해 경험에 대해 매우 민감하게 반응하

그림 6-1 2014년-2020년 성폭력 공식범죄통계와 상담현황

(단위: 건)

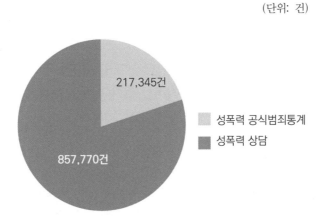

고 있지만, 여전히 많은 사례들이 실제 사건처리에까지 이르지 못하고 있다는 것을 보여준다. 아울러 이러한 현황을 통해 우리는 실제로 많은 젠더폭력범죄의 암수범죄화 가능성을 예측할 수 있다.

2) 젠더폭력범죄 피해자는 왜 거부당하는가?: 젠더폭력범죄에 대한 사회적 통념

우리는 살인, 강도, 강간 등과 같은 강력범죄 피의자들이 자신을 변호할 때 범행 당시 만취로 인한 심신미약 상태임을 주장하는 경우를 종종 본다. 더 나아가 법원이 이러한 주장을 수용하고 형을 감경해주는 판결을 접하기도 한다.13) 반면에, 만취하거나 약물에 취한 성폭력 피해자에 대해서는 술과 약물이 피해자를 무력화하고, 성적 자기결정권의 행사를 방해하여 피해자의 의사가 충분히 발휘되지 못하였다고 판단하지 않는다.14) 오히려 피해자의 탓으로 돌리며 비난한다. 범죄행위에 대한 책임을 묻는 과정에서 피의자에게는 술이 유리하게 작용하지만, 피해자에게는 불리하게 작용하는 것을 알 수 있다.15)

이러한 현상은 성폭력에 대한 왜곡된 사회적 통념에서 비롯된 것이다. 예를 들어, "남성의 성적 욕구는 본능적이어서 억제하기 어렵기 때문에 술에 취한 상태에서는 그 욕구를 억제하기 어렵다", "여성의 야한 옷차림이나 술에 취한 모습은 남성을 유혹하는 것으로 남성의 성적 충동을 유발하므로 여성에게 잘못이 있다"와 같은 통념이다.16) 이러한 성폭력에 대한 왜곡된 사회적 통념은 성폭력을 합리화하는 사회적 근거를 제공하고, 성폭력범죄의 책임을 피해자에게 전가하는 결과를 초래한다. 아울러 진정한 피해자의 모습을 정형화하여 피해자를 침묵하게 하며, 전형적인 피해자의 모습과 일치하지 않는 피해자를 불신하고 피해자로서 인정하지 않는다. 이러한 왜곡된 사회적 통념은 비단 성폭력에만 국한되는 것이 아니다. 가정폭력, 데이트폭력, 스토킹과 같이 친밀한 관계에서 비롯된 젠더폭력범죄 역시 "남녀 간에 있을 수 있는 사소한 갈등"이라거나 "사적인 일이니 함부로 개입해서는 안 된다"라는 사회적 통념에 의해 초기 개입이 늦어지고 그 피해가 더욱 심각해지는 경우를 종종 볼 수 있다.

또한 젠더폭력범죄에 대한 사회적 통념은 피해자의 진술을 왜곡하거나 신뢰하지 않는 결과로 이어지기도 한다. Deborah(2017)는 성폭력 피해자의 신뢰성이 저평가되는 이유를 성폭력 사건을 판단할 위치에 있는 사람들, 즉 경찰·검찰과 같은 수사기관이나 사법기관이 피해자의 배경이나 인적 정보에 영향을 받아 피해자의 진실된 주장을 무시하거나 허위신고로 과대평가한다고 설명하였다.[17] 이러한 불신이 되풀이되는 이유로 수사기관의 성폭력 피해자에 대한 편견 때문이라고 설명하였는데, 첫째, 성폭력 피해자는 악의적이거나 보복적이어서 거짓말을 한다는 것이고, 둘째, 가해자와 동의하에 맺은 성관계에 대해 후회해서 거짓말을 한다는 것이며, 셋째, 알코올이나 약물로 인하여 피해자가 스스로가 성관계에 대한 동의 여부를 확신하지 못할 때 거짓말을 한다는 것이다. 이러한 피해자에 대한 고정관념으로 인한 불신은 피해자를 무고의 피의자로 둔갑시키기도 한다.[18]

　이렇듯 젠더폭력범죄 피해자에 대한 왜곡된 고정관념은 수사기관의 사건 대응에 영향을 미치기도 하지만, 피해자의 피해 대응을 위한 의사결정에도 영향을 미친다. 이는 수사기관이 피해자를 바라보는 시선이나 피해자가 자신을 바라보는 시선 모두 '젠더'라는 사회적 성 정체성을 기반으로 한 고정관념에 지배되어 있기 때문이다.

　예를 들어, 가정폭력이나 데이트폭력을 '가정사' 또는 '연인관계'라는 사적영역으로 간주하고 공적영역의 폭력과 구분하여 부부간 또는 연인 간에 있을 수 있는 다툼이나 갈등으로 그 피해를 사소화하여 폭력의 심각성이라는 본질을 간과하게 함으로써 수사기관의 대응이나 개입을 소극적으로 만든다.[19] 가정폭력 피해자 역시 친밀한 관계 속에 묻혀 폭력에 대한 자각이 늦어지고 이에 따라 폭력으로 인한 피해는 지속되고 가중되는 결과를 초래하여 문제해결에 어려움을 가중시킨다.[20] 또한 성폭력의 경우, 여성의 정조를 강조하면서 전형적이고 순종적인 여성성을 강화하는 성역할 고정관념에 따라 수사기관은 피해자에게 정형화된 여성성을 기반으로 피해자의 부주의 또는 피해자의 옷차림 등의 이유로 피해자를 비난함으로써 성폭력의 본질을 제대로 살펴보지 못한다.[21] 피해자 역시 내면화된 전통적인 여성성에 따라 자신의 행동을 점검하고 성폭력 피해를 자신의 잘못으로 생각함으로써 침묵을 유지하고,[22] 피해대응이 지연됨에 따라 피해자의 진술에 대한 신뢰성에 의심을 받는다.[23]

　피해자로 인정받지 못하고 거부당한 피해자는 침묵할 수밖에 없다. 특히 성역할에 대한 사회적 통념을 기반으로 한 젠더폭력범죄에서 피해자에게 주어지는 낙인은 자신을 피해자로 인식하는데 영향을 미치며, 범죄피해 대응에도 영향을 미친다. 따라서 젠더폭력범죄 피해자가 피해자로서 정당하게 인정받고 그에 상응하는 지위를 확보하기 위해서는 수사기관은 물론 우리 사회 전체가 젠더폭력범죄에 대한 사회적 통념이나 성역할 고정관념을 타파하고 폭력의 본질에 집중해야 할 것이다.

3. 젠더폭력범죄 피해는
무엇이 어떻게 다른가?

1) 젠더폭력범죄 피해는 생애 전반에 걸쳐 순환하고 재생산된다.

우리는 제4장 "공식범죄통계로 본 젠더폭력범죄"에서 젠더폭력범죄의 "절대다수의 가해자는 남성, 절대다수의 피해자는 여성"이라는 것을 확인하였다. 이는 불평등한 사회구조가 약자에 대한 통제와 폭력을 허용하는 문화로 이어진 결과라 할 수 있으며, 젠더폭력범죄가 가부장적 사회구조에서 비롯된 약자에 대한 차별적 범죄라는 것을 보여준다. 구조화된 차별은 일상을 파고든다. 예를 들어 약자는 강자에 의해 무심코 내뱉어진 성차별적 발언이나 사소하게 여겨지는 성희롱적 농담 등 일상에서 다양한 형태의 피해를 경험하게 된다. 더 나아가 가정폭력이나 데이트폭력과 같은 친근한 관계에서의 폭력이나 강간 및 강제추행과 같은 심각한 수준의 성폭력 피해를 다양한 위치에서 반복적으로 경험할 수 있다.[24]

2019년 여성가족부의 『성폭력 안전실태조사』에서 평생에 걸친 성폭력 피해율을 조사한 결과,[25] 우리나라의 성인 여성 중 9.8%, 성인 남성 중 1.6%가 전 생애에 걸쳐 한 번 이상 성희롱 피해를 경험하는 것으로 나타났다.[26] 또한 폭행 및 협박이 수반되지 않는 성추행 피해 역시 여성의 17.9%, 남성의 1.2%가 경험한 것으로 나타났으며, 성기노출 등 성적 모욕감을 유발하는 노출 피해 역시 여성의 22.9%, 남성의 1.9%가 경험한 것으로 나타났다. 그리고 각각의 피해 유형에서 3회 이상 경험했다고 응답한 여성은 성희롱 피해의 경우 52.4%, 폭행 및 협박이 수반되지 않는 성추행 피해의 경우 29.9%, 성기노출 등 피해의 경우 31.3% 등으로 나타났다. 이러한 피해가 발생한 장소 역시 직장이나 학교 주변 등과 같이 피해자들이 일상을 보내는 곳이었다. 이는 젠더폭력범죄 피해가 특수한 상황에서 단발적으로 발생하는 것이 아니라 우리의 일상에서 반복적으로 발생한다는 것을 보여준다.

2007년 여성가족부의 『가정폭력실태조사』는 기혼 부부의 성장 과정 중 학대 경험 및 가정폭력 목격 여부에 따른 가정폭력 발생률을 살펴보았는데,[27] 남녀를 불문하고 아동기에 가정 내 학대 피해 경험이 있는 경우 성인이 되어 가정을 이루었을 때 가정폭력을 경험할 가능성이 높게 나타났다.[28] 또한 성장기 가정폭력 피해경험이 데이트폭력에 미치는 영향을 살펴본 오혜원(2021)의 연구는 부모로부터 학대를 당한 경험과 부모의 폭력을 목격한 경험이 친밀한 관계 내 폭력을 정당화함으로써 성인기 데이트폭력에 영향을 미친다는 것을 확인하였다.[29] 한편 가정폭력의 세대 간 전이에 관한 김재엽 등(2014)의 연구에서 결혼경험이 있고 18세 미만 자녀가 있는 여성 1,184명 중 어렸을 때 신체적 학대 피해경험이 있는 동시에 배우자에게 신체적 폭력 피해경험이 있는 여성은 9.7%(115명)로 나타났다.[30] 결국 아동기의 가정폭력 피해경험이 가해자에게는 폭력의 정당성을 학습할 기회를 제공하고, 피해자에게는 폭력에 순응하도록 강요함으로써 오랜 시간 폭력에 노출되어 있어도 그 피해에 대해 제대로 대응하지 못하는 결과로 이어질 수 있다는 것을 보여준다. 이러한 연구 결과들을 통해 젠더폭력범죄 피해경험이 가해자나 피해자 모두의 생애 전반에 부정적인 영향을 미치며 그 피해의 결과가 다음 세대에 이어지고 순환될 가능성이 높다는 것을 알 수 있다.

2) 여러 유형의 젠더폭력범죄가 중첩적으로 발생하며 그 피해는 가중된다

최근 우리는 가정폭력이 스토킹으로, 성폭력으로까지 이어져 종국에는 피해자가 사망에 이르는 사건들을 마주하였다.[31] 또한 몇 해 전에는 유명인이 데이트폭력에 휘말리면서 디지털성범죄와 결부되어 재판 중에 피해자가 자살에 이르러 세상이 떠들썩했다.[32]

2021년 여성의전화 상담통계 분석에 따르면, 폭력 피해가 있는 초기 상담사례 1,092건 중 전·현 배우자 또는 전·현 데이트 상대자 등 친밀한 관계의 사람이 가해자인 경우가 42.6%(465건)로 나타나 가장 높은 점유율을 보였다.[33] 반면에 모르는 사람이거나 파악하지 못한 경우 등 기타로 분류된 경우는 15.8%(178건)였다. 또한 초기 상담사례 중 피해유형에 대해 중복응답을 요청했을 때, 가정폭력 46.1%(503건), 성폭력 38%(415건), 데이트폭력 17.8%(194건), 스토킹 15.5%(169건), 사이버 성폭력 9.7%(106건), 직장 내 성적 괴롭힘 7.9%(86건) 순으로 나타났다. 이중에서 가정폭력과 성폭력을 함께 경험한 경우는 21.1%(106건), 스토킹을 함께 경험한 사례는 9.5%(48건)로 나타났으며, 데이트폭력에 성폭력이 동반된 경우는 40.7%(79건), 스토킹이 동반된 경우는 33.0%(64건)로 나타났다. 이처럼 젠더폭력범죄 피해는 친밀한 사람에 의해 하나의 범죄유형으로 발생하기 보다 중첩하여 발생한다는 것을 확인할 수 있다. 따라서 친밀한 관계에서 발생하는 젠더폭력범죄의 경우, 친밀한 관계로 인하여 가해자, 피해자 모두 폭력의 본질이나 심각성을 제대로 바라보지 못하고 오랜 기간 폭력적 환경에 노출됨으로써 그 가해행위는 더욱 가혹해지고 그 피해는 더 심각해질 가능성이 매우 높다. 이러한 요인들은 젠더폭력범죄 피해의 문제를 해결하는 데 어려움을 가중시키는 큰 장애요인이 된다.

3) 불특정 다수의 가해자와 인지하지 못하는 다수의 피해자: 디지털성범죄피해

신체적 접촉을 통한 기존의 성범죄와는 달리 신체적 접촉 없이도 성립하는 성범 죄가 디지털성범죄이다. 과학과 기술의 발달로 나타난 새로운 유형의 범죄로 최근 증가추세이다. 검찰의 「범죄분석」에 따르면, 2014년부터 2020년까지 7년간 디지털 성범죄는 총 52,987건이 발생하였으며, 이 중 카메라등이용촬영죄가 81.7%(43,312 건)를 점유하여 가장 높은 비중을 차지하였다. 이에 디지털성범죄 특징을 토대로 피해의 심각성을 살펴보고자 한다.

첫째, 디지털성범죄는 거의 시공을 초월한 전파와 무한대의 재생산이 가능하다는 것이 주요한 특징이다. 한번 촬영된 불법촬영물은 인터넷을 통해 세상 어디든 떠다 닐 수 있고 끊임없는 복제가 가능하기 때문이다. 이러한 점에서 피해자의 공포와 불안은 극에 달한다. 온라인 성폭력 피해경험이 있는 전국의 피해자 2,000명을 대 상으로 외상 후 스트레스 수준을 확인한 결과, 디지털성폭력 피해자 중 유포 협박, 유포 및 재유포 경험이 있는 응답자들의 외상 후 스트레스 수준이 가장 높은 것으 로 나타났다.[34] 유포 협박을 받은 피해자 96명 중 41.7%(40명)가 자살을 생각했다 고 응답했고, 그중 50.0%(20명)가 자살을 계획했다고 응답했으며, 자살을 계획한 응답자 중 35.0%(7명)가 자살을 시도했다고 응답하였다. 그리고 유포 및 재유포 피 해자 57명 중 45.6%(26명)가 자살을 생각했고, 그중 42.3%(11명)가 자살을 계획했 으며, 45.5%(5명)가 자살을 시도한 것으로 나타났다.

둘째, 많은 피해자들이 피해 사실을 인지하지 못할 수도 있다는 점이다. 2014년 부터 2020년까지 지역별 카메라등이용촬영죄 발생 현황에 따르면, 서울에서 총 16,523건, 인천에서 2,927건, 부산에서 2,693건, 경기북부에서 1,258건이 발생하여 지역별 최소 5배에서 최대 13배 차이를 보였다.[35] 가해자와 피해자의 관계에서도 완전 타인인 경우가 80.7%(26,652명), 직장동료, 친구 등 지인인 경우는 19.7%(6,354 명)였다. 이러한 현황에 따라 디지털성범죄는 일면식도 없는 타인에 의해 유동인구 가 많은 지역에서 집중적으로 발생한다는 것을 알 수 있다. 따라서 피해자는 누구나 될 수 있고, 불특정 다수의 피해자는 범죄피해가 실재하는데도 인지하지 못할 가능성이 매우 높다.

셋째, 피해자가 범죄피해를 인지하지 못함에 따라 암수범죄화 가능성이 높을 것으로 예상됨에 따라 가해자의 처벌 역시 묻힐 가능성이 높다. 법무부의 2020년 「성범죄 백서」에 따르면, 카메라등이용촬영죄의 가해자 재범률은 75.0%에 달하여 다른 성범죄에 비해 가장 높은 재범률을 보였다.[36] 2020년 3월 1일부터 2022년 2월 28일까지 2년간 성폭력범죄의처벌등에관한특례법위반(카메라등이용촬영) 단일죄로 유죄가 선고된 제1심 판결문 총 503건을 분석한 결과, 징역형 14.9%(75건), 집행유예 61.2%(308건), 벌금형 23.9%(120건)였다.[37] 높은 재범률에 비해 낮은 실형은 결국 디지털성범죄 가해자들의 범죄 인식을 더욱 희석시키며, 불특정 다수의 피해자를 더 많이 만드는 원인이 되고 있다.

마지막으로, 가정폭력, 성폭력 등과 같은 전통적 젠더폭력범죄와 마찬가지로 디지털성범죄 역시 가해자는 남성, 피해자는 여성으로 성별에 따른 극명한 차이를 보인다. 대표적으로 카메라등이용촬영죄 현황을 살펴보면, 가해자의 경우 남성이 96.4%(35,373명), 여성이 3.6%(1,196명)이었고, 피해자의 경우 여성이 83.0%(35,373명), 불상이 13.4%(5,701명), 남성이 3.6%(1,541명)이었다.[38] 이러한 성별화 현상은 여성의 신체를 성적 대상화하고 희화화하는 것에서 비롯된 것으로 디지털성범죄 역시 성차별적 젠더폭력범죄라 할 수 있겠다.

생각해 볼거리

1. 예전에는 사회적으로 수용되었던 언행이 현재는 불편함을 초래하거나 젠더폭력범죄 행위로까지 정의되는 것은 무엇이 있을까? 그리고 이러한 변화의 배경에는 무엇이 있을까?
2. 젠더폭력범죄 피해자의 정당한 지위 확보를 모색하는데 사회구성적 개념으로서 범죄피해자의 정의가 갖는 의미는 무엇일까?
3. 피해자로서 정당한 지위를 확보한다는 것은 젠더폭력범죄 피해자에게 어떠한 의미가 있을까?

찾아보기

1. 문헌정보
  1) 크리스천 밀러. 켄 암스트롱(2019). 믿을 수 없는 강간 이야기, 반비.

2. 인터넷링크
  1) 56년 만의 재심 청구
     https://www.youtube.com/watch?v＝d6c_－Sp8V6k

1) 젠더폭력범죄 피해자의 대다수가 생물학적 여성인 것은 사실이나, 이는 생물학적 여성만
  이 젠더폭력범죄 피해자라는 것을 의미하지 않는다. 이에 대한 자세한 설명은 제1장 "성
  별화된 사회구조와 젠더 체계"를 참조하기 바란다.
2) Doerner, W.G., & Lab, S.P. (2017). Victimology (8th ed.). Routledge.
3) 우리나라의 범죄피해자 보호와 관련한 법률 및 체계에 대한 자세한 내용은 제7장 '경찰의
  범죄피해자 보호' 참조.
4) - 형법 제9조(형사미성년자) 14세되지 아니한 자의 행위는 벌하지 아니한다
  - 형법 제10조(심신장애인) 제1항 심신장애로 인하여 사물을 변별한 능력이 없거나 의사
    를 결정할 능력이 없는 자의 행위는 벌하지 아니한다.
  - 형법 제12조(강요된 행위) 저항할 수 없는 폭력이나 자기 또는 친족의 생명, 신체에
    대한 위해를 방어할 방법이 없는 협박에 의하여 강요된 행위는 벌하지 아니한다.
  - 형법 제22조(긴급피난) 제1항 자기 또는 타인의 법익에 대한 현재의 위난을 피하기 위
    한 행위는 상당한 이유가 있는 때에는 벌하지 아니한다.
5) - 형법 제20조(정당행위) 법령에 의한 행위 또는 업무로 인한 행위 기타 사회상규에 위
    배되지 아니하는 행위는 벌하지 아니한다.
  - 형법 제21조(정당방위) 제1항 현재의 부당한 침해로부터 자기 또는 타인의 법익을 방
    위하기 위하여 한 행위는 상당한 이유가 있는 경우에는 벌하지 아니한다.
6) 1985년 유엔 총회에서 채택한 "범죄 및 권력남용 피해자에 대한 정의의 기본원칙 선언"은
  범죄피해자를 위한 인권선언으로 피해자 보호와 지원에 관한 국제적 기준을 제시하였다.
  원문은 다음과 같다.

  "Victims" means persons who, individually or collectively, have suffered harm,
  including physical or mental injury, emotional suffering, economic loss or
  substantial impairment of their fundamental rights, through acts or omissions that
  are in violation of criminal laws operative within Member States, including those
  laws proscribing criminal abuse of power.
7) Rock, Paul(2002). On becoming a victim. In:Hoyle, CarolynandWilson, Richard,
  (eds.) New Visions of Crime Victims. Hart Publishing, Oxford, pp1－22.

  'Victim', in other words, is an identity, a social artefact dependent, at the outset, on
  an alleged transgression and transgressor and then, directly or indirectly, on an
  array of witnesses, police prosecutors, defence counsel, jurors, the mass media and
  others who may not always deal with the individual case but who will nevertheless
  shape the larger interpretive environment. (p14)
8) Greenberg, M. S., & Ruback, R. B. (1992). After the crime: Victim decision making.
  Plenum Press.
9) Strobl, Rainer(2010) Becoming a Victim. In: Shoham, S. G., Knepper, P., & Kett, M.
  (2010). International handbook of victimology.Boca Raton, FL, CRC Press. pp3－25.

10) Baumer, Eric & Lauristen, Janet. (2010). Reporting crime to the police, 1973 – 2005: a multivariate analysis of long – term trends in the national crime survey (NCS) and national crime victimization survey (NCVS). Criminololgy, 48, pp131 – 185.

11) Greenberg, M. S., & Ruback, R. B. (1992). After the crime: Victim decision making. Plenum Press.

12) 장다혜·김수아(2018). 온라인 성폭력 범죄의 변화에 따른 처벌 및 규제 방안. 한국형사정 책연구원.

13) 대표적인 사례가 조두순 사건이다. 이 사건에 대한 상세한 내용은 제3장 '젠더폭력범죄 관련 법률: 입법과정을 중심으로' 참조.

14) 윤옥경·강은영·김지선·신연희·전영실(2009). 『여성범죄론; 젠더, 범죄와 형사사법』. 센게이지러닝코리아, 서울.

15) 한겨레, 인하대 피해자 '행실'이 왜나오냐… 2차가해 분노한 여성들, 2022년 7월 19일자; https://www.hani.co.kr/arti/society/society_general/1051469.html, 2022년 10월 9일 최종접속

   2022년 7월 15일 만취한 피해자를 대학 캠퍼스 건물에서 성폭행하고 건물 3층에서 떨어 뜨려 피해자가 사망한 사건으로 당시 피해자가 가해자와 함께 늦은 시간까지 술을 마신 점에 대해 무분별한 의견들이 있었다. 처음 이 사건은 준강간치사죄로 검찰에 송치되었으나, 피해자가 자기보호 능력이 없었다는 상태를 인정하여 살인죄를 적용하여 강간 등 살인 혐의로 기소되었다.

16) 한국성폭력상담소에서 제공하는 성폭력에 대한 사회적 통념 참조(https://www. sisters. or.kr/consult/tab4)

17) Deborah Tuerkheimer.(2017). Incredible Women: Sexual Violence And The Credibility Discount. University of Pennsylvania Law Review, 166(1), pp1 – 58.

18) 허민숙(2018). 성폭력 피해자를 처벌하다; 피해자 전형성 위반 범죄로서의 성폭력 무고. 한국여성학, 34(4), 69 – 97쪽.

19) 정도희(2018). 피해자 보호의 관점에서 본 가정폭력 대응과 경찰개입. 홍익법학, 19(1), 311 – 335쪽.

20) 이경자(2016). 경찰의 가정폭력 개입과 대응에 관한 질적 연구. 고려대학교 석사학위논문.

21) 이명신·양난미(2012). 성폭력 수사에 있어 2차피해 과정: 남성 경찰관을 중심으로. 여성연구, 83, 149 – 197쪽.

22) Ahrens C. E. (2006). Being silenced: the impact of negative social reactions on the disclosure of rape. American journal of community psychology, 38(3 – 4), pp263-274.

   노성훈(2018). 침묵의 이유; 여성의 직장 내 성희롱피해 대응방식 결정요인. 형사정책연구, 29(2), 173 – 198쪽.

23) 폭력 범죄의 사실관계 인정에서 피해자 진술의 신빙성 판단과 관련하여 성인감수성을 고려한 중요한 판결들이 나왔다. 그중 첫 번째 대법원 판례는 여학생들을 수차례 지속적으로 성희롱한 대학교수가 해임된 사건에 관한 것이었다. 이 건은 대학으로부터 해임당한

대학교수가 불복하여 교원소청심사위원회를 상대로 해임처분 취소소송을 제기하였고, 당시 항소심에서는 피해자들의 신고지연을 이유로 피해자 진술의 신빙성을 인정하지 않음으로써 해임처분 취소를 결정하였던 사안이다. 이에 대해 대법원은 성인지감수성을 강조하며 성희롱 사건에서 성차별적 맥락을 고려할 것을 지적하였다(대법원 2018. 4. 12. 선고 2017두74702 판결).

24) 신상숙(2018). 젠더에 기반한 차별과 폭력의 연속선; 통합적 접근의 모색. 페미니즘 연구, 18(1), 267 – 301쪽.

25) 장미혜·이미정·김동식·주재선·동제연·고현승·노성훈·이시림(2019). 2019년 성폭력 안전실태조사 연구. 여성가족부.

26) 피해율은 응답자 총 10,106명(여성 7,573명/남성 2,533명)을 기준으로 가중치를 부여하여 추정한 값이다.

27) 김승권·김유경·조애저·김성희·이건우·곽배희·박소현·신연희·정춘숙·채규만·한혜순·김은경·전영실·강은영(2008). 2007년 전국 가정폭력실태조사. 여성가족부.

28) 2007년 『가정폭력실태조사』에 따르면, 학대 또는 가정폭력 피해 경험이 있는 부부 중 누가 가정폭력의 가해자인지 피해자인지에 대한 내용은 없으며, 다만 남편이든 아내든 피해 경험이 있는 경우 가정폭력 발생률이 높게 나타났다는 결과를 보여준다.

29) 오혜원(2021). 가정폭력 피해경험이 데이트폭력에 미치는 영향에 대한 연구; 폭력유발요인의 매개효과를 중심으로. 석사학위논문, 경찰대학 치안대학원, 아산, 대한민국.

30) 김재엽·류원정·오세헌·이현(2014). 가정폭력의 세대 간 전이에 관한 연구; 여성의 생애주기 상 재피해 영향을 중심으로. 한국가족복지학, 19(1), 81 – 101쪽.
이 연구의 전체 대상자(1,184명) 중 평생에 걸쳐 가정폭력을 경험하지 않은 여성이 42.9%(507명)로 나타나 피해경험이 있는 여성 676명 중 아동기와 성인기에 반복적으로 피해를 경험한 여성은 17%(115명)로 사실상 그 경험률이 결코 낮다고 할 수 없다.

31) 한겨레, 강서구 주차장 살인 사건 딸 인터뷰 "아빠는 우릴 통제했다", 2018년 10월 30일자; https://m.hani.co.kr/arti/society/society_general/867973.html#ace05Ky, 2022년 10월 9일 최종접속.
한겨레, '가정폭력 스토킹 살해' 딸 잃은 엄마 "이 나라서 살 수 있을까", 2018년 11월 4일자; https://m.hani.co.kr/arti/society/society_general/868693.html?_fr=nv#ace05Ky, 2022년 10월 9일 최종접속.

32) 세계일보, 구하라 사망 소식에… 정치권도 '불법촬영' 비판 가세, 2019년 11월 25일자; https://www.segye.com/newsView/20191125510812?OutUrl=naver, 2022년 10월 9일 최종접속.

33) '2021년 한국여성의전화 상담통계 분석; 친밀한 관계 내 여성폭력을 중심으로' 참조. http://hotline.or.kr/board_statistics/73574, 2022년 10월 9일 최종접속.

34) 윤덕경·김정혜·천재영·김영미·유경미(2018). 온라인 성폭력 피해실태 및 피해자 보호방안, 한국여성정책연구원.

35) 경찰청 카메라등이용촬영범죄 지역별 현황 참조, https://www.data.go.kr/data/15066489/fileData.do, 2022년 10월 9일 최종접속.

36) 법무부(2020). 『성범죄백서』.

37) 안재경·김세령·한민경(2022). 카메라등이용촬영죄 형종 결정에의 영향요인; '성적 욕망 또는 수치심을 유발할 수 있는 사람의 신체' 판단을 중심으로. 한국범죄학, 16(2), 229－251쪽.

38) 경찰청 카메라등이용촬영범죄피해자 성별 현황 참조, https://www.data.go.kr/data/15066510/fileData.do, 2022년 10월 9일 최종접속.

오늘날 언론에서 보도되는 많은 사례들에서 피해자에 대한 다양한 시각을 접할 수 있다. 형사절차에서 범죄피해자는 입법자에 의해 부여된 구체적 권리들을 법률적 차원에서 보장받는다. 궁극적으로 국가의 범죄피해자 보호는 헌법의 명령이다. 범죄피해자에 대한 개념은 사회적 차원보다는 법률적 차원에서 정의되어야 한다. 헌법에 의해 설치되고 운영되는 국가와의 관계에서 범죄피해자의 개념은 더욱 분명해질 수 있다. 피해자 개념은 가해자에 대한 유죄확정 전에도 인정될 수 있다. 범죄피해자 법제는 체계적, 유형적으로 이해되어야 한다. 특히 범죄피해자 법제는 보호, 지원, 안전으로 대별될 수 있다. 오늘날 안전에 관한 국민들의 요구는 더욱 커지고 국가의 조치는 긴요해졌다. 이에 경찰청은 범죄피해자안전조치(구 신변보호조치)의 구체적 내용으로서 11유형을 운용하고 있다. 경찰의 범죄피해자 보호에 대하여 구체적 내용들을 살펴본다.

경찰의
범죄피해자 보호

이정원

07

▶ **학습목표**

❶ 국가 형벌권 행사와의 관계에서 범죄피해자의 개념 및 법적 지위를 이해한다.

❷ 범죄피해자에 관한 법제를 체계적으로 이해하고 보호, 지원, 안전의 세 가지 유형으로 구분할 수 있다.

❸ 경찰의 범죄피해자 보호와 그 구체적 모습들을 이해한다.

주요용어

▲ 범죄피해자   ▲ 지원

▲ 신변안전조치   ▲ 형벌권 행사

▲ 형사절차   ▲ 보호

▲ 안전   ▲ 신변보호

▲ 2차피해

1. 논의의 출발

1) 사례1 - 국가가 마련해 둔 형사절차, 그에 의하지 않은 사적 복수는 허용되는가?

현대사회에서 범죄피해자에 대한 사적 응보(복수)는 허용되는가? 원칙적으로 금지된다. 입헌국가에서는 오로지 국가에 의해서만 가해자에 대한 처벌이 가능하기 때문이다. 그렇다면 입헌국가가 수립되기 전을 상정해 보자. 즉 국가가 생성되기 전 원시시대에 부족간 다툼이 발생한 경우, 그 당시에도 "범죄"라는 개념을 생각할 수 있었을까? 그렇지 않다. 범죄라는 개념이 전제되어야 가해자와 피해자라는 양 당사자가 상정될 수 있기 때문이다. 이처럼 범죄, 피해자, 형사처벌과 같은 개념들은 국가가 설립된 이후 국가에 의해 규정된 것들이다. 특히 "피해자"의 개념은 국가과의 관계에서 이해되었을 때 가장 올바른 의미를 가질 수 있게 된다. 오늘날 입헌국가에서 형벌권 행사를 오로지 국가만이 독점하고 있는 상황이다. 그 이론적 배경은 무엇인가? 그런데 형벌권 행사는 국가의 자의에 의해 이뤄지지 않도록 여러 가지 통제절차가 마련되어 있다. 대표적으로 정당한 형벌권 행사를 위해 마련된 도구로서 형사절차가 존재한다. 정리하면 형사절차를 전제로 범죄피해자의 법적 지위에 대한 이해가 필요하다. 형사절차에 의하지 않은 피해자는 재난피해자에 불과하다. 한편, 형사절차의 존재를 인정하면 다음과 같은 문제가 생겨난다. 가해자가 본인의 범죄를 시인하지 않는 경우 확정판결 전에도 피해자라는 개념이 인정될 수 있는가?

2) 사례2 - 가정 내 문제에 국가의 개입은 바람직한 것인가?

가정은 국가가 생겨나기 전부터 존재하였다. 인간이 집단생활을 이루기 시작한 원시부터 존재하여 왔다. 전통적으로 국가의 가정 내 개입은 자제되어 왔다. 가정은 혈연으로 구성되고 특별한 유대관계가 있다는 특수성이 고려되어야 하기 때문이다.[13] 한편, 부모의 자녀에 대한 교육과 훈육은 인정된다. 그럼에도 가정 내 활동을 범죄로 규정하는 경우, 국가의 범죄피해자에 대한 보호가 필요할 것인가? 또한 부부관계, 부모-자녀 관계에서 발생하는 문제를 가정 내에서 해결되지 않을 때, 가정 내 당사자들간 서로 일정한 행위를 통제할 때, 국가는 그들의 동의에 반해서라도 직권으로 개입할 수 있는가? 이와 관련, 국가의 범죄피해자 보호에 관한 당위성과 필요성에 대한 고찰이 필요하다.[14]

3) 사례3 - 피해자와 젠더 지향성, 남자도 스토킹의 피해자가 될 수 있는가?

일반적으로 피해자가 남성일 경우 이례적인 범죄로 생각되는 범죄 유형들이 있다. 남성이 성폭력범죄의 피해자인 경우, 스토킹범죄가 강간의 피해자인 경우 등이다. 젠더와 범죄피해자와의 관계는 어떠한가? 우리 헌법에서 젠더에 관한 특수성을 도출해 낼 수 있는가?

4) 사례4 - 가해자를 알 수 없는 경우 피해자는 어떻게 회복하는가?

일반적으로 피해자는 범죄발생 이전의 상태로 돌아가고 싶어한다. 때문에 가해자에게 완전한 피해의 회복을 요구한다. 그런데 피해자가 가해자에게 정당한 피해회복을 요청할 수 없는 경우가 생겨난다. 가해자를 찾을(특정할) 수 없는 경우와 가해자가 특정되더라도 무자력인 경우이다. 결국 국가가 범죄피해자의 피해회복을 지원하는 수밖에 없게 된다. 국가는 범죄피해자에게 왜 이렇게까지 해야 하는가? 국가의 기본권보호의무, 공적부조, 사회국가원리 등을 고려하여 범죄피해자 정책을 바라보고 해석할 필요가 있다.

5) 사례5 – 범죄피해자에 대한 입법권의 행사는 어떠한 모습인가?

우리 헌법은 가해자(피의자)에 대해서는 죄형법정주의를 선언하고 있다(제13조 제1항). 반면, 헌법적 차원에서 피해자에 관해서는 구조(헌법 제30조)와 재판절차진술권(제27조 제5항) 외에는 명시적인 법률유보를 두고 있지 않다. 입법자는 피해자 기본법으로서 「범죄피해자 보호법」을 제정하였고, 그 밖에 각종 피해자 특별법을 마련해 두었다. 사인 간의 관계에 대한 규제도 신설하였다. 여성폭력방지법의 "2차피해"의 개념정의와 규율이 그것이다.[15] 이처럼 다수의 피해자 관련 법률들을 체계적, 유형적으로 이해할 수 있는 방안은 무엇인가?

6) 사례6 – 범죄피해자에 대한 행정권의 행사는 어떠한 모습인가?

헌법상 행정권에 속하면서 국가 형벌권과 관련된 권한으로는 수사권, 기소권, 행형권이 존재한다. 그런데 국가권력의 발동에서는 기본권 기속성에 따라 국민의 인격권을 최대한 보장하고 확인하도록 노력하여야 한다. 그렇다면 국가는 수사과정에서 국민인 피해자에게 2차피해를 최소화 할 수 있는 방안은 무엇인가? 기소권 행사 여부의 결정에서 피해자의 의사를 존중하고 반영할 수 있는가? 수사권과 기소권의 행사에서는 필연적으로 피해자와의 의사소통이 필요하다.[16] 경찰의 범죄피해자 보호에서 의사소통의 구체적 모습은 어떠한가?

7) 사례7 – 범죄피해자에 대한 사법권의 행사는 어떠한 모습인가?

형사재판의 당사자는 검사와 피고인이다. 우리는 일본처럼 피해자 참가제도가 인정되지 않는다. 다만 재판절차진술권의 형태로 존재하고 있다. 그 밖에 사법권의 피해자에 대한 태도는 어떠한가? 증인신문의 비공개, 형사화해, 배상명령 등은 사법권의 행사에서 피해자의 존재를 고려하는 방안들이 존재한다.

8) 사례8 - 범죄피해자 지원, 그 유형과 구체적 내용은?

경제적 지원, 신체적 지원, 정신적 지원, 사회적 지원, 법률적 지원의 구체적 내용은 무엇인가?

9) 사례9 - 범죄피해자 안전, 책무의 범위와 한계는?

신변안전조치에 대한 국가의 책무가 인정된다. 특히, 사례 3, 8, 9를 종합하여 신변안전조치를 이해할 필요가 있다. 스토킹범죄를 점진범으로 이해하는 경우, 더 큰 범죄가 발생하기 전 위험방지(범죄예방) 차원에서 피해자에게 국가작용이 개입될 필요는 없는가? 한편, 이미 범죄가 발생하고 형사절차가 진행중인 사안에서, 피해자가 두려운 이유는 보복범죄에 따르는 불안감 때문일 것이다. 형사절차가 진행 중인 경우 보복범죄 방지를 위해 국가가 개입해야 하는 경우는 없는가? 전자와 후자의 국가개입에 있어서 공통점과 차이점은 무엇인가?

10) 사례10 - 범죄피해자 보호, 나아갈 방향은?

향후 범죄피해자 보호의 영역에서 경찰활동이 활발하게 이뤄질 것으로 예상된다. 이 경우, 어떠한 특성이 특히 고려되어야 하는가?

2. 형사절차와 범죄피해자

1) 서설

범죄피해자의 개념은 개별 인간이 국가와의 관계에서 설정되는 법적 개념이다. 범죄는 국가에 의해서만 규율되고(헌법 제13조 제1항) 범죄 규율을 통해 보호하려는 피해법익에 따라 범죄피해자가 특정된다. 그런데 피해자가 가해자에 대해 요구하는 피해회복은 가해자가 불이행하는 경우 결국 국가작용을 통해서 관철될 수밖에 없다. 이 책에서는 국가와의 관계에서 피해자의 개념을 이해하고 있으므로 서설적 차원에서 국가와 헌법의 관계, 국가의 형벌권 행사에서 피해자의 법적 지위, 형벌권 행사과 형사절차, 형사절차에서 범죄피해자의 논의를 차례로 고찰한다. 이는 거시적 시각에서 미시적 시각으로 논의를 옮겨가는 과정이다.

이러한 검토는 결국 '국가의 범죄피해자 보호'에 대한 당위성과 필요성을 설명하기 위한 전제작업이다. 그리고 종국적으로 헌법과 범죄피해자의 관계를 살펴볼 수 있다.

2) 헌법과 국가

일반적으로 헌법은 '인권보장문서'라고 불린다. 헌법에서는 인간이라면 누구나 당연히 향유할 수 있는 권리들을 "기본적 인권"으로 지칭하고 있다(헌법 제10조). 그리고 국가의 존재목적을 기본권 보장으로 설정하여 두고 있다(국가의 기본권 기속성).

우리 헌법을 살펴보면, 앞부분에서 기본권 목록을 나열한 후 국가의 권력을 크게 세 가지로 나누어 두고 있다. 그리고 그 권력실현을 위한 국가기관을 설치한 후, 기본권 보장을 위한 여러 작용들을 예상할 수 있게 하고 그와 관련된 절차들을 곳곳에서 마련해 두고 있다.

따라서 국가의 작용을 이해하기 위해서는 '헌법'을 토대로 헌법구체화 개별법률들과 종합적, 유기적 해석을 시도하여야 한다.

3) 국가의 형벌권 행사와 그 독점

원칙적으로 사인이 사인에게 신체를 억압하는 폭행을 하거나, 주거에 침입하거나, 일정한 공간에 장기간 가두어 둔다면 매우 침익적인 행위로 인식할 것이다. 그러나 국가는 이러한 행위들을 적법하게 할 수 있는 경우를 마련해 두고 있고, 심지어 이러한 권한들을 독점하고 있다.

국가가 사인에게 행사할 수 있는 폭력의 권한 중 "형벌권"이라고 지칭되는 것이 있다. 그리고 국가는 이러한 형벌권을 독점하고 있다. 반대로 사인은 다른 사인에게 형벌권을 행사할 수 없다. 한편 형벌권의 행사를 시계열상 단계적으로 구분지으면 죄형에 관한 입법권, 수사권, 기소권, 재판권, 행형권으로 분별된다.

4) 형벌권 행사를 위한 도구로서 형사절차

국가의 형벌권 행사는 국가작용 중에서 가장 전형적인 침익적 행위이다. 때문에 국가는 형벌권 행사에서 신중을 기하기 위해 여러 가지 절차들을 마련해 두고 있는데, 이를 형사절차라고 지칭한다. 적법절차원리(헌법 제12조 제1항)가 강하게 적용되는 영역이다. 사인이 국가의 형사절차에 참여하는 경우는 자발적일 수도 있지만 타의에 의해 불가피한 경우도 생겨난다. 그리고 사인이 일단 형사절차에 진입하게 되면 많은 불이익들을 감수해야 하고 수인해야만 한다. 피해자가 형사절차에 돌입되는 경우 여러 가지 권리와 의무들이 주어진다.

5) 형사절차에서 범죄피해자의 법적 지위

국가의 등장으로 형사절차가 마련되었고, 형사절차에서 비로소 피해자의 법적 지위가 인정될 수 있다. 아래에서 예를 들어보자.

과거 A부족의 구성원 M이 B부족의 구성원 L를 폭행하여 심각한 피해를 입히고 사냥감을 빼앗았다고 가정해 보자. B부족이 할 수 있는 선택은 많지 않다. ① 참는 것 ② 복수하는 것. B부족이 ①과 ②를 판단하는 주요 기준은 B부족의 전투력 총합을 계산하였을 때 A부족의 전투력을 압도할 수 있는지 여부였을 것이다. B부족이 ①을 선택하면 사적 응보는 발생하지 않고 부족간 다툼은 종결된다. 그러나 ②를 선택한 경우 A부족에게는 다시 ①과 ②의 선택지가 남는다. 그리고 어느 한 부족이 ①의 선택지를 채택할 때까지 무한 반복된다. 그리고 사적 응보는 잔인해지고 과잉되어 인간성을 상실하게 된다. 게다가 부족 간 다툼을 위해 각 부족이 보유한 모든 인적, 물적 자원이 투입되지만 비효율적이다. 그런데 대부분의 결말은 두 부족 모두에게 파멸을 가져올 뿐이다.

국가가 생겨난 후에는 이러한 양상이 달라진다. B부족은 M의 처벌에 관해 국가의 개입을 요구하게 되고 국가는 A부족이 아닌 M 개인만을 처벌한다. 그리고 가능한 그 책임에 상응한 처벌을 하기 위해 노력하고, 형사절차라는 도구를 통해 관련자들의 인적 증거와 물적증거들을 제시하여 제3의 독립적인 심판관 앞에서 선고를 내린다. 그리고 권리구제 절차도 두텁게 마련해 두고 있다.

이처럼 국가가 등장한 후 가해자의 처벌에 대해서는 인간의 이성이 작동하게 되면서 문제가 사라지는 것처럼 보이지만, 다음과 같이 또 다른 고려사항들이 생겨난다. 이 때문에 국가는 피해자에 대해 아래와 같이 특별한 권리들을 인정하기 시작하였다.

표 7-2 국가의 형벌권 행사에 따른 문제점과 그 대응

연번	문제점	대응
1	범죄로 인해 피해가 생겨나면 완전한 피해회복(원상회복)은 불가능하다.	범죄가 발생하기 전 범죄발생의 예방을 위해 국가에 대한 신변안전조치를 요구할 수 있다.
2	국가는 피해자의 사적 응보를 금지하고, 형사절차를 통한 형벌권 행사만을 인정한다.	국가의 형벌권 행사 여부나 그 정도에 관해 피해자의 의견을 진술할 수 있다.
3	피해자는 형사절차에 강제로 참여하게 된다. 그러나 참여의 정도는 제한되어 형벌권 행사의 "주변인"에만 머물러 있다.	피해자에게 형사절차에 참여할 수 있는 다양한 방안을 마련한다.[17]
4	형사절차는 복잡하고 번거롭지만, 피해자는 무지하고 단신(혼자)이다.	피해자를 조력할 인력과 조직을 마련하고, 피해자에게 일정한 정보를 제공한다.
5	피해자의 형사절차의 참여는 필연적으로 국가에 의한 2차피해를 야기한다.	피해자에게 2차피해 발생을 최소화 할 수 있도록 국가가 노력한다.
6	국가는 형사절차의 진행과 피의자의 유죄 확정에만 주로 몰두할 뿐, 피해자의 피해회복에 대해서는 특별한 관심을 두지 않는다.	피해자의 피해회복을 지원하기 위한 국가의 개입을 인정한다.
7	형사절차의 진행에 따라 가해자에게는 강력한 형벌권이 행사되므로 가해자는 형사절차를 회피하려는 욕구가 생겨난다. 이때 피해자의 현존과 진술내용은 결정적 증거로 작용된다.	피해자는 형사절차 진행 중 보복범죄 방지를 위한 신변안전조치를 요구할 수 있다.[18]

6) 소결: 헌법의 명령으로서 국가의 범죄피해자 보호

헌법은 왜 피해자에 대해 관심을 가지며 국가의 개입을 명령하고 있는가? 국가의 기본권 보호의무 때문이다. 범죄피해로 고통받고 있는 피해자는 범죄발생 이전의 삶으로 돌아가고 싶어 한다. 국가의 존재이유 중 하나인 범죄예방을 다하지 못한

국가는 더욱더 높은 책무를 부담한다. 그 밖에도 종래 이론가들에 의해 그 이유는 다음과 같이 설명되어 왔다.[19]

표 7-3   국가의 범죄피해자 보호에 관한 종래의 법이론

1) 국가가 범죄예방을 다하지 못했기 때문에 이에 대해 책임을 져야 한다는 생각
2) 국가가 생활 곤궁자를 구제하듯이 범죄피해자에게도 그러한 보상이 이루어져야 한다는 생각
3) 국가가 국민을 범죄로부터 완벽하게 보호할 수는 없으므로 세금에 의해 위험의 분산으로 해결해야 한다는 생각

헌법재판소 결정례에서도 위 이론과 같은 취지로 설시되었고,[20] 대법원 판례에서는 국가가 피해자에 대해 특별히 신변을 보호해야 할 의무를 설시하기도 하였다.[21]

표 7-4   국가의 범죄피해자 보호에 관한 헌법재판소 결정례

범죄피해자 구조청구권을 인정하는 이유는 크게 국가의 범죄방지책임 또는 범죄로부터 국민을 보호할 국가의 보호의무를 다하지 못하였다는 것과 그 범죄피해자들에 대한 최소한의 구제가 필요하다는 데 있다. 그런데 국가의 주권이 미치지 못하고 국가의 경찰력 등을 행사할 수 없거나 행사하기 어려운 해외에서 발생한 범죄에 대하여는 국가에 그 방지책임이 있다고 보기 어렵고…

표 7-5   국가의 신변보호의무에 관한 대법원 판례

가해자가 피해자를 살해하기 직전까지 오랜 기간에 걸쳐 원한을 품고 집요하게 피해자를 괴롭혀 왔고, 이후에도 피해자의 생명·신체에 계속 위해를 가할 것이 명백하여 피해자의 신변이 매우 위험한 상태에 있어 피해자가 살해되기 며칠 전 범죄신고와 함께 신변보호를 요청하고 가해자를 고소한 경우, 범죄신고와 함께 신변보호요청을 받은 파출소 소속 경찰관들이나 고소장 접수에 따라 피해자를 조사한 지방경찰청 담당경찰관은 사태의 심각성을 깨달아 수사를 신속히 진행하여 가해자의 소재를 파악하는 등 조치를 취하고, 피해자에 대한 범죄의 위험이 일상적인 수준으로 감소할 때까지 피해자의 신변을 특별히 보호해야 할 의무가 있다고 한 사례

3. 범죄피해자의 개념정의

1) 관계적 개념으로서 범죄피해자

피해자는 '피해'를 입은 사람이다. 사전적 의미로 '피해'는 "생명이나 신체, 재산, 명예 따위에 손해를 입음"으로, '피해자'는 "자신의 생명이나 신체, 재산, 명예 따위에 침해 또는 위협을 받은 사람"으로 정의된다. 피해의 반대말은 '가해'이고 피해자의 반대말은 가해자이다.22)

범죄는 필연적으로 인간에 의한 행위이므로 가해자가 반드시 존재한다. 가해자의 가해행위에 따라 감소되는 법익이 없다면 범죄로 규율되지 않았을 것이다. 즉 범죄의 가해자의 이면에는 피해자가 존재한다. 때문에 피해자와 가해자는 대향범이다. 다만 범죄의 규율로 인해 보호하려는 법익이 국가적 법익인지, 사회적 법익인지, 개인적 법익인지에 따라 피해의 주체가 달라진다.

위와 같을 때 피해자는 가해자에 대한 관계적 개념이고, 범죄에 대한 관계적 개념이다. 이하에서는 범죄피해자의 개념정의를 누가 범죄피해자로 인정할 것인지 '인정주체'에 대한 관계에서, 가해자가 누구인지에 '가해주체'에 대한 관계에서, 범죄는 결국 국가에 의해 규율되므로 '국가'에 대한 관계에서 각 검토해 본다. 결론적으로 이 장에서는 범죄피해자의 개념을 법적 개념으로 정의하려고 한다.

2) 범죄피해자의 개념정의

① 인정주체에 대한 관계

범죄피해자에 대한 개념은 사회적 차원에서의 정의, 법률적 차원에서의 정의로 대별될 수 있다. 전자의 경우는 다시 피해자 자신에 의한 개념정의, 가해자에 의한 개념정의, 제3자에 의한 개념정의로 구별될 수 있다. 후자는 형식적 의미의 법률에 의해 정의된다.

그런데 피해자의 인정주체가 피해자 자신일 경우 주관적이며 자의적일 가능성이 높다. 이는 피해자의 인정여부를 둘러싸고 항상 다툼이 생겨나게 된다. 인정주체가 가해자일 경우 가해자가 범행을 부인하면 피해자로 인정되는 경우는 상정하기 어렵다. 집합적 개념으로서 제3자를 일반인으로 보는 경우, 인정주체가 일반인일 경우도 생겨난다. 그런데 이 경우에는 내밀하고 은밀한 범죄의 경우에는 그 피해가 외부에 공표되지 않는 한 피해자로 인정되기 어렵고, 또한 일반인의 인식이 반드시 정확한 것도 아니다. 무엇보다 언론이나 여론에 의해 피해상태가 왜곡되고 전달될 가능성이 상존한다. 이처럼 사회적 차원에서의 정의방식은 인정주체에 따라 피해자의 인정여부가 불일치하게 될 가능성이 상존한다. 이는 결국 신속하고 충분한 피해회복에 걸림돌이 된다.

결과적으로 민주주의 국가에서 법률은 입법자에 의해 제정되므로, 형식적 차원에서의 법률에 의해 피해자의 개념이 정의되고, 구체적 사건에서 피해자의 인정여부가 포섭될 수밖에 없다. 법치국가에서 법적안정성 또한 매우 중요한 가치이기 때문이다. 이 지점에서 법률적 차원에서 개념정의 필요성이 대두된다.

② 가해주체에 대한 관계

법률적 차원에서 피해자의 개념이 정의되어야 한다고 하더라도, 현행 법률에서는 가해주체에 따라 2가지로 구분하고 있다. 가해주체가 인간이 아닌 '자연'일 경우 "재난피해자"23) 또는 "이재민"24)으로 규정하고 있다. 이는 '형사피해자'와는 구별되는 용어이다.25)

그런데 가해주체가 사람일 경우에는 가해자에 의해 어떠한 피해를 야기하였다는 의미만을 가진다. 피해자가 가해자에게 피해회복을 요청하거나 촉구할 수 있다는 정도의 의미는 가지지만, 어떤 피해자인지는 명확하게 규정되지 않는다. 이 지점에서 국가에 대한 관계가 추가적으로 검토되어야 한다.

③ 국가에 대한 관계

법률에 의해 피해자로 인정되고, 가해자가 사람이라고 하더라도, 이 피해의 유형이 형사피해인지 민사피해인지 분별되지 않는다. 이는 가해자에 대한 국가개입의 순서와 강도, 유형 등에서 차이점이 발생한다. 헌법 제13조 제1항에서 규정된 죄형법정주의26)에 주목하여 사전에 범죄로 규정된 경우에서 피해자인지 여부로 관계설정이 필요하다.

법률에 의해 범죄로 규정된 경우에는 범죄피해자로, 그 밖의 경우로서 사전에 범죄로 규정되지 않은 경우 손해를 입은 경우에는 민사상 불법행위에 따른 피해자(손해배상 청구자)로 규정된다.

④ 소결: 법적 개념으로서 '범죄피해자'

이상에서 "범죄피해자"는 법적 개념으로 정의되어야 함을 살펴보았다. 범죄피해자의 인정주체는 법률이고 가해주체가 사람인 경우이며 사전에 법률에 의해 범죄로 규정된 경우에서 발생하는 피해자이다.

이처럼 범죄피해자 개념을 법적 차원에서 인정하는 경우의 실익은 피해자로 인정되어 포섭되는 경우에는 법률에서 규정해 둔 피해자의 권리를 당연히 향유할 수 있다는 점이다. 예를 들면 피해자 재판절차 진술권, 기록열람등사권 등이다.

3) 범죄피해자 개념의 구체화

우리 헌법은 "피해자"의 존재를 인정하고 있다.[27] 게다가 피해자에게 몇 가지의 기본권을 특별히 인정하고 있다. 헌법 조문을 주목하여 살펴보면 "피해자"에 관한 언급은 3곳에서 발견된다. 헌법 제21조 제4항,[28] 제27조 제5항,[29] 제30조[30]가 그것이다. 이들 조항의 관계적 해석을 시도하면 다음과 같다. 피해자는 가해자에게 피해배상을 청구할 수 있는 권리가 있다. "형사피해자"의 개념을 인정하고 있는바, "형사"피해자가 아닌 경우도 가능하다. 형사피해자는 재판절차를 전제한 개념이다. "타인의 범죄행위로 인하여 생명·신체에 대한 피해를 받은 국민"이라는 존재가 인정된다. 이러한 피해자는 국가의 개입으로서 '구조'가 예정되어 있다.

우리 헌법에서 피해자의 존재를 인정하면서도 그 개념에 대해서는 침묵하고 있다. 입법자에 의해 구체화될 수 있겠지만 입법자에 의해 획정된 피해자의 범위설정이 반드시 헌법에 부합하는 것은 아니다. 헌법상 피해자의 개념과 법률상 피해자의 개념은 다르기 때문이다.

헌법재판소는 "피해자"의 개념에 대해 법률상 개념과 차이를 인정하고 있다. 정리하면, 헌법상 "형사피해자"의 개념과 법률상 "범죄피해자"의 개념이 반드시 동일한 것은 아니다. 우리 헌법재판소 결정도 다음과 같이 그 차이점을 인정하고 있다.

표 7-3　형사피해자의 재판절차진술권에 관한 헌법재판소 결정

헌재 1992. 2. 25. 90헌마91, 판례집 4, 130, 130
형사피해자(刑事被害者)의 개념은 헌법(憲法)이 형사피해자(刑事被害者)의 재판절차진술

권(裁判節次陳述權)을 독립된 기본권(基本權)으로 인정한 취지에 비추어 넓게 해석할 것이므로 반드시 형사실체법상(刑事實體法上)의 보호법익(保護法益)을 기준으로 한 피해자(被害者) 개념에 의존하여 결정하여야 할 필요는 없다.

위증죄(僞證罪)가 직접적으로 개인적(個人的) 법익(法益)에 관한 범죄가 아니고 그 보호법익(保護法益)은 원칙적으로 국가(國家)의 심판작용(審判作用)의 공정(公正)이라 하여도 이에 불구하고 위증(僞證)으로 인하여 불이익한 재판을 받게 되는 사건당사자(事件當事者)는 재판절차진술권(裁判節次陳述權)의 주체인 형사피해자(刑事被害者)가 된다.

범죄피해자 보호법에서는 "범죄피해자"를 "타인의 범죄행위로 피해를 당한 사람과 그 배우자(사실상의 혼인관계를 포함한다), 직계친족 및 형제자매"로 정의(제3조 제1항)하면서도 "범죄피해 방지 및 범죄피해자 구조 활동으로 피해를 당한 사람"까지 범죄피해자로 의제하고 있다(제3조 제2항).

특수한 경우로서 단행법률에서 "피해자"의 개념범위를 다르게 정의하기도 한다. 예를 들면, 「스토킹범죄의 처벌 등에 관한 법률」에서는 "피해자"의 범위를 수정하고 있다. 여기서 피해자를 "스토킹범죄로 직접적인 피해를 입은 사람"으로만 정의하고 있다(제2조 제3호).

정리하면, 헌법적 차원에서의 피해자 개념과 법률적 차원에서의 피해자 개념은 구분하여 이해하여야 한다. 그리고 법률적 차원에서 범죄피해자의 개념에 주목하는 경우에는 피해자에 관한 개별법과 기본법을 총합적으로 두루 이해하여야 한다.

4) 유죄확정 전 피해자 개념의 인정 가능성

우리 헌법에서는 가해자가 재판단계에 있을 때 무죄추정원칙을 선언하고 있다.[31] 그러면서 재판의 "확정"과 "형의 선고"[32]를 구별하고 있다. 그리고는 재판이 "단심"인 경우와 "그러하지 아니"한 경우도 인정하면서(제110조 제4항), "대법원과 각급 법원으로 조직"되는 법원을 인정하고 있다(제101조 제2항). 한편, "피해자"라는 존재를 재판이 확정되기 전 재판절차 단계에서도 인정하고 있다(제27조 제5항).

이를 종합하면 "범죄피해자" 개념이 인정될 수 있는 시간적 범위로서 유죄의 확정판결 전 단계가 포함된다는 결론에 이른다. 그렇다면 재판단계에서 피해자의 개념이 인정되며, 재판에 진입하기 전 소추 전 단계인 수사단계에서도 "피해자"라는 용어가 활용되어도 되는지 의문이 생겨난다.[33) 주장컨대, 장래 형사재판절차에서 피해자로 발전될 가능성이 높은 수사단계에서의 피해를 입은 자 또한 "피해자"로 언급될 수 있을 것이다.

4. 범죄피해자 법제의 체계와 유형

1) 서설

범죄피해자에 대한 국가작용은 결국 법률에 의해 설계되고 실현된다. 우리 법제는 피해자에 관해 단행법률로 규율하고 있지 않다. 즉 기본법인 범죄피해자 보호법과 범죄유형에 주목하여 제정된 각종 특별법에서 규율되고 있다. 그리고 개별 특별법에서는 다양한 유형의 국가작용들이 혼재되어 있다. 이 지점에서 피해자 법제를 종적, 횡적 시각에서 입체적으로 이해를 시도할 필요가 생겨난다.

범죄피해자 법제를 단편적, 평면적으로 이해를 시도하는 경우 많은 혼란이 생겨나고 그 내용이 방대한 것으로 오해될 수 있다. 따라서 현행 범죄피해자 법제를 체계적으로 이해하는 방법과 유형적으로 이해하는 방법으로 구분하여 이해를 시도한다.

2) 범죄피해자 법제의 체계

범죄피해자와 관련된 법령으로는 헌법, 형사소송법, 준칙(대통령령), 경찰수사규칙(행안부령), 범죄수사규칙(경찰청규칙), 범죄피해자 보호법, 여성폭력방지법, 각종 특별법, 피해자규칙(경찰청규칙) 등이 있다. 이들을 체계적으로 이해할 수 있는 방법은 없을까? 다음과 같은 [그림 7-1]을 제시해 본다.[34)

형사실체법은(진한 파랑색) 죄형법정주의에 따라 반드시 법률의 형태도 규정되어 있다. 그 밖에 특별법들이 범죄의 종류별로 존재한다. 「청소년성보호법」, 「성폭력처벌법」 등이 그것이다. 이러한 실체법을 절차적(옅은 파랑색)으로 구현하기 위해 「형사소송법」 등이 통해 규율하고 있다. 이 과정에서 피해자에 관한 법률(회색)들도 병행적으로 적용된다. 피해자 법제 중 일반법의 역할을 하는 「범죄피해자 보호

그림 7-1 범죄피해자 법제의 체계화 도식

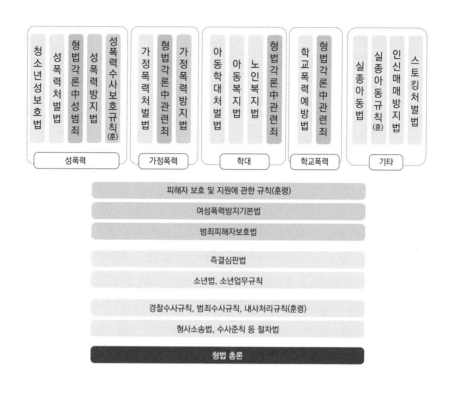

법」, 여성폭력의 경우 추가적으로 적용되는 「여성폭력방지기본법」이 있고, 경찰청 자체 행정규칙으로서 「피해자보호 및 지원에 관한 규칙」이 적용된다.

한편, 가로 형태로 적용되는 법률은 총론적 성격의 법률, 세로 형태로 적용되는 법률은 범죄유형에 따라 차등적으로 적용되는 각론적 성격의 법률에 해당한다.

3) 범죄피해자 법제의 유형

① 구별의 실익과 기준

범죄피해자 보호법에서는 본서에서는 피해자에 대한 국가의 작용을 손실 복구 지원 등(제7조), 형사절차 참여 보장 등(제8조), 범죄피해자에 대한 정보 제공 등(제

8조의2), 사생활의 평온과 신변의 보호 등(제9조)으로 구분하고 있다. 이러한 구분은 단편적, 평면적 나열에 불과하다. 본서에서는 범죄피해자 법제를 유형적으로 이해하는 방법을 도입하고자 하며, 구체적으로 범죄피해자에 대한 보호, 지원, 안전으로 세분화하여 범주화하고자 한다.[35]

우선 보호와 지원을 구별할 수 있는지 여부가 문제된다. 우선 사전적 의미로 '보호'는 "위험이나 곤란 따위가 미치지 아니하도록 잘 보살펴 돌봄", '지원'은 "지지하여 도움", '안전'은 "위험이 생기거나 사고가 날 염려가 없음 또는 그런 상태"로 정의된다.[36]

현행 범죄피해자 보호법에서는 "범죄피해자 보호·지원"을 "범죄피해자의 손실 복구, 정당한 권리 행사 및 복지 증진에 기여하는 행위"로 정의하면서 보호와 지원을 엄격히 분별하지 않고 있는 태도를 취하고 있다. 그러나 경찰법과 경찰관직무집행법에서는 경찰의 관할직무에 관해 "범죄피해자 보호"만을 명시하고 있고, "지원"은 포함하고 있지 않다. 이 지점에서 "보호"와 "지원"의 구별실익이 있다.

그렇다면 보호, 지원, 안전에 대한 분별의 기준은 다음과 같다.

'보호'는 형사절차에 참여하는 피해자에 대한 국가작용이다. 피해자에게 법적 권리를 부여한 경우 그 권리를 실현하고 권익을 옹호하기 위한 활동으로서 주로 형사절차에 수반되거나 부수하는 조치들에 해당한다.

'지원'은 피해자가 가해자에게 요구하는 피해회복을 민사관계에 주목하여 피해의 종류에 따라 하위내용들이 세분화된다. 경제적, 신체적, 정신적, 사회적 피해에 대한 지원이다. 원칙적으로 피해자는 가해자에 대한 민사관계가 형성되어 국가의 개입이 부정되지만, 보충적으로 지원을 통해 개입한다.

'안전'은 피해자의 신변에 주목하여 이뤄지는 국가작용이다. 당초 '보호'의 하위내용으로 구성되었지만 그 중요성이 날로 증가됨에 따라 별도의 국가작용 유형으로 분리한 것이다. 게다가 안전의 목적에 따라 형사절차가 진행중인 피해자에 주목하여 보복범죄 방지를 위한 안전, 행정경찰 작용에 주목하여 범죄예방을 위한 안전으로 구분하였다.

그리고 각 보호, 지원, 안전에는 그에 대한 정보제공이 수반되어야 한다.

표 7-4 범죄피해자에 대한 국가작용의 유형화

유형	보호			지원					안전		
세부	형사절차 참여	2차피해 최소화	정보 제공	경제적	신체적	정신적 사회적	법률적	정보 제공	보복범죄 방지 (증거 인멸)	위험방지 (범죄 예방) (추가 피해)	정보 제공
①	국선 변호인	국선 변호인	국선 변호인	생계비	치료비	심리 상담	법률 홈닥터	권리 고지	범죄 신고자법 제13조 37)	친권 상실 청구	경찰 수사 규칙 제81조 38)
②	보조인	해바라기 센터	권리 고지	이전비	치료 보호	아동 취학 지원	법률구조공단		이전비	응급 조치	
③	신뢰 관계인	전담 조사제 전담재판부	사건 통지	배상명령	우선 보험급여	유족 모임	국선변호인		법정 동행	임시 숙소	
④	진술권	영상 녹화물 증거 능력 인정	범죄 피해자 보호법 제8조의2 39)	주거 지원, 임대 주택 우선 입주권						임시 숙소	
⑤	고소 특례	가명 조서	형소법 제249조의2	임시 숙소							
⑥	피해자 여비	속기사		긴급 복지							
⑦	시효 특례	진술비 공개		직업 알선							
⑧	진술 조력인	강력 범죄 현장 정리		구조금							
⑨	범죄 피해 평가	증인 신문 비공개		형사 조정							
⑩	공판 기록 열람 등사	APO		형사 화해							
	친고죄 폐지 고소 기간 제한 폐지										

② 피해자 보호

형사절차 참여, 2차피해 최소화, 정보제공으로 세분된다.

피해자 국선변호사는 검사가 성폭력 또는 아동학대 범죄피해자를 위해 선정한 변호사로서 사건 발생초기부터 수사, 재판에 이르는 전 과정에서 피해자에게 법률지원을 함으로써 2차피해를 방지하는 제도이다. 성폭력처벌법 제27조 제6항, 청소년성보호법 제30조 제2항, 아동학대처벌법 제16조에 근거를 두고 있다.

진술조력인은 성폭력, 아동학대범죄피해를 당한 아동, 장애인이 의사소통에 어려움이 있는 경우 전문 인력이 수사와 재판과정에 참여하여 의사소통을 중개, 보조함으로써 2차피해를 방지하고 실체진실발견에 기여하는 제도이다. 성폭력처벌법 제35조 내지 제39조, 아동학대처벌법 제17조에 근거를 두고 있다.

신뢰관계인 동석제도는 피해자가 수사기관에서 진술하거나 법정에서 증언할 때 심리적 안정과 원활한 의사소통을 위해 신뢰관계에 있는 사람을 그 옆에 동석하게 하는 제도이다. 형사소송법 제221조 제3항, 제163조의2 등에 근거를 두고 있다.

피해자여비 지급제도는 강력범죄 등 범죄피해를 당한 직후, 수사기관의 요청에 의해 수사 협조를 위해 야간에 경찰관서에 출석한 피해자에게 여비를 지급하는 제도이다. 형사소송법 제221조, 범죄피해자 보호법 제8조에 근거를 두고 있다.

가명조서는 형사절차에 협조한 범죄신고자 등의 신변보호를 위해 특정범죄신고자 등 보호법 제7조 및 이를 준용하는 법률 등에 따라 인적사항의 전부 또는 일부를 기재하지 않는 조서, 진술서 등을 작성하는 제도이다.[40] 특정범죄신고자 등 보호법 제7조와 판례에 근거를 두고 있다.

강력범죄 현장정리제도는 살인, 강도 등 강력범죄로 인하여 범죄피해자의 주거 등이 혈흔, 악취 등 오염이 발생한 경우 피해현장의 정리를 지원하고 피해자의 2차피해를 줄여주는 제도이다. 범죄피해자 보호법 제7조, 범죄피해자보호기금법 제6조에 근거를 두고 있다.

정보제공은 범죄피해자 보호법 제8조의2에 근거를 두고 있다. 또한 범죄피해자에 대하여 당해 사건 처분결과, 공판의 일시 및 장소, 재판결과, 구속석방 등 구금에 관한 사실 등의 통지는 형사소송법 제259조의2, 범죄피해자 보호 및 지원에 관한 지침 제19조 내지 제30조에 근거를 두고 있다.

③ 피해자 지원

경제적 지원, 신체적 지원, 정신적 지원, 사회적 지원, 정보제공으로 세분된다.

경제적 지원은 범죄로 인해 신체적, 정신적 피해를 입은 피해자에게 치료비와 심리치료비를 지급하고, 생계가 곤란해진 피해자에게는 생계비, 학자금, 장례비를 지급하는 제도이다. 범죄피해자 보호법 제7조, 범죄피해자에 대한 경제적 지원 업무처리지침에 근거를 두고 있다.

범죄피해구조금제도는 생명 또는 신체를 해하는 범죄로 인하여 사망, 장해, 중상해를 입은 피해자에게 국가가 구조금을 지급하는 제도이다. 헌법 제30조, 범죄피해자 보호법 제7조, 제16조 내지 제32조에 근거를 두고 있다.

주거지원 제도는 범죄피해자에 대해 주거환경개선 및 자활의 기반을 마련할 수 있도록 국민임대주택, 매입임대주택 또는 전세임대주택을 저렴하게 임대하는 제도이다. 범죄피해자 보호법 제7조, 공공주택특별법시행규칙 제15조, 주거취약계층 주거지원 업무처리지침 제3조에 근거를 두고 있다.

배상명령 제도는 형사사건 또는 가정보호사건 심리과정에서 간편한 방법으로 민사적인 손해배상명령까지 받아낼 수 있는 제도이다. 소송촉진 등에 관한 특례법 제25조 내지 제35조에 근거를 두고 있다.

형사조정제도는 사기횡령 등 재산범죄의 고소사건 등에 대하여 형사조정위원회에서 피해자와 가해자의 원만한 합의로 분쟁을 조정해 실질적 피해회복과 화해를 도모하는 제도이다. 범죄피해자 보호법 제41조 내지 제46조에 근거를 두고 있다.

긴급복지 지원제도는 갑작스러운 위기상황으로 생계유지가 곤란한 위기가구를 신속하게 지원함으로써 조기에 위기상황에서 벗어날 수 있도록 하는 제도이다. 긴급복지지원법에 근거를 두고 있다.

우선 보험급여제도는 형사사건으로 피해를 입은 경우라 하더라도 국민건강보험에 따라 보험급여 혜택을 받을 수 있도록 하는 제도이다. 국민건강보험 요양급여의 기준에 관한 규칙 제4조에 근거를 두고 있다.

정보제공은 범죄피해자 보호법 제8조의2에 근거를 두고 있다.

④ 피해자 안전

보복범죄 방지, 범죄예방(위험방지), 정보제공으로 세분된다.

신변안전조치는 보복 또는 재피해 우려자 등 신변에 위해를 입을 우려가 있는 사람에 대해 위험성 및 여건을 고려하여 맞춤형으로 대상자의 신변을 보호하는 제도이다. 범죄피해자 보호법 제9조, 특정범죄신고자법 제13조 등에 근거를 두고 있다.

이전비(이사실비) **지원제도**는 보복을 당할 우려로 인해 거주지 이전을 한 범죄피해자 등에 대해 이사비를 지원함으로써 신변안전을 보호하는 제도이다. 범죄피해자 보호법 제9조, 특정신고자보호법 제13조제1항, 범죄피해자에 대한 위치확인장치 및 이전비 지원 지침에 근거를 두고 있다.

법정동행은 증인인 범죄피해자가 보복을 당할 우려가 있는 경우, 검사의 요청에 따라 피해자지원담당관 등이 법정동행 및 피해자의 안전귀가에 필요한 신변보호조치를 지원받는 제도이다. 범죄피해자 보호 및 지원에 관한 지침 제22조에 근거를 두고 있다.

한편, 경찰청은 피해자 안전을 위해 '**범죄피해자안전조치**(구 신변보호조치)'를 실시하면서 총 11종을 시행하고 있다.[41] 이러한 경찰의 안전조치는 2가지 목적으로 구분할 수 있다. 형사절차의 원활한 진행에 중점을 두어 피해자를 인적증거로 이해하는 경우, 피해자의 신변에 대한 훼손과 증언의 변경은 형사절차에 중대한 장애를 야기한다. 따라서 보복범죄 방지를 위해 피해자의 신변에 위험성이 상존하는 경우 그 방지를 위한 안전조치이다. 현행 법제상 특정신고자보호법 등이 그 근거가 될 수 있다. 한편, 행정목적상 범죄예방을 위한 안전활동으로서 신변안전조치가 시행될 수 있다.

> **표 7-5 경찰의 범죄피해자안전조치**

층간소음으로 갈등을 겪고 있는 윗층 거주 A와 B(신혼부부), 아래층 거주 C가 있다. C는 층간소음을 항의하기 위해 식칼을 들고 위층으로 찾아가 "한번만 더 시끄럽게 하면 칼로 쑤셔버리겠다"고 협박하였다(죄명: 특수협박). 이때 가능한 신변보호조치와 경찰의 피해자보호 정책은?
① 임시숙소[42] ② 맞춤형 순찰 및 112등록 ③ 스마트워치 배부 ④ CCTV 설치 ⑤ 심리상담 연계 ⑥ 범죄피해평가 ⑦ 법정모니터링 ⑧ 이전비 신청

5. 경찰의 범죄피해자 보호

1) 서설

형사절차를 경찰-검찰-재판-교정단계로 구분하는 경우, 이 책에서 주목하고 있는 국가작용은 경찰단계에서 범죄피해자에 대한 보호 작용이다. 이는 주체로서 '경찰' and 객체로서 '범죄피해자' and 작용으로서 '보호'에 해당한다. 이를 그려보면 [그림 7-2]와 같다.

그림 7-2 경찰의 범죄피해자 보호에 대한 도식화

2) 법적 근거: 경찰법과 경찰관직무집행법

국가기관으로서 경찰청은 행정안전부의 소속 기관이고 경찰청의 조직법이과 작용법으로서 「국가경찰과 자치경찰의 조직 및 운영에 관한 법률」(이하 '경찰법'이라 함)과 「경찰관직무집행법」이 제정되어 있다. 각 법률에서는 경찰의 소관사무로서 "범죄피해자 보호"를 명시하고 있다.[43]

표 7-6 경찰의 직무범위에 대한 조문비교

국가경찰과 자치경찰의 조직 및 운영에 관한 법률	경찰관직무집행법
제3조(경찰의 임무) 경찰의 임무는 다음 각 호와 같다. 1. 국민의 생명·신체 및 재산의 보호 2. 범죄의 예방·진압 및 수사 **3. 범죄피해자 보호** 4. 경비·요인경호 및 대간첩·대테러 작전 수행 5. 공공안녕에 대한 위험의 예방과 대응을 위한 정보의 수집·작성 및 배포 6. 교통의 단속과 위해의 방지 7. 외국 정부기관 및 국제기구와의 국제협력 8. 그 밖에 공공의 안녕과 질서유지	제2조(직무의 범위) 경찰관은 다음 각 호의 직무를 수행한다. 1. 국민의 생명·신체 및 재산의 보호 2. 범죄의 예방·진압 및 수사 **2의2. 범죄피해자 보호** 3. 경비, 주요 인사경호 및 대간첩·대테러 작전 수행 4. 치안정보의 수집·작성 및 배포 5. 교통 단속과 교통 위해의 방지 6. 외국 정부기관 및 국제기구와의 국제협력 7. 그 밖에 공공의 안녕과 질서 유지

경찰법의 개정이유[시행 2018. 4. 17.] [법률 제15566호, 2018. 4. 17., 일부개정]에서 "범죄피해자 보호는 타인의 범죄행위로 인하여 생명·신체 등에 피해를 당한 사람이 범죄피해 상황에서 빨리 벗어나 인간의 존엄성을 보장받을 수 있도록 하기 위한 것으로 경찰이 수행해야 할 중요한 임무 중 하나라 할 수 있음. 이와 관련하여 현행법상 국가경찰의 임무 중 하나로 범죄피해자 보호를 명시하여 그 중요성을 다시 한번 확인시키고, 경찰이 적극적으로 범죄피해자를 보호해야 함을 분명히 해야 한다는 의견이 있음. 이에 현행법에 따른 국가경찰의 임무에 범죄피해자 보호를 명시함으로써 범죄피해자 보호의 중요성 및 해당 임무 수행에 대한 경찰의 인식을 제고하려는 것"이 확인된다.[44]

3) 주체: 경찰

주체는 경찰이다. 국가경찰과 자치경찰 모두가 주체에 포섭된다. 국가기관으로서 경찰은 검찰, 법원이 아니라는 점과 비교된다. 즉 범죄발생 초기에 경찰이 개입하게 되고 입건 전 조사단계에서도 피해자보호 활동이 이뤄질 수 있다.

형사절차상 경찰은 형사절차의 초입에 위치하고 있다. 또한 경찰은 수사기관이다. 따라서 경찰이 행하는 작용에는 형사소송법, 경찰관직무집행법이 적용된다. 경찰은 고발의무를 뛰어넘어 범죄수사의 의무가 있다. 경찰의 행위는 정보수집 목적의 행정활동일 수도 있지만 수사활동일 수도 있다.

경찰은 곧 국가기관이다. 이는 민간 NGO와 구별된다. 따라서 경찰관에게는 경찰공무원법, 국가공무원법이 적용된다. 범죄피해자 보호 활동에도 중립성이 요구된다.

4) 객체: 범죄피해자

객체는 범죄피해자일 뿐 피해의 종류를 가리지 않는다. 즉, 생명, 신체, 재산, 명예에 관한 피해자도 모두 범죄피해자에 해당된다. 피해의 결과가 발생한 피해자뿐 아니라 피해가 발생할 우려가 있는 잠정적 피해자도 포함된다.

피해자는 범죄로 인한 피해자이므로 재난 또는 재해로 인한 피해자와는 구별된다.

피해자는 범죄로 인한 직접적 피해를 입은 자뿐 아니라 간접적 피해를 입은 자도 피해자에 포함된다. 직계혈족 등이 그것이다.

5) 내용: 보호

'보호'는 국가작용으로서 보호이다. 보호의 개념에는 안전이 포함되지만 이 책에서는 보호와 안전을 분리하여 논의하고 있다. 보호는 법률상 부여권 권리를 피해자가 잘 실현할 수 있도록 하는 일체의 행위이다. 보호는 지원과는 구별된다. 그리고 지원은 지원연계와도 구별된다.

6) 구체적 내용

작용법적 차원에서 경찰은 범죄피해자 보호를 위한 위기개입을 실시하고 있다. 여러 APO들이 행하는 "모니터링"이 그 일례이다. 구체적 모습을 살펴보면, 범죄가 발생한 직후 피해자 본인, 가족 등 피해자의 범외에 속하는 사람을 접촉한다.[45] 수사활동 또는 위기개입을 위한 정보수집의 목적으로 의사소통을 하면서 피해자 평가 또는 피해평가를 수행하고 있다. 그로 인해 수집된 정보들을 바탕으로 적절한 보호활동을 취하거나 안전조치를 실시하고, 병행적으로 지원연계도 수행한다. 그 밖에 수사기관의 주체적 수사활동에서 범죄피해자 보호가 이뤄진다.[46]

규범적 차원에서 경찰청 조직 내부의 훈령으로서 「피해자 보호 및 지원에 관한 규칙」을 제정하여 시행하고 있다.

조직법적 차원에서 경찰청 내부에 전담부서를 설치하고 전담인력을 선발하여 운영하고 있다.

향후 더욱 섬세하고 촘촘한 피해자 보호조치가 행해져야 할 것이다.

생각해 볼거리

국가의 범죄피해자에 대한 보호, 지원, 안전 활동에는 필연적으로 재정적 뒷받침이 해결되어야 한다. 특히 경찰의 범죄피해자 보호는 형사절차의 관문에 위치하고 있으며 긴급성, 불확실성의 특성을 나타낸다. 그러나 경찰청이 활용할 수 있는 재정의 범위는 크지 않고, 그 집행권한은 많지 않은 것으로 보인다. 특히, 아래와 같은 최근의 언론보도를 참고하여, 각자 어떠한 의견을 가지고 있는지 개진해 보자.
- 경찰청, 범죄피해자기금에 아동학대 관련 예산 전무[47]
- 연 950억 규모 '범죄피해자 보호기금' 재원 더 늘린다[48]
- 경찰 개혁자문위 "범죄피해자 보호기금 경찰이 즉시 집행해야"[49]

찾아보기

법무부(2020). 범죄피해자 지원, 길잡이.
장규원(2011). 피해자학 강의, 살림지식총서.
한수웅(2022). 헌법학, 법문사.

1) (https://www.fnnews.com/news/202208311500545354, 2022년 10월 3일 최종접속)

2) (https://n.news.naver.com/mnews/article/055/0000834427, 2022년 10월 3일 최종접속)

3) (https://biz.chosun.com/topics/topics_social/2022/06/30/M6AD4KQBPZBGLAIEKPXH GFIOLI, 2022년 10월 3일 최종접속)

4) (https://news.mt.co.kr/mtview.php?no=2020060315001077232, 2022년 10월 3일 최종접속)

5) (https://news.kbs.co.kr/news/view.do?ncd=5408557, 2022년 10월 3일 최종접속)

6) (https://news.sbs.co.kr/news/endPage.do?news_id=N1004477506, 2022년 10월 3일 최종접속)

7) (https://v.daum.net/v/20220708214852916, 2022년 10월 3일 최종접속)

8) (https://v.daum.net/v/20220126214344158, 2022년 10월 3일 최종접속)

9) (https://www.mbn.co.kr/news/society/4555440, 2022년 10월 3일 최종접속)

10) (https://imnews.imbc.com/news/2019/society/article/5270308_29136.html, 2022년 10월 3일 최종접속)

11) (https://n.news.naver.com/mnews/article/055/0000292569, 2022년 10월 3일 최종접속)

12) (https://www.chosun.com/site/data/html_dir/2019/10/18/2019101800262.html, 2022년 10월 3일 최종접속)

13) 일정한 경우 가정 내 재산범죄에 대해서는 국가의 형벌권 실현도 자제되어 왔다. 이를 친족상도례라고 부른다. 관련 내용으로는 형법 제328조 참조.

14) 최근 가정폭력에 대해 피해자의 동의 유무와 상관없이 국가개입의 적법성을 판단한 사례가 있었다. 대법원 2022. 8. 11. 선고 2022도2076 판결에서 "... 위와 같은 규정의 내용에다가 구 가정폭력처벌법의 입법목적과 위와 같은 응급조치를 둔 취지, 가정폭력범죄의 특수성 등을 고려하면, 구 가정폭력처벌법 제5조 제1호에 규정된 가정폭력행위자와 피해자의 분리조치에 피해자의 동의를 필요로 하지 않는다. 따라서 설령 피해자가 분리조치를 희망하지 않거나 동의하지 않는다는 의사를 표명하였다고 하더라도 경찰관이 현장의 상황에 따라 분리조치를 함에 있어 장애가 되지 않는다."

15) 제3조(정의) 이 법에서 사용하는 용어의 뜻은 다음과 같다. 3. "2차피해"란 여성폭력 피해자(이하 "피해자"라 한다)가 다음 각 목의 어느 하나에 해당하는 피해를 입는 것을 말한다.

가. 수사·재판·보호·진료·언론보도 등 여성폭력 사건처리 및 회복의 전 과정에서 입는 정신적·신체적·경제적 피해

나. 집단 따돌림, 폭행 또는 폭언, 그 밖에 정신적·신체적 손상을 가져오는 행위로 인한 피해(정보통신망을 이용한 행위로 인한 피해를 포함한다)

다. 사용자(사업주 또는 사업경영담당자, 그 밖에 사업주를 위하여 근로자에 관한 사항에 대한 업무를 수행하는 자를 말한다)로부터 폭력 피해 신고 등을 이유로 입은 다음 어느 하나에 해당하는 불이익조치

1) 파면, 해임, 해고, 그 밖에 신분상실에 해당하는 신분상의 불이익조치

2) 징계, 정직, 감봉, 강등, 승진 제한, 그 밖에 부당한 인사조치

3) 전보, 전근, 직무 미부여, 직무 재배치, 그 밖에 본인의 의사에 반하는 인사조치

4) 성과평가 또는 동료평가 등에서의 차별과 그에 따른 임금 또는 상여금 등의 차별 지급

5) 교육 또는 훈련 등 자기계발 기회의 취소, 예산 또는 인력 등 가용자원의 제한 또는 제거, 보안정보 또는 비밀정보 사용의 정지 또는 취급 자격의 취소, 그 밖에 근무조건 등에 부정적 영향을 미치는 차별 또는 조치

6) 주의 대상자 명단 작성 또는 그 명단의 공개, 집단 따돌림, 폭행 또는 폭언, 그 밖에 정신적·신체적 손상을 가져오는 행위

7) 직무에 대한 부당한 감사 또는 조사나 그 결과의 공개

8) 인허가 등의 취소, 그 밖에 행정적 불이익을 주는 행위

9) 물품계약 또는 용역계약의 해지, 그 밖에 경제적 불이익을 주는 조치

16) 국가기관으로서 경찰이 행하는 피해자와 의사소통을 '상담'이라고 언급하는 입장도 있다. 그러나 의료법상의 의료행위를 의미하는 '상담'이거나, 비의료행위라고 하더라도 행동교정을 위한 '상담'은 아니다. 참고로 "의료행위라 함은 의학적 전문지식을 기초로 하는 경험과 기능으로 진료, 검안, 처방, 투약 또는 외과적 시술을 시행하여 하는 질병의 예방 또는 치료행위 및 그 밖에 의료인이 행하지 아니하면 보건위생상 위해가 생길 우려가 있는 행위를 의미한다."(대법원 2004. 10. 28. 선고 2004도3405 판결)

17) 범죄피해자 보호법 제2조 ③ 범죄피해자는 해당 사건과 관련하여 각종 법적 절차에 참여할 권리가 있다.

18) 이때의 신변안전조치는 목적의 측변에서 위 1)항과 구별된다.

19) 장규원(2011). 『피해자학 강의』. 살림지식총서. 63 − 64쪽.

20) 헌재 2011. 12. 29. 2009헌마354, 판례집 23 − 2하, 795쪽.

21) 대법원 1998. 5. 26. 선고 98다11635 판결.

22) 국립국어원 표준국어대사전(https://stdict.korean.go.kr/search/searchView.do).

23) 재난 및 안전관리 기본법 제74조의3 제1항에서 "재난으로 인하여 생명·신체에 대한 피해를 입은 사람과 생명·신체에 대한 피해 발생이 우려되는 사람"을 "재난피해자"로 정의하고 있다.

24) 재해구호법 제2조(정의) 이 법에서 사용하는 용어의 뜻은 다음과 같다. <개정 2014. 5. 14., 2016. 1. 7.> 1. "이재민"이란 「재난 및 안전관리 기본법」 제3조제1호에 따른 재난으로 인한 피해(이하 "재해"라 한다)를 입은 사람으로서 주거시설의 손실 정도 등 대통령령으로 정하는 기준에 해당되는 재해를 입은 사람을 말한다.

25) 헌법 제27조 ⑤ 형사피해자는 법률이 정하는 바에 의하여 당해 사건의 재판절차에서 진술할 수 있다.

26) 헌법 제13조 ① 모든 국민은 행위시의 법률에 의하여 범죄를 구성하지 아니하는 행위로 소추되지 아니하며, 동일한 범죄에 대하여 거듭 처벌받지 아니한다.

27) 범죄피해자 개념 또는 법제와 젠더는 어떤 관계가 있는가? 우리 헌법은 "성별"이라는 용어를 알고 있다(제11조 제1항). 그렇다면 우리 헌법은 특정 성별에 주목하고 있는가? 헌법은

"여자"(헌법 제32조 제4항, 제34조 제2항)와 "모성"(제36조 제2항)을 인정하고 있고, '연령'을 기준으로 "노인"과 "청소년"을 구분하고 있다(제34조 제4항). 그러나 범죄피해자의 개념과 성별의 구분을 결부하고 있지는 않다. 다만, 신체 구조에 의해 여자가 남성보다 취약한 형태의 범죄유형이 있다면 사실상 이를 고려할 수 있을 것이지만(예를 들면, 준강간), 법적 개념으로서 범죄피해자는 젠더와는 특별한 관계가 없는 것(무관계성)으로 정리된다.

28) 제21조 ④ 언론·출판은 타인의 명예나 권리 또는 공중도덕이나 사회윤리를 침해하여서는 아니된다. 언론·출판이 타인의 명예나 권리를 침해한 때에는 피해자는 이에 대한 피해의 배상을 청구할 수 있다.

29) 제27조 ⑤ 형사피해자는 법률이 정하는 바에 의하여 당해 사건의 재판절차에서 진술할 수 있다.

30) 제30조 타인의 범죄행위로 인하여 생명·신체에 대한 피해를 받은 국민은 법률이 정하는 바에 의하여 국가로부터 구조를 받을 수 있다.

31) 헌법 제27조 ④ 형사피고인은 유죄의 판결이 확정될 때까지는 무죄로 추정된다.

32) 헌법 제106조 제1항, 제110조 제4항, 제112조 제3항, 제114조 제5항.

33) 이러한 의문은 "피해 주장자", "피해 호소인"과 같은 용어들이 사용되어야 함을 주장했던 입장을 반영한 것이다. 동아일보, "'박원순 장례위원장' 박홍근 "피해 호소인, 잘못된 용어 선택" 해명", 2022. 3. 25. (https://www.donga.com/news/article/all/20220325/112534481/2, 2022년 10월 3일 최종접속); MK스포츠, "기성용, 성폭행 피해 주장자에 민·형사 소송 제기", 2021. 3. 22. (http://mksports.co.kr/view/2021/269860, 2022년 10월 3일 최종접속)

34) 2021. 10. 21.부터 시행되고 있는 「스토킹범죄의 처벌 등에 관한 법률」, 2023. 1. 1.부터 시행될 예정인 「인신매매등방지 및 피해자보호 등에 관한 법률」도 적당한 위치에 추가될 수 있을 것이다.

35) 범죄피해자보호지원에 관한 개별법으로는 성폭력방지 및 피해자보호 등에 관한 법률, 가정폭력방지 및 피해자 보호 등에 관한 법률, 성매매방지 및 피해자보호 등에 관한 법률, 학교폭력예방 및 대책에 관한 법률, 자동차손해배상 보장법, 긴급복지지원법, 노인복지법, 아동복지법, 장애인 차별금지 및 권리구제 등에 관한 법률, 국민기초생활보장법, 국민건강보험법, 의사상자 예우 및 지원에 관한 법률 등이 있다고 한다(법무부(2020), 범죄피해자지원 길잡이, 8쪽). 그러나 이 밖에도 스토킹범죄의 처벌 등에 관한 법률, 중대재해 처벌 등에 관한 법률, 인신매매등방지 및 피해자보호 등에 관한 법률 등 개별법률마다 수개의 조문에서 피해자 보호에 관한 내용들을 담고 있다. 이 때문에 피해자 법제를 보호, 지원, 안전으로 유형화하여 이해할 필요성이 더욱 크다고 본다.

36) 국립국어원 표준국어대사전.

37) 제13조(신변안전조치) ① 검사 또는 경찰서장은 범죄신고자등이나 그 친족등이 보복을 당할 우려가 있는 경우에는 일정 기간 동안 해당 검찰청 또는 경찰서 소속 공무원으로 하여금 신변안전을 위하여 필요한 조치(이하 "신변안전조치"라 한다)를 하게 하거나 대상자의 주거지 또는 현재지(現在地)를 관할하는 경찰서장에게 신변안전조치를 하도록 요청할 수

있다. 이 경우 요청을 받은 경찰서장은 특별한 사유가 없으면 즉시 신변안전조치를 하여야 한다. ② 재판장 또는 판사는 공판준비 또는 공판진행 과정에서 검사에게 제1항에 따른 조치를 하도록 요청할 수 있다. ③ 범죄신고자등, 그 법정대리인 또는 친족등은 재판장·검사 또는 주거지나 현재지를 관할하는 경찰서장에게 제1항에 따른 조치를 하여 줄 것을 신청할 수 있다. ④ 경찰서장이 신변안전조치를 한 경우에는 대통령령으로 정하는 바에 따라 그 사실을 검사에게 통보하여야 한다. ⑤ 제1항에 따른 신변안전조치의 절차 등에 관하여 필요한 사항은 대통령령으로 정한다. <개정 2014. 12. 30.> [전문개정 2012. 2. 10.]

제13조의2(신변안전조치의 종류) 신변안전조치의 종류는 다음과 같다. 1. 일정 기간 동안의 특정시설에서의 보호 2. 일정 기간 동안의 신변경호 3. 참고인 또는 증인으로 출석·귀가 시 동행 4. 대상자의 주거에 대한 주기적 순찰이나 폐쇄회로 텔레비전의 설치 등 주거에 대한 보호 5. 그 밖에 신변안전에 필요하다고 인정되어 대통령령으로 정하는 조치[본조신설 2014. 12. 30.]

38) 제81조(피해자에 대한 정보 제공) 사법경찰관리는 피해자를 조사하는 경우 다음 각 호의 정보를 피해자에게 제공해야 한다. 다만, 피해자에 대한 조사를 하지 않는 경우에는 수사준칙 제51조제1항에 따른 결정(이송 결정은 제외한다)을 하기 전까지 정보를 제공해야 한다.

1. 신변보호 신청권, 신뢰관계인 동석권 등 형사절차상 피해자의 권리

39) 제8조의2(범죄피해자에 대한 정보 제공 등) ① 국가는 수사 및 재판 과정에서 다음 각 호의 정보를 범죄피해자에게 제공하여야 한다.

1. 범죄피해자의 해당 재판절차 참여 진술권 등 형사절차상 범죄피해자의 권리에 관한 정보

2. 범죄피해 구조금 지급 및 범죄피해자 보호·지원 단체 현황 등 범죄피해자의 지원에 관한 정보

3. 그 밖에 범죄피해자의 권리보호 및 복지증진을 위하여 필요하다고 인정되는 정보

② 제1항에 따른 정보 제공의 구체적인 방법 및 절차 등에 필요한 사항은 대통령령으로 정한다.[본조신설 2014. 10. 15.]

40) 법률의 근거가 없는 가명조서라고 하더라도 적법하며 그 증거능력이 인정된다. 대법원 2012. 5. 24. 선고 2011도7757 판결("형사소송법 제312조 제4항은 검사 또는 사법경찰관이 피고인이 아닌 자의 진술을 기재한 조서의 증거능력이 인정되려면 '적법한 절차와 방식에 따라 작성된 것'이어야 한다고 규정하고 있다. 여기서 적법한 절차와 방식이라 함은 피의자 또는 제3자에 대한 조서 작성 과정에서 지켜야 할 진술거부권의 고지 등 형사소송법이 정한 제반 절차를 준수하고 조서의 작성방식에도 어긋남이 없어야 한다는 것을 의미한다. 그런데 형사소송법은 조서에 진술자의 실명 등 인적 사항을 확인하여 이를 그대로 밝혀 기재할 것을 요구하는 규정을 따로 두고 있지는 아니하다. 따라서 「특정범죄신고자 등 보호법」 등에서처럼 명시적으로 진술자의 인적 사항의 전부 또는 일부의 기재를 생략할 수 있도록 한 경우가 아니라 하더라도, 진술자와 피고인의 관계, 범죄의 종류, 진술자 보호의 필요성 등 여러 사정으로 볼 때 상당한 이유가 있는 경우에는 수사기관이 진술자의 성명을 가명으로 기재하여 조서를 작성하였다고 해서 그 이유만으로 그 조서가 '적법한 절

차와 방식'에 따라 작성되지 않았다고 할 것은 아니다. 그러한 조서라도 공판기일 등에 원진술자가 출석하여 자신의 진술을 기재한 조서임을 확인함과 아울러 그 조서의 실질적 진정성립을 인정하고 나아가 그에 대한 반대신문이 이루어지는 등 형사소송법 제312조 제4항에서 규정한 조서의 증거능력 인정에 관한 다른 요건이 모두 갖추어진 이상 그 증거능력을 부정할 것은 아니라고 할 것이다.")

41) 자세한 내용은 제10장 참조.

42) 방화와 같이 범죄피해자의 주거가 없어진 경우에 주로 이용된다. 그러나 피해자가 주거가 있더라도 가해자의 추가범행을 회피하기 위한 목적으로 활용될 경우 가해자가 경찰단계에서 구속여부가 결정될 때까지 이용가능하다.

43) 이와 대비하면 정부조직법상 법무부의 소관사무로는 '검찰·행형·인권옹호·출입국관리 그 밖에 법무에 관한 사무'로 규정하고 있다(제32조). 그리고 검찰청법에서는 "범죄피해자 보호"를 검찰의 사무로 명시하고 있지 않다. 다만 "다른 법령에 따라 그 권한에 속하는 사항"(제4조 제1항 제6호)에 포함될 수 있을지 여부는 해석이 필요해 보인다.

44) 국가법령정보센터(https://www.law.go.kr/).

45) 비대면 접촉(전화통화 등)과 대면 접촉을 포함하는 의미이다.

46) 이에 관한 자세한 내용은 제10장 참조.

47) (https://www.inews365.com/news/article.html?no=651332, 2022년 10월 3일 최종접속)

48) (https://news.mt.co.kr/mtview.php?no=2020101213494086773, 2022년 10월 3일 최종접속)

49) (https://www.news1.kr/articles/?3414881, 2022년 10월 3일 최종접속)

젠더폭력범죄는 그 발생 및 존재 방식이 타 범죄와 구분되는 여러 특성이 있다. 그중에서도 특히, 대부분의 젠더폭력범죄가 친밀한 관계에서 발생하고 있으며, 가해자가 피해자의 일상과 공간을 점유하는 등 피해자의 삶을 통제하기 때문에 범죄 이후에도 더욱더 심각한 폭력에 노출되기도 하고 살인에 이르는 돌이킬 수 없는 상황이 발생하기도 한다. 이에 젠더폭력범죄 피해자의 특별한 상황과 사정을 고려한 피해자 보호 및 지원활동은 매우 중요하다 할 것이다. 이 장에서는 범죄피해자 지원의 주요 주무부처인 여성가족부와 법무부의 지원체계를 설명하고 젠더폭력범죄 피해자 보호를 위한 주요 기관으로 '여성긴급전화 1366', '해바라기센터', '디지털성범죄 피해자 지원센터'를 살펴보고자 한다. 마지막으로 경찰청 여성안전기획관의 기능을 중심으로 경찰의 젠더폭력범죄 피해자 보호 및 지원 체계를 살펴본다.

젠더폭력범죄 피해자 보호 및 지원

08

김세령 · 김향화 · 고병진

▶ **학습목표**

❶ 젠더폭력범죄 피해자 지원체계를 이해하고, 그 문제점과 개선 방향을 논의할 수 있다.

❷ 젠더폭력범죄 피해자 지원기관의 주요 목적과 기능을 이해하고 설명할 수 있다.

❸ 경찰의 젠더폭력범죄 피해 대응 체계를 이해하고 설명할 수 있다.

주요용어

▲ 범죄피해자 보호법   ▲ 범죄피해자지원센터

▲ 스마일센터   ▲ 상담소 및 보호시설

▲ 여성긴급전화1366   ▲ 해바라기센터

▲ 디지털성범죄 피해자 지원센터   ▲ 여성안전기획관실(여성 · 청소년안전기획관실)

1. 범죄피해자 보호 및 지원의 두 기둥
: 여성가족부와 법무부

1) 여성가족부의 젠더폭력범죄 피해자 보호 및 지원

우리는 제7장 '경찰의 범죄피해자 보호'에서 우리나라의 범죄피해자 보호 법제가 개별 특별법에 따라 다양하게 혼재되어 있다는 것을 확인하였다. 특히 여성·아동 및 청소년·노인 등 사회적 약자를 대상으로 한 범죄의 경우 중대한 피해가 발생했을 때 사회적 관심의 집중이 동력이 되어 개별 특별법의 형태로 정비되어 왔음을 확인하였다.[1] 이러한 배경으로 젠더폭력범죄 관련 법률들은 피의자 처벌과 피해자 보호가 이원화되는 방향으로 제정되었고, 이에 따라 정부의 주무부처 역시 법무부와 여성가족부로 이원화되는 결과를 낳았다.[2]

젠더폭력범죄 중 가장 먼저 입법이 된 범죄는 성폭력범죄이다. 1994년 「성폭력범죄의처벌및피해자보호등에관한법률」은 법무부와 여성가족부에 의해 발의되어 제정되었으나, 이후 1998년 법무부가 「가정폭력범죄의처벌등에관한특례법」을, 여성가족부가 「가정폭력방지및피해자보호등에관한법률」을 발의하면서 처벌과 보호의 이원화된 법제가 시작되었다. 이러한 입법방향은 1994년 제정된 「성폭력범죄의처벌및피해자보호등에관한법률」에도 영향을 미쳤다. 2010년 동법은 폐지되고 법무부의 「성폭력범죄의처벌등에관한특례법」과 여성가족부의 「성폭력방지및피해자보호등에관한법률」로 구분되어 새로이 제정되었다. 성매매 관련 법 역시 비슷한 과정을 겪었다. 2004년 「윤락행위등방지법」이 폐지되고 법무부의 「성매매알선등행위의처벌에관한법률」과 여성가족부의 「성매매방지및피해자보호등에관한법률」로 이원화되었다. 이에 따라 피해자 신변보호나 참여보장 등과 같은 형사사법 절차상의 피해자 보호는 처벌특례법에서 주로 규정하고 있고 피해회복을 위한 지원은 보호법에서 주로 규정하고 있다.

젠더폭력범죄 피해의 경우 사회적 성역할 고정관념으로 인해 형사사법절차에 진입하는데 보이지 않는 장벽이 있고 2차피해에 노출될 가능성이 크다. 그러므로 젠더폭력범죄 피해자 보호 및 지원은 형사사법절차뿐만 아니라 피해회복에 이르는 모든 과정에서 매우 중요하다. 특히 젠더폭력범죄는 가해자와 피해자 간의 관계로 인해 다른 유형의 강력범죄와 달리 피해자에 대한 특별한 보호 및 지원을 필요로 한다. 이로 인해 형사사법기관과 보호·지원기관 간의 긴밀한 공조와 협력이 더욱 강조되는 것이며 형사사법절차 상의 피해자 보호와 피해회복을 위한 피해자 지원은 하나의 연속선상에서 통합적으로 이루어져 할 것이다. 그러므로 현재 법 체계의 이원화에 따른 주무부처의 이원화는 기관 간 공조와 협력이 긴밀하게 이루어지지 않을 우려를 내포하고 있으며 피해자에 대한 적절한 보호와 지원이 이루어지지 않을 가능성이 잠재한다.3)

개별 법률로 산재해 있는 젠더폭력범죄 관련 법률의 또 다른 문제점은 중첩성이 강한 젠더폭력범죄 피해자를 위한 지원시설의 설립과 운영 역시 통일성 없이 산재해 있다는 점이다.4) 다음 [표 8-1]은 젠더폭력범죄 피해자 보호 및 지원기관의 지역별 설치 현황과 지원기관의 주요 기능을 정리한 것이다. 먼저 지원기관의 지역별 설치 현황을 살펴보면, 젠더폭력범죄 유형에 따라 크게 상담소와 보호시설이 구분되어 있고, 다음으로 대상에 따라 일반과 장애인, 청소년으로 구분되어 있으며, 더 세부적으로 지원내용에 따라 구분되어 있다. 지원기관의 주요 기능을 살펴보면, 상담소의 주요 기능은 지원과 연계이고, 보호시설의 주요 기능은 주거지원과 치료·회복 프로그램 운영이다.

가정폭력, 성폭력, 데이트폭력, 스토킹과 같은 친밀한 관계에서 발생한 젠더폭력범죄 피해자는 초기에 가해자와 분리되고 폭력으로부터 안전을 확보할 수 있는 제3의 장소가 필요하다. 이러한 특성을 고려해 볼 때 피해자에게 적절한 보호를 제공하기 위해서는 보호시설의 양적 확대가 중요하다. 상담소 현황을 좀 더 자세히 살펴보면, 성폭력·가정폭력 상담소의 지역별 편차를 확인할 수 있다. 성폭력 상담소의 경우 서울지역에 21개소가 설치된 것에 반해 충남지역에 18개소, 경남지역에 15개소가 있다. 인구밀집도나 범죄발생율을 감안할 때 이러한 지역별 편차 현상은 시설의 소규모화를 초래할 것으로 보인다. 이는 역량있는 전문인력의 확보를 어렵게 하고 양질의 지원서비스를 제공하지 못하는 결과를 낳을 수 있다. 그리고 지원기관의 개소와 폐소가 잦게 되어 피해자 보호 및 지원 제공의 연속성에 문제로 이어질 우려가 있다.5)

표 8-1 여성가족부 주관 젠더폭력범죄 피해자 보호 및 지원기관의 지역별 설치 현황

(단위: 개소, 2021년 12월 31일 기준)

구분	성폭력 상담소 합계	일반	장애인	성폭력 보호시설(비공개시설) 합계	일반	장애인	특별지원	자립지원	가정폭력 상담소	가정폭력 보호시설(비공개시설) 합계	일반	가족보호	성매매 상담소	성매매 보호시설 합계	일반	청소년	외국인	자립지원	자활지원
합계	168	140	28	34	17	7	4	6	128	65	44	21	31	63	24	14	1	11	13
서울	21	17	4	2	2	0	0	0	13	11	8	3	6	15	5	5	0	3	2
부산	6	5	1	3	1	1	0	1	11	3	2	1	2	8	3	2	0	2	1
대구	4	3	1	1	1	0	0	0	3	3	2	1	2	5	2	1	0	1	1
인천	5	3	2	2	1	0	0	1	6	1	1	0	1	2	1	0	0	0	1
광주	7	6	1	3	1	1	1	1	4	4	3	1	1	4	1	1	0	1	1
대전	5	3	2	2	0	1	0	0	3	1	0	1	1	3	1	1	0	0	1
울산	4	3	1	1	1	0	0	0	3	1	1	0	1	1	1	0	0	0	0
세종	2	2	0	0	0	0	1	0	0	0	0	0	0	0	0	0	0	0	0
경기	32	28	4	4	3	0	0	0	21	11	11	0	5	7	2	0	1	1	3
강원	10	8	2	1	1	0		0	10	5	4	1	1	1	1	0	0	0	0
충북	8	7	1	3	1	1	0	1	5	3	1	2	1	1	1	0	0	0	0
충남	18	16	2	1	0	1	0	0	8	4	2	2	1	2	1	0	0	1	0
전북	7	5	2	2	2	0	0	0	8	4	2	2	1	3	1	0	0	1	1
전남	9	8	1	2	1	1	0	0	8	4	2	2	3	3	1	1	0	0	1
경북	11	9	2	2	0	0	1	1	9	2	2	0	1	1	1	0	0	0	0
경남	15	14	1	2	0	0	1	1	13	6	3	3	3	5	1	3	0	1	0
제주	4	3	1	3	2	1	0	0	3	2	0	2	1	2	1	0	0	0	1

자료: 여성가족부. (2022). 여성·아동권인증진사업 운영지침에서 재구성

표 8-2　젠더폭력범죄 피해자 지원기관 및 주요 기능

피해자 지원기관	주요 기능
여성긴급전화 1366	• 위기개입 상담(초기 긴급상담) • 긴급피난처 운영 • 여성폭력 피해자 지원기관 및 기관 연계
해바라기센터 (성폭력 피해자 통합지원센터) 위기지원형/아동형/통합형	• 전문상담 • 피해자 치료 및 회복 프로그램 운영 • 의료 및 법률지원, 여성폭력 피해자 보호시설 등 연계
상담소 (가정폭력/성폭력/성매매 피해상담소)	• 성폭력, 가정폭력, 성매매 피해자에 대한 365일 24시간 상담·의료·수사·법률 지원 등 원스톱 제공 • 심리치료지원, 사례관리 및 지원연계, 동행서비스 등
여성폭력 피해자 보호시설 (가정폭력/성폭력/성매매 피해자 보호시설)	• 주거지원 등 피해자 보호 • 피해자 자립 및 자활지원 등 • 피해자 치료 및 회복 프로그램 운영, 의료 및 법률 지원
자활지원센터 (성매매 피해자)	• 성매매 피해자 대상 자립 및 자활 지원·제공 • 작업장 등 설치 및 운영, 전업 및 사회통합 지원 • 일자리 제공사업 운영, 직업훈련 및 교육 실시 • 심리적 안정과 피해회복 지원
폭력피해 이주여성 지원기관	• 이주여성 상담 및 보호 • 그룹홈 및 자활지원 센터 운영
디지털성범죄 피해자 지원센터	• 디지털성범죄피해 초기상담 • 피해 촬영물 삭제 지원 • 피해자 지원기관 연계

자료: 한국여성인권진흥원. (2020). 여성폭력 피해자 지원 종합안내서를 재구성

2) 법무부의 강력범죄 피해자 보호 및 지원

젠더폭력범죄 피해자 보호 및 지원의 초기 활동은 여성단체가 주도하였다. 1991년 설립한 한국성폭력상담소를 시작으로 관련 법률의 제정에 따라 가정폭력 상담소 및 보호시설, 성매매 피해자 지원 및 상담시설 등이 설립되면서 젠더폭력범죄 피해에 특화된 활동이 활발하게 이루어져 왔다. 한편, 강력범죄피해자 지원은 1987년 제정된 「범죄피해자구조법」에 따라 가해자로부터 범죄피해에 대한 보상을 받지

못하는 경우 국가가 금전적으로 지원하는 제도가 있었으나, 피해회복을 위한 적극적인 지원이나 보호는 미흡한 수준이었다.

2003년 2월 18일 대구 지하철 화재 참사를 계기로 '김천·구미 범죄피해자지원센터'가 민간차원에서 설립되었는데,6) 이 센터가 검찰청의 지원을 받아 성공적으로 운영됨에 따라 2004년 9월 1일 법무부는 범정부 차원의 실질적 범죄피해자 보호 및 지원시스템 구축을 목적으로 『범죄피해자 보호·지원 강화를 위한 종합대책』을 발표하였다.7) 이 종합대책은 범죄피해자 기본법 제정 추진, 범죄피해자지원센터 설립 지원, 형사사법절차에서 범지피해자 참여 확대 방안 마련 등을 주요 내용으로 하였다. 이어 법무부의 발의로 2005년 12월 「범죄피해자 보호법」이 제정됨으로써 범죄피해자지원센터의 설립과 예산지원을 위한 법적 근거가 마련되어 전국지방검찰청 및 지청에 범죄피해자지원센터가 설립되었다. 이후 2008년 9월 '전국 범죄피해자지원연합회'가 창설되었고, 현재 전국적으로 총 60개의 센터가 운영 중이며 이 중 56개의 센터가 검찰청사 내에 위치하고 있다.8) 이들의 주요 사업으로는 치료비, 심리치료비, 긴급 생계비 지원 등 경제적 지원과 더불어 심리상담 지원, 재판모니터링 및 법정동행 지원, 주거환경개선 지원 등이다. 더 나아가 법무부는 2010년부터 강력범죄피해자의 회복을 위한 범죄피해 트라우마 통합지원을 목적으로 산하에 '스마일센터'를 위탁운영하고 있으며, 2022년 현재까지 지역별로 총 17개의 스마일센터를 운영하고 있다.9) 스마일센터에서는 사례관리를 통한 피해자 지원연계, 정신건강의학과 진료, 심리평가 및 심리치료, 생활관 입소 프로그램 제공(1개월 이내 단기입소), 법률지원 등의 피해자 지원사업을 진행하고 있다.

2005년 12월 「범죄피해자 보호법」의 제정으로 범정부 차원의 범죄피해자 보호 및 지원을 위한 국가기본계획이 5년 주기로 수립되고 사행 중이다. 『범죄피해자 보호·지원계획(이후 보호·지원계획)』은 동법 제12조에 따라 법무부장관이 주관으로 범죄피해자보호위원회의 심의를 거쳐 수립되며, 범죄피해자보호위원회의 위원은 기획재정부, 교육부, 법무부, 행정안전부, 보건복지부, 여성가족부, 법원행정처, 대검찰청, 경찰청 등 총 9개 기관으로 구성되어 있다. 2007년 제1차 보호·지원계획이 수립된 이후로 현재 2022년부터 2026년까지 제4차 보호·지원계획이 추진 중이다.

제4차 보호·지원계획은 범죄피해자의 '원상회복', '실질적 참여', '평온하고 안전한 삶으로의 복귀'를 목표로 피해회복 지원의 내실화 및 대상 확대, 가해자의 책임 인식 및 피해배상 촉진, 형사절차 참여기반 강화 및 참여기회 확대, 피해자의 정보 및 신변보호와 2차피해 예방, 협력적 정책추진체계 구축 및 정책기반 강화 등 5대 정책영역을 설정하고 그 하위에 13개 정책과제와 87개 세부추진과제를 주요 내용으로 구성되었다.10) 제4차 보호·지원계획의 내용으로 미루어 볼 때 범죄피해자 보호 및 지원은 형사사법절차상에서 뿐만 아니라 피해회복에 이르기까지 다양한 관계 정부 부처(청)이 관여하여 포괄적으로 이루어진다는 것을 알 수 있다. 이는 범죄피해자 보호 및 지원이 단일 부처의 주도만으로 가능한 것이 아니라 범정부 차원에서 관계 정부 부처(청)의 긴밀한 협력과 공조를 통해 그 목표를 달성할 수 있다는 것을 보여준다. 그러나 비슷한 지원시설들이 설립되고 운영됨에 따라 대동소이한 내용의 사업들이 중복적으로 이행되고 있어 피해자 보호 및 지원 사업의 효율성에 대한 문제가 제기되기도 한다.11)

2. 젠더폭력범죄 피해자 지원을 위한 주요 기관

앞에서 언급한 바와 같이 젠더폭력범죄 피해자에 대한 지원은 젠더폭력범죄 피해의 특성에 따라 통합적이고 연속적으로 이루어져야 하며 이는 매우 중요하다. 이에 따라 본 장에서는 젠더폭력범죄 피해자 보호 및 지원을 위한 주요 기관들을 소개한다. 먼저 1998년부터 현재까지 젠더폭력범죄 피해자 초기 지원의 중심기관으로써 365일 24시간 운영되고 있는 '여성긴급전화 1366'을 살펴보고, 다음으로 의료·법률·수사지원을 원스톱으로 통합지원하는 '해바라기센터'를 알아볼 것이다. 마지막으로 최근 대두되는 디지털성범죄 피해자를 위한 '디지털성범죄 피해자 지원센터'를 살펴보고자 한다.

1) 여성긴급전화 1366

'1366'은 "위기에 처한 여성에게 1년 365일에 하루를 더하여 충분하고 즉각적인 서비스를 제공"한다는 의미를 갖고 있다.12) 여성긴급전화 1366은 1997년 12월 「가정폭력범죄의처벌등에관한특례법」이 제정되면서 당시 보건복지부가 1998년 1월 1일 '여성 1366'이라는 이름으로 서울을 비롯한 광역시·도에 설치하였다.13) 그러나 관련 법적 근거와 그에 따른 예산도 확보하지 않은 상태에서 정부는 단순히 상담전화를 설치하는 수준으로 사업을 추진하였고 기존에 민간차원에서 가정폭력 및 성폭력 피해상담을 해오던 여성의전화, 성폭력상담소 등 여성단체가 예산상의 지원도 없이 그들의 사명감과 희생으로 추진하게 되었다.[14] 이후 2009년 「가정폭력방지법」의 개정으로 동법 제4조의6(긴급전화센터의 설치·운영 등)이 신설되면서 비로소 법적 근거를 마련하였다.

여성긴급전화 1366의 설치 및 운영 목적은 가정폭력·성폭력·성매매·데이트폭력·디지털성폭력·성희롱 등 젠더폭력범죄 피해자에 대한 긴급 구조 및 보호를 지원하는 것이다. 이를 위하여 전국적으로 통일된 국번없는 특수전화 '1366'을 365일 24시간 운영하고 있으며, 중앙센터 및 광역자치단체(시·도) 단위로 전국 17개 지역센터와 1개의 중앙센터로 총 18개 센터가 있다. 여성긴급전화 1366센터의 주요 기능은 전문상담원의 젠더폭력범죄 피해자에 대한 긴급상담과 더불어 안내 및 보호조치를 한다. 이에 따라 가정폭력 등 피해자 및 동반 자녀에 대하여 최장 7일간 임시보호가 가능한 긴급피난처를 함께 운영한다. 다만 데이트폭력범죄피해자 등 타 보호시설로 연계가 어려운 경우 최장 30일까지 연장하여 임시보호 서비스를 제공하고 있다. 그리고 2인 1조의 상담원이 가정폭력 현장을 방문하여 긴급지원이나 피해자의 상황에 따라 관련 기관 연계 등의 서비스를 지원한다. 유관기관 연계 서비스 지원을 위하여 상담소, 보호시설, 경찰, 소방, 행정기관, 의료기관 등의 협조체계를 구축하고 유지하는 기능도 병행한다.[15]

표 8-3   2021년 여성긴급전화 1366 상담 현황

(단위: 건)

구분		건수	점유율(%)
합계		313,868	100
젠덕폭력범죄 피해상담	가정폭력	171,352	54.6
	성폭력	19,691	6.3
	성매매	3,048	1.0
	데이트폭력	9,824	3.1
	스토킹	2,710	0.9
	디지털성범죄	7,053	2.2
일반상담	가족문제	8,028	2.5

정서 · 정신건강	44,763	14.3	
이주지원	329	0.1	
기타(단순문의 등)	47,070	15.0	

자료: 한국여성인권진흥원. (2022). 여성긴급전화 1366, 2021 연감.

여성긴급전화 1366은 그 명칭에서부터 신체적 성별의 여성 피해자만을 위한 지원기관으로 오해할 수 있으나, 젠더폭력범죄는 사회적 성별에 따라 발생하는 범죄이기 때문에 신체적 성별의 남성이든 여성이든 젠더폭력범죄 피해자라면 누구든 상담 또는 지원을 받을 수 있다. 따라서 신체적 성별의 남성 역시 상담 및 지원을 받을 수 있으며, [표 8-4] 성별 상담 현황을 통해 비록 소수이지만 남성 역시 젠더폭력범죄 피해상담을 요청한다는 것을 확인할 수 있다.

표 8-4   2021년 여성긴급전화 1366 성별 상담 건수

(단위: 건)

구분	계	여성	남성	미상*
건수	313,868	288,552	25,274	42
점유율(%)	100	91.9	8.1	0.01

자료: 한국여성인권진흥원. (2022). 여성긴급전화 1366, 2021 연감.
*미상: 사이버상담을 통한 문의 등에서 발생

여성긴급전화 1366은 초기 상담 후 전문상담기관을 비롯한 관련 기관에 연계하고 있는데, 전체 상담 건수의 50.9%(207,865건)가 전문상담기관으로 연계되었고, 다음으로 16.1%(65,704건)가 수사기관으로 연계된 것으로 나타났다. 반면 보호시설에 연계한 경우는 전체 건수의 5.3%(21,507건), 긴급피난처 지원은 1.0%(4,164건)로 나타나 2019년부터 2021년까지 코로나19의 영향을 감안하더라도 여성긴급전화 1366이 상담중심의 지원으로 이루어지고 있는 것을 알 수 있다.

표 8-5 2021년 여성긴급전화 1366 관련기관 연계 및 조치현황

(단위: 건)

구분	계	관련기관 연계						현장 상담 지원	긴급 피난처	기타**
		보호 시설	전문 상담 기관	의료 기관	법률 기관	수사 기관	기타 관련 기관*			
건수	408,575	21,507	207,865	11,815	8,875	65,704	19,092	1,277	4,164	68,276
점유율 (%)	100	5.3	50.9	2.9	2.1	16.1	4.7	0.3	1.0	16.7

자료: 한국여성인권진흥원. (2022). 여성긴급전화 1366, 2021 연감.
* 기타 관련기관: 행정기관 등, **기타: 심리정서, 단순문의응대, 귀가 등
※ 관련기관 연계는 중복 집계된 것임

2) 해바라기센터(법률상 명칭: 성폭력 피해자 통합지원센터)

해바라기센터의 명칭은 '성폭력이라는 부정적인 의미에서 벗어나 해바라기 꽃처럼 활짝 웃을 수 있는 희망을 함께 가지길 바란다'는 의미에서 처음 사용하였다.[16] 해바라기센터는 「성폭력방지법」 제18조(피해자를 위한 통합지원센터의설치·운영)에 근거하여 설립된 기관으로, 여성가족부 및 지방자치단체, 시·도경찰청, 종합병원 등이 운영 주체가 되어 성폭력피해 상담 및 치료, 법률상담 및 수사지원 등 피해구제를 위한 지원을 종합적으로 수행한다. 이를 위하여 365일 24시간 운영체제로 성폭력·가정폭력·성매매 피해자 등 젠더폭력범죄 피해자를 위한 상담·의료·수사·심리 지원을 원스톱으로 통합 지원한다. 해바리기센터는 젠더폭력범죄 피해자가 폭력피해로 인한 위기 상황에 대처할 수 있도록 지원하고 2차피해로부터 보호받을 수 있도록 한다. 특히 19세 미만의 성폭력 피해 아동·청소년과 지적장애인 등 적극적이면서 통합적인 외부 개입이 필요한 사건에 특화되어 있다. 센터는 의학적·심리적 진단에 따른 평가 및 치료, 수사기관의 범죄피해 조사지원, 법률지원, 사회적 지원, 상담 서비스 등을 원스톱으로 제공한다.[17]

초기 해바라기센터는 13세 미만의 성폭력 피해 아동·청소년과 지적장애인이 성폭력 피해 환경에서 벗어나도록 지원하는 것을 목적으로 '해바라기아동센터'라는 이름으로 시작하였다. 2003년 아동 성폭행 사건을 계기로 아동 성폭력 범죄에 대한 효과적인 대응체계의 필요성이 사회적 문제로 제기되었다.[18] 이를 계기로 정부

는 같은 해 6월 아동 성폭력 전담기구 설치 방안을 검토하고, 이어 11월에 해바라 기아동센터 설립을 위한 추진기획단을 구성하였다. 그 결과 2004년 6월 18일 여성 부의 위탁운영기관으로서 연세대의료원에 '서울해바라기아동센터'가 처음 개소하였 다. 이후 2005년부터 2009년까지 경북, 전남, 경기, 경남, 부산, 인천, 전북, 충청, 강원 등 9개소가 순차적으로 설치되면서 확대되었다.[19]

아동·청소년과 지적장애인을 위한 성폭력 피해자 통합지원센터가 설립되는 가운 데 2004년 경남지역에서 고교생들의 집단성폭력 사건이 발생하였고, 이 사건으로 학교폭력 및 성폭력범죄에 대한 통합지원시스템의 필요성이 또다시 사회적 이슈가 되었다.[20] 이로 인해 경찰청은 2001년부터 경찰병원에서 운영해온 성폭력 의료지 원센터를 확대 개편하여 2005년 8월 '여성·학교폭력피해자 원스톱지원센터(약칭 '원스톱지원센터')'를 경찰병원에 최초로 개소하였고,[21] 이어서 같은 해 12월 여성부 ·경찰청·병원장의 3자 공동업무협약 체결로 부산에 두 번째 원스톱지원센터가 개 소하였다.[22] 원스톱 지원센터는 학교폭력·성폭력·가정폭력·성매매 피해자에게 24시간 무료 상담을 제공하고 여성경찰관과 응급의료진이 상시 대기하여 야간진료 와 더불어 수사지원이 가능하게 했으며 진료비용은 국가가 부담하였다.[23] 특히 피 해자 조사과정에서 발생할 수 있는 2차피해를 방지하기 위하여 여성경찰관을 배치 하여 신고접수부터 증거채취, 피해자 진술조서 작성 등이 이루어지도록 하였다. 2006년 원스톱지원센터는 인천, 울산, 충북, 전북, 경북, 대구, 광주, 대전, 경기, 경 남, 제주 등에 순차적으로 설치되면서 전국적으로 확대되었다.

이후 해바라기아동센터와 원스톱지원센터는 그 기능이 유사하고 중복된 상태에 서 상호 기간관 연계 및 정보공유 부족 등으로 통합지원기관으로서의 장점과 전문 성을 살리지 못한다는 비판을 받게 되었다.[24] 해바라기아동센터는 경찰관이 상근하 지 않아 수사 및 법률지원 기능이 취약하고, 원스톱지원센터는 상담과 심리지원을 전문적으로 지원하는 인력과 공간이 없어 심리치료와 면담보고서 제공이 어려웠다. 이를 해결하기 위해 여성가족부는 2009년 '폭력피해 여성지원서비스 전달체계 개편 추진단'을 구성하여 원스톱지원센터와 해바라기아동센터 통합을 논의하여 2010년 1월 '부산해바라기 여성·아동센터'를 개소하였다. 이후 서울, 강원 영동, 전남, 경 기 등에 설치하였다.[25]

전국의 해바라기아동센터, 원지톱지원센터, 그리고 해바라기 여성·아동센터는 그 명칭들이 혼재된 채 운영해오다 2015년 1월부터 현재의 '해바라기센터'로 명칭을 일원화하였다. 그리고 지원대상과 내용에 따라 해바라기아동센터는 아동형, 원스톱지원센터는 위기지원형, 해바라기 여성·아동센터는 통합형으로 구분하여 운영하고 있다. 아동형은 의학적 진단과 외상치료, 지지체계로서의 가족기능 강화를 위한 상담서비스를 중심으로 19세 미만 아동·청소년과 지적장애인을 대상으로 특화된 통합지원센터이다. 위기지원형은 피해조서 작성, 진술녹화 지원, 법률지원, 증거수집 및 고소지원을 위한 수사지원팀의 상주로 수사 및 법률지원이 강조된 통합지원센터이다. 아동형과 위기지원형의 통합형은 성별이나 장애유무와 상관없이 모든 연령대의 피해자를 대상으로 하며, 기본시설로 심리치료실, 진술녹화실 등을 별도의 공간에 설치하여 피해자 지원을 위한 일체의 서비스를 통합적으로 제공한다.[26]

표 8-6 유형별 해바라기센터 현황 및 세부 내용

(2021년 12월 기준)

유형	대상	운용시간	특징
아동형 (7개소)	성폭력 피해자와 가족 (19세 미만 아동·청소년 및 모든 연령·성별 지적장애인)	월~금 9:00~18:00	• 심리지원팀(임상심리전문가, 임상심리사, 심리치료사) : 심리평가 및 심리치료
위기 지원형 (16개소)	성폭력·가정폭력·성매매 피해자와 가족 (모든 연령 및 성별)	365일 24시간	• 수사지원팀(경찰관) : 사건조사 및 피해자 진술녹화
통합형 (16개소)	성폭력·가정폭력·성매매 피해자와 가족 (모든 연령 및 성별)	365일 24시간	• 수사지원팀(경찰관) • 심리지원팀(임상심리전문가, 임상심리사, 심리치료사)

자료: 여성가족부. (2022). 2022년 해바라기센터 사업안내.
※ 아동형의 경우, 센터운영시간 외의 시간은 재택 당직 근무제를 통해 24시간 상시 상담 및 치료 지원 연계 가능

| 표 8-7 | 해바라기센터 피해자 지원서비스 내용 |

구분	세부 내용
상담지원	위기·응급상담, 추가·지속 상담, 상담 교육프로그램 운영 등
의료지원	법의학적 증거물 확보, 피해자 응급조치, 외상과 후유증 치료지원
수사·법률지원	피해자 진술, 피해자 지원제도 활용, 법률상담 및 자문, 사건지원 등
심리지원	심리평가 및 치료, 심리 지원 상담, 치료프로그램 운영 등
동행서비스	상담·심리·수사·법률·의료 지원 접근성 확보를 위한 이동 지원
사회적 지원	외부기관 및 외부자원 연계, 돌봄비 지원 등

자료: 한국여성인권진흥원. (2022). 해바라기센터 2021 연감.
※ 피해자 지원제도: 신뢰관계인 동석, 진술조력인, 전문가의견조회, 국선변호인, 무료법률지원사업,
속기사 지원 등

　

해바라기센터는 국가, 지방자치단체, 수사기관, 의료기관 등 지원기관의 협력체계를 구성하여 젠더폭력범죄 피해자에 대한 통합지원 서비스를 제공하는 기관이라는 점에서 상징적으로 중요한 의미를 갖는다. 그러나 최근 해바라기센터 일부가 운영을 중단하거나 간호사가 근무하지 않아 사실상 응급키트 채취 등의 업무가 불가능하다는 보도가 잇따르면서 해바라기센터의 운영 방식을 개선하자는 의견이 모이고 있다.[27] 여성가족부나 지방자치단체에서 센터를 유치하고자 노력하지만, 대부분의 병원이 지원받을 수 있는 운영비가 적고 운영 책임이 전적으로 병원에 있기에 해바라기센터 유치를 꺼린다. 병원은 공간을 무상으로 제공해야 하고 지원받는 운영예산을 대부분 인건비로 지출하기에 사실상 손해를 감수해야 한다. 또한, 종사자들을 병원에서 고용해야 하므로 고용과 관련된 문제도 불거진다. 전담 의료기관으로 지정된 경우에도 해당 기관이 전담기관인지 모르거나 증거채취를 해본 적이 없어 다른 곳으로 피해자를 보내기도 한다. 종사자들은 낮은 인건비와 경력 문제로 인하여 이직이 잦고, 이는 업무 연속성 저하로 이어진다. 이러한 문제를 해결하기 위해서는 예산을 확보하는 등 병원에 인센티브를 주기 위해 노력하는 한편 사회적으로 관심과 격려를 보내는 등 사회적 보상 역시 제공해야 한다. 해바라기센터 근무자들의 급여 등 처우 역시 개선해야 한다. 무엇보다도 현재 사업 주체가 나누어져 있는 현실을 개선하고 인력관리와 인사관리를 지방자치단체 등으로 일원화할 필요가 있다.

표 8-8 해바라기센터 운영 방식

구분	업무
시도경찰청	수사인력 운영, 피해자 조사, 수사분야 지원
지방자치단체	예산 교부 및 정산, 사업계획 승인 및 집행, 센터장·소장·부소장 등 관리
병원	센터 운영, 공간 제공, 증거물채취, 의료지원, 종사자관리
여성가족부	센터 설치계획 수립, 관리감독·지도, 지원·사업비 교부
중앙지원단	센터 운영·실적관리 및 지원, 교육

자료: 경찰청 내부자료

3) 디지털성범죄 피해자지원센터

디지털성범죄 피해자 지원센터는 공공기관인 한국여성인권진흥원 인권보호본부에 소속되어 있다. 이곳에서는 디지털성범죄 피해자를 위해 상담지원, 삭제지원, 그리고 연계지원을 한다. 구체적으로 피해자의 심리상담을 비롯하여, 피해촬영물 유포현황과 사후 유포 모니터링, 그리고 증거 수집 및 경찰 연계, 의료지원, 법률지원 등을 진행한다. 삭제지원은 유포 전에는 유포현황을 모니터링하는 형태이며, 유포 후라면 유포 범위를 파악하고 피해촬영물에 대한 삭제요청을 하는 형태이다. 이후 재유포 현황 모니터링, 삭제지원 결과보고서 발행이 가능하다.

그림 8-1 삭제지원 업무 흐름도

자료: 한국여성인권진흥원 디지털성범죄 피해자지원센터 홈페이지

디지털성범죄가 사회문제로 대두되고 「여성폭력방지법」이 기본법으로써 지방자치단체의 여성폭력 방지 의무를 규정하면서, 지방자치단체 차원에서 디지털성범죄 피해자를 지원하는 센터를 개소하고 있다. 그중 경기도는 「경기도 디지털성범죄 방지 및 피해 지원에 관한 조례」를 제정한 후, 광역 지방자치단체 최초로 디지털성범죄 피해자 원스톱 지원센터를 개소하였다. 지역 센터 또한 중앙의 디지털성범죄 피해자지원센터처럼 삭제지원과 피해자 상담, 경찰 연계를 지원하고 있다.

표 8-9 디지털성범죄 피해자 지원센터 현황

지역	센터명	홈페이지	전화번호	주소
서울	디지털성범죄 피해자지원센터 (한국여성인권진흥원)	d4u.stop.or.kr	02-735-8994	서울시 중구 서소문로 50 센트럴플레이스 3층
서울	디지털성범죄안심지원센터 (서울여성가족재단)	onseoulsafe.kr	02-815-0382	서울시 동작구 여의대방로54길 18
인천	디지털성범죄예방대응센터 (인천여성가족재단)	onestop5170.kr	032-517-5170	인천시 부평구 길주로 539 303호
경기	디지털성범죄 피해자원스톱 지원센터(경기도여성가족재단)	gwff.kr/031cut	1544-9112	경기도 수원시 장안구 경수대로 1150 3층

'제2의 n번방' 사건이 경기도 지역센터를 통해 경찰에 알려졌던 만큼,[28] 지원센터의 역할이 더욱 중요하게 대두되고 있으나 대부분의 센터가 수도권에 편중되어 있어 비수도권 지역 거주민의 지원제도 접근성은 다소 낮다. 이러한 문제를 해결하기 위해 여성가족부는 2021년부터 일부 지역의 상담소를 '디지털성범죄 지역 특화상담소'로 지정하고 디지털 환경에 대한 이해와 전문성이 있는 상담사를 배치하여 상담과 수사동행, 의료지원 서비스를 제공하고 있다. 현재 10개소가 디지털성범죄 피해자 지역 특화상담소로 지정되어 있다.

기존의 상담소를 특화상담소로 지정하는 방식은 디지털성범죄만을 전문으로 다루는 센터에 비해 전문성이 떨어진다는 우려를 안고 있다. 지원센터 설립예산이 확보된다고 하더라도 센터를 확장·운영하기 위해서는 종사자의 직무 연속성을 확보하는 방안이 우선 마련되어야 한다. 현재 한국여성인권진흥원에 설치된 지원센터의 종사자들은 단기 계약직 위주의 고용 방식으로 인해 노동 환경에 대한 불안정성을 경험하며 성착취물을 사전추적·삭제지원·모니터링하면서 스트레스장애를 겪기도 한다.[29] 종사자들이 장기적으로 근무하면서 직무의 전문성을 길러야 하지만 현실적인 문제로 인하여 잦은 이직을 하게 된다. 직원들에게 안정적인 근무환경을 제공하고 성착취물로 인한 피로도를 없애는 방안을 모색하지 않는 이상 센터를 설립한다고 하더라도 안정적인 운영을 하기 어렵다.

그림 8-2 피해자 지원체계

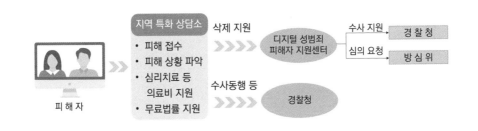

자료: 여성가족부 보도자료. (2021.12.3.). 디지털성범죄 지역 특화상담소 10개소로 확대·운영[30]

표 8-10 디지털성범죄 지역 특화상담소 목록

연번	보조사업자 (시도)	간접보조사업자 (운영기관)	연락처	비고
1	경상남도	여성긴급전화1366 경남센터	055 – 1366	2021년 사업 수행 시·도
2	경상북도	(사)포항여성회부설 경북여성통합상담소	054 – 727 – 9595	
3	대구광역시	대구여성의전화부설 여성인권상담소 피어라	053 – 215 – 6487	
4	부산광역시	여성긴급전화1366 부산센터	051 – 1366	
5	전라북도	성폭력예방치료센터부설 성폭력상담소	063 – 236 – 1366	
6	제주도	제주YWCA통합상담소	064 – 748 – 3040	
7	광주광역시	(사)광주여성민우회 성폭력상담소	062 – 521 – 1365	2022년 신규 선정 시·도
8	인천광역시	(재)인천여성가족재단	032 – 517 – 5170	
9	충청북도	(사)충북여성인권 부설 상담소 늘봄	043 – 257 – 8297	
10	대전광역시	대전여민회 부설 성폭력상담소 '다힘'	042 – 257 – 3539	

자료: 여성가족부 보도자료. (2021.12.3.) 재구성.

3. 경찰의 젠더폭력범죄
    대응을 위한 체계 구축

1) 여성대상범죄근절추진단(TF) 신설

2018년 8월 23일, 경찰청(생활안전국)은 "여성이 안전한 사회"를 만들고자 여성대상범죄근절추진단(이하 추진단)을 개소하였다. 이는 당시 민갑룡 경찰청장의 제1호 치안정책이었으며, 흩어져있던 여성 대상 치안정책을 한데 모아 종합적으로 '여성안전'이라는 관점에서 추진하는 것을 목적으로 한다.[31]

그림 8-3 여성대상범죄 근절 추진단 조직도(2018-2019)

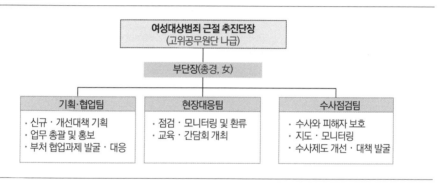

추진단은 기획협업팀, 현장대응팀, 수사점검팀으로 구성되었고, 경찰의 여성대상범죄 근절 역량을 향상하기 위해 성인지감수성 향상 교육, 수사 매뉴얼 개선 작업 등을 진행하였으며, 실효성 있는 정책을 추진하기 위해 현장을 자주 방문하고 수사 상황을 모니터링했다. 또한, 여성가족부 등 유관부처와의 공동 대응체계를 구축하였으며, 각계각층의 의견을 반영한 여성안전 정책을 추진하기 위해 대외 협업을 강화하고자 노력하였다.

2) 여성안전기획관실 설립(現 여성청소년안전기획관)

추진단을 전신으로 하여 2019년 5월 여성안전기획관이 신설되었다. 2019년 기존의 '여성청소년과'에서 '아동청소년' 기능을 분리하여 '아동청소년과'를 만들고 '여성안전'과 관련한 정책을 추진할 '여성안전기획과'를 신설하였다. 여성안전기획관실은 여성안전과 관련한 정책을 종합적으로 추진할 수 있는 여성안전기획과와 여성폭력 범죄 수사를 기획하고 관리할 여성대상범죄수사과를 편재하여 실질적인 운영 환경 을 구축하였다.

그림 8-4 여성안전기획관 조직도(2020)

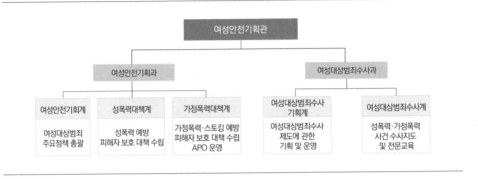

현재는 '국가수사본부'가 신설되고 수사 기능이 한데 모이면서, 여성대상범죄수사 과(現 여성청소년범죄수사과)는 형사국 소속으로 변경되었다. 여성안전기획관은 여성 청소년안전기획관으로 명칭을 변경하여 여성·청소년 등 사회적 약자 관련 정책을 종합적으로 추진하고 있으며, '여성안전기획과'와 '아동청소년과'가 소속되어 있다.

여성안전기획과는 여성폭력과 관련된 전반적인 경찰의 정책을 총괄하는 부서로 성폭력, 가정폭력, 스토킹범죄예방과 피해자 보호 관리 및 대책 수립을 담당하고 있다. 여성폭력범죄 수사과정에서 피해자의 권리가 보장될 수 있도록 정책을 기획 한다. 여성안전기획계는 여성대상범죄 유관기관 협력 업무와 여성대상범죄 주요정 책을 총괄하고 있으며, 민간위원으로 구성된 여성청소년안전정책자문단을 운영하여 정책 추진 기반을 마련하고 관련 분야 전문가와 긴밀하게 소통하고 있다. 성폭력대 책계는 장애인시설 점검과 신학기 성범죄 예방활동 등 시기·대상별 성폭력 예방활 동을 전개하는 한편, 성매매 피해자 보호를 위한 기초작업으로써 성매매피해자표준 식별모델을 제작하였다. 또한, 경찰활동 전반에 2차피해 예방을 내실화하는 것을 목표로 2차피해 예방 관련 정책을 설계하고 수사관 대상 교육을 관리하고 있다. 가 정폭력대책계는 가정폭력 재발우려가정, 반복신고 대응, 피해자보호 관련 업무와

그림 8-5 경찰청 조직도(2021)

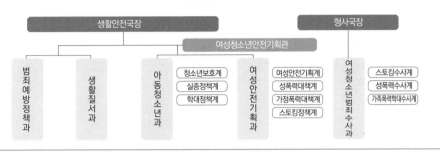

경찰청 조직

자료: 경찰청. (2021). 사회적 약자 보호 치안백서.

학대예방경찰관 관리 업무를 맡는 한편, 「가정폭력처벌법」 개정을 위해 노력하고 있다. 특히, 신속한 피해자 보호를 위해 경찰 신청 → 검찰 청구 → 법원 결정으로 이루어지는 현재의 피해자 보호조치 구조에서 경찰이 바로 법원에 신청하는 2단계 구조로 개선하는 형태로 법 개정을 준비하고 있다. 스토킹정책계는 「스토킹처벌법」 시행(2021.10.21.)을 대비하여 신설되었으며, 스토킹 대응 매뉴얼을 제작하고 담당업무자를 대상으로 스토킹 관련 집중 교육을 진행하고 있다. 현재 스토킹정책계는 긴급응급·잠정조치 결정 구조를 간소화하고 형사처벌 조항을 신설하는 등 실효성 있는 가해자 접근 차단이 이루어질 수 있도록 법률 개정을 위해 노력하고 있다.[32)]

한때 경찰청 여성청소년과에서 담당하던 사회적 약자 대상 업무가 많은 과로 확대된 것은 사회적으로 피해자 보호에 관한 요구가 선명하였기 때문이다. 이에 경찰이 범인검거와 혐의입증 중심의 경찰활동에서 더 나아가 피해자 보호와 회복적 가치를 추구하는 경찰활동을 전개하게 된 것이다. 젠더폭력 피해자가 법의 보호를 받기 위해서는 국가 차원에서 피해자 보호 체계에 어떠한 사각지대가 있는지 점검하는 작업이 선행하여야 한다. 그리고 제도를 개선하고 국민의 요구에 맞는 대응체계를 구축하여야 한다. 무엇보다도 피해자가 범죄피해를 겪은 후 일상으로 복귀할 수 있도록 실질적인 도움을 주는 한편, 신뢰할 수 있는 경찰이 되어 범죄피해 신고를 두려워하지 않을 수 있도록 해야 한다.

1. 범죄피해자 보호는 법무부, 여성가족부, 경찰청 등 여러 기능에서 책임지고 있다. 이렇게 다양한 기관에서 범죄피해자 보호를 담당할 때 장점은 무엇이고, 단점은 무엇인지 생각해 보자.
2. 젠더폭력 피해자가 다른 범죄피해자와 구분되는 지점은 무엇이며, 그로 인해 어떻게 특화된 지원제도가 필요하게 되었는지 생각해보자.

1. 인터넷링크
   1) [한국여성인권진흥원] 여성폭력 피해지원 기관 정보 안내(디지털성범죄 피해자지원센터 및 여성긴급전화 1366
      https://www.youtube.com/watch?v=IOsgMmYHqjY
   2) [한국여성인권진흥원] 한국여성인권진흥원 디지털성범죄피해지원 안내
      https://www.youtube.com/watch?v=qjeD{3cPX8I
   3) [경찰청] 성범죄피해자를 위한 안내(수화포함)
      https://www.youtube.com/watch?v=gzPIEseywsc

1) 제3장 '젠더폭력범죄 관련 법률: 입법과정을 중심으로' 참조.

2) 김혜경(2017). 통합적 범죄피해자 보호를 위한 기본이념 정립과 개선방향; 연대성의 원리와 전환적 사법이념을 중심으로. 피해자학연구, 25(3), 141－175쪽.

3) 김혜경(2017). 앞의 논문.

4) 김혜경(2017). 앞의 논문.
"범죄피해자 보호법 제33조 이하는 범죄피해자지원법인의 등록과 보조금 및 감독 등을 규정하고 있고, 성폭력방지법은 제18조 이하에서 통합지원센터의 설치 및 운영을 명시하고 있다. 가정폭력방지법은 제7조 이하에서 상담시설 및 긴급전화센터의 설치 및 운영을, 성매매방지법은 제10조 이하에서 이를 규정하고 있다. 현재 범죄피해자 보호법을 근거로 하여 범죄피해자지원센터가 법무부의 지원을 받는 법인으로 등록되어 있고, 성폭력방지법을 근거로 해바라기센터가 설치되어 있다. 또한 성매매방지법 제10조를 근거로 하여서는 성매매 피해자자활지원센터가, 가정폭력방지법 제7조를 근거로 가정폭력 피해자 보호시설이 있지만, 이러한 시설들은 피해자의 특별한 보호를 위하여 대체로 비공개시설로 되어 있다. 이에 더하여, 광역시를 비롯한 각 지자체들은 조례로서 각 범죄의 피해자들을 위한 상담시설 및 지원센터를 설치하도록 규정하고 관련 시설들에 대한 허가 및 재정적 지원을 하고 있다." (p149)

5) 김혜경(2017). 앞의 논문.

6) 2003년 2월 18일 대구광역시 중구 중앙로역에서 발생한 대형 지하철 화재 사건으로 사회에 불만은 품은 50대 중반의 남성이 저지른 방화로 192명의 승객이 사망하고 1428명이 부상을 당한 대규모 인명피해가 발생한 대형 참사.

7) 법무부 홈페이지 참조.
https://www.moj.go.kr/moj/140/subview.do?enc＝Zm5jdDF8QEB8JTJGYmJzJTJGbW9qJTJGOTMlMkY0Njc3MjElMkZhcnRjbFZpZXcuZG8lM0Y%3D 2022년 10월 16일 최종접속.

8) 전국범죄피해자연합회 홈페이지 참조. https://www.kcva.or.kr/page/center_find.php?ccode＝&_page_idx＝38&category_idx＝70, 2022년 10월 16일 최종접속.

9) 범죄피해 트라우마 통합지원 기관 스마일센터 홈페이지 참조, https://resmile.or.kr/main/main.php 2022년 10월 16일 최종접속.

10) 법무부(2022). 제4차 범죄피해자 보호·지원계획.

11) 송민수(2022). 범죄피해자 지원 총괄 기관 신설 방안 연구. 박사학위논문. 한양대학교 법학전문대학원, 서울.

12) 서울 여성긴급전화 1366 홈페이지 참조. http://seoul1366.or.kr/new_html/sub01/body01.php 2022년 10월 16일 최종접속.

13) 1998년 당시 여성부 또는 여성가족부가 존재하지 않았으며, 가성폭력·성폭력 피해자 보호 및 윤락행위 등 예방 업무는 보건복지부가 주무부처였다.

14) 신은주(1999). '여성1366'과 민·관의 협력체계 구축. 사회과학연구, 3, 1－13쪽.

15) 한국여성인권진흥원(2022). 여성긴급전화 1366, 2021 연감.

16) 여성가족부(2022). 2022년 해바라기센터 사업안내.

17) 한국여성인권진흥원(2022). 해바라기센터 2021 연감.

18) 제5장 '젠더폭력범죄 사건과 경찰활동의 변화' 참조

19) 여성가족부(2022). 2022년 해바라기센터 사업안내.

20) 스포츠조선, '학교-여성 폭력 피해자 원스톱 지원센터' 무엇이 다른가, 2005년 9월 5일자
: https://n.news.naver.com/mnews/article/076/0000011039?sid=102 2022년 10월 19일
최종접속.

21) 연합뉴스, 학교·여성폭력 원스톱 지원센터 개소, 2005년 8월 31일자:
https://n.news.naver.com/mnews/article/001/0001087065?sid=103 2022년 10월 19일
최종접속.

22) 이미정·장미혜·이인선·이아름·최경숙·박선주(2014). 성폭력피해자통합지원센터 기능강
화 방안. 한국여성정책연구원.

23) 변화순·이미정·박복순·박선주(2009). 폭력피해여성 지원서비스의 효과적 통합·연계 방
안 연구. 한국여성정책연구원.

24) 강은영·김한균·이원상(2010). 국내·외 아동성폭력범죄 특성 분석 및 피해아동 보호시스
템 연구, 한국형사정책연구원.

25) 이미정·장미혜·이인선·이아름·최경숙·박선주(2014). 앞의 논문.

26) 여성가족부(2022). 2022년 해바라기센터 사업안내.

27) 서울신문, 해바라기센터 2곳 '중단' 위기… 성범죄·가정폭력 피해자 지원 공백 우려, 2022
년 10월 18일자:
https://seoul.co.kr/news/newsView.php?id=20210302500199, 2022년 10월 18일 최종
접속.
중도일보, 충남해바라기센터, 간호사 '0명' 충격, 2022년 10월 5일자: https://joongdo.
co.kr/view.php?key=20221005010000983, 2022년 10월 18일 최종접속.
한겨레, 성폭력 피해자에 "씻지 말고 내일 오라"는 해바라기센터, 2022년 8월 25일자
: https://hani.co.kr/arti/society/women/1056104.html, 2022년 10월 18일 최종접속.

28) 한겨레, 늘린다던 '디지털성범죄 피해자지원센터' 증설 예산은 '0원', 2022년 9월 2일자
https://www.khan.co.kr/national/national-general/article/202209022105005, 2022년
10월 16일 최종접속.

29) 한겨레, [단독] 디지털성범죄피해 지원, 익숙해질 만하면 '계약 해지', 2022년 9월 22일자:
https://hani.co.kr/arti/society/women/1059703.html, 2022년 10월 19일 최종접속.

30) 한국여성인권진흥원 디지털성범죄 피해자지원센터 홈페이지, http://d4u.stop.or.kr/delete
_consulting, 2022년 10월 18일 최종접속.

31) 대한민국 정책브리핑, 여성대상범죄 근절 추진단 개소식 개최, 2018년 8월 23일자;
https://www.korea.kr/news/pressReleaseView.do?newsId=156289906, 2022년 10월 16일
최종접속.

32) 경찰청(2021). 『사회적 약자 보호 치안백서』.

2019년 12월 25일 「여성폭력방지기본법」이 시행되면서 경찰의 여성폭력과 2차피해 예방 의무가 명문화되었다. 「여성폭력방지기본법」은 이른바 미투(#MeToo)운동 1호 법으로, 성폭력 등 여성폭력 문제 해결을 위한 국가기관 및 지방자치단체의 책무를 명시하였을 뿐만 아니라 여성폭력 사건이 발생했을 때 피해자에게 추가로 발생할 수 있는 2차피해를 개념화한 최초의 법률이다. 경찰은 여성폭력 사건 수사를 담당하는 업무종사자로서 수사과정 및 그 이후 피해회복의 전 과정에서 피해자에게 정신적 · 신체적 · 경제적 피해가 없도록 노력해야 한다. 이 장에서는 2차피해 예방이 주요하게 등장했던 사회적 맥락을 짚어나가면서 관련 법령과 지침이 무엇인지, 그리고 2차피해가 무엇인지 구체적인 예시와 함께 살펴볼 것이다. 또한, 2차피해 예방을 위해 길러야 하는 세 가지 핵심 직무 역량이 무엇인지 학습할 것이다. 성인지감수성과 피해자에 관한 지식, 그리고 성폭력 피해자 표준조사모델과 같은 피해자 중심 조사기법이 2차피해 예방을 위해 길러야 하는 핵심 역량이다. 경찰은 어려움에 처한 시민이 만나는 첫 번째 사람이다. 모든 경찰은 피해자가 경찰 조사과정에서 더 고통받지 않도록, 그리고 피해자 보호에 소홀함이 없도록 노력해야 한다.

수사과정상 2차피해 예방

09

고병진

▶ **학습목표**

❶ 여성폭력과 2차피해 예방이 경찰의 주요한 직무가 된 배경을 설명할 수 있다.

❷ 2차피해 관련 법령과 지침을 숙지하고, 2차피해를 정의할 수 있다.

❸ 2차피해 예방을 위해 길러야 하는 세 가지 핵심 직무역량을 말할 수 있다.

주요용어

▲ 2차피해

▲ 여성폭력방지기본법

▲ 젠더폭력(여성폭력)

▲ 성인지감수성

▲ 성폭력피해자표준조사모델

1. 경찰의 주요직무로서
'2차피해 예방'의 부상

1) 여성폭력방지기본법의 제정

2019년 12월 25일부터 시행된 「여성폭력방지기본법」은 여성폭력과 2차피해를 명문화하였으며 국가기관, 특히 수사기관은 2차피해 예방을 위해 노력해야 한다는 조항을 규정하였다. 법률상 여성폭력은 성별에 기한 여성에 대한 폭력으로 신체적·정신적 안녕과 안전할 수 있는 권리 등을 침해하는 행위로써 관계 법률에서 정하는 바에 따른 가정폭력, 성폭력, 성매매, 성희롱, 지속적 괴롭힘 행위와 그 밖에 친밀한 관계에 의한 폭력, 정보통신망을 이용한 폭력 등을 말한다. 그리고 동법에서 2차피해를 여성폭력 피해자가 수사·재판·보호·진료·언론보도 등 여성폭력 사건 처리 및 회복의 전 과정에서 입는 정신적·신체적·경제적 피해로 정의하고 있다.

「여성폭력방지법」은 여성에 대한 폭력, 즉 젠더폭력 문제에 통합적으로 접근하겠다는 목표를 가지고 제정되었다. 「여성폭력방지법」은 기존의 법령이 가정폭력, 성폭력, 성매매를 구분하여 다루면서 폭력이 발생하는 구조를 보지 못하고 있다는 비판과 개별 법령이 포괄하지 못하는 젠더폭력피해자에 대한 보호와 지원을 명시하는 법이 필요하다는 관점에서 탄생하였다. 가칭 「젠더폭력방지법」은 2017년 19대 대통령선거에서 더불어민주당의 주요 정책공약 중 하나였다. 이는 젠더폭력으로부터 안전한 사회를 구현하는 것을 목표로 하는 것이며, 스토킹, 인신매매, 데이트폭력, 사이버성폭력, 증오범죄 등 점점 다양해지는 젠더폭력에 대한 처벌과 피해자보호 체계를 강화하기 위해 포괄적인 법체계를 마련하고자 한 것이다. 2018년 2월 서지현 검사의 성폭력 고발과 트위터 등 SNS를 통해 번지고 있던 #OO계_내_성폭력 해시태그 운동은 미투(#MeToo)운동으로 전개되었다. 당시 더불어민주당 정춘숙 국회의원은 이러한 성폭력 문제에 대한 근본적인 해결방안으로 「여성폭력방지법」을 제시하였고, 2018년 12월 24일 법이 제정되었다.[1]

「여성폭력방지법」은 젠더폭력 문제를 해결하고자 하는 국가의 의지와 의무의 표현이다. 또한, 젠더폭력 문제를 해결하고자 할 때 필수적으로 2차가해 문제를 고려해야 함을 상기한다. 피해자들은 다양한 이유로 성폭력·가정폭력 등 젠더폭력을 신고하거나 공론화하지 못한다. 2차피해에 대한 우려는 신고를 저지하는 요인 중 하나이며, 폭력 피해를 신고하거나 공론화한 피해자가 직면하게 되는 현실이기도

하다. 이를 예방하는 것은 국가기관의 의무이며, 수사관으로서 응당 지켜야 하는 직무활동이다.

2) 여성폭력 문제 해결을 요청하는 사회적 목소리

「여성폭력방지법」이 제정되었다는 사실만큼이나 중요한 것은 이러한 법이 필요하다는 사회적인 목소리가 가시화되었다는 것이다. 1980~90년대 한국에서 성폭력, 가정폭력, 성매매 등 구조적으로 발생하는 여성에 대한 폭력이 사회적 문제로 떠올랐다. 여성폭력 피해자의 경험이 사회적인 이슈로 확산하면서 이것이 개인의 문제가 아닌 사회적 문제이고, 근절되어야 할 범죄라는 점이 인식되기 시작했다. 이에 성폭력, 가정폭력, 성매매 범죄를 위한 특별법에 제정되는 등 여성폭력 관련 법과 제도가 만들어지고 사회적 인식이 변화하기 시작했다.

2018년 미투(#MeToo)운동은 법조계, 정치권, 문화계, 군대, 학교 등 권력 구조 속에 감추어진 성폭력 문제를 가시화하였다. 이를 계기로 집단 내에서 발생하는 성폭력이 피해자에게 어떤 영향을 미치는지, 왜 성폭력이 권력의 문제일 수밖에 없는지, 그리고 왜 용기를 내 신고하더라도 제대로 보호받지 못하고 소문과 비난에 시달리는 2차피해가 발생하는지에 대한 문제의식이 사회적으로 공유되었다. 또한, 2018년에는 '불법촬영 편파수사 규탄 시위'가 있었다. 이 시위는 불법촬영 문제의 심각성을 알리는 한편 수사기관의 불성실한 대응과 2차가해 행위에 문제를 제기하였다. 2020년 초에는 '텔레그램 내 성착취 사건'이 알려지면서 디지털성범죄에 대한 문제의식이 사회에 공유되었다.

주지할만한 점은 2차피해, 특히 수사기관에서 발생하는 2차피해에 대한 문제의식이 꾸준히 등장했다는 것이다. 일례로 '텔레그램 내 성착취 사건'을 계기로 2020년 1월 국회에 등록된 국회국민동의 청원은 디지털성범죄 문제의 근본적인 해결을 위해 △경찰의 국제공조 수사 △수사기관의 디지털성범죄 전담부서 설치 △수사기관의 2차가해 방지를 위한 매뉴얼 마련 △디지털성범죄에 대한 엄격한 양형기준 설정 등을 요구하였다.[2] 피해자들이 처벌의 불확실성과 수사기관의 2차가해로 인하여 신고를 망설이게 되고, 피해를 해결하지 못할 뿐만 아니라 추가적인 피해로 이어진다는 것이다. 이 청원은 국회국민동의청원이 개설된 이래 처음으로 10만 명의 실명 동의를 얻었고 관련 법령이 국회 본회의를 통과했다.[3]

젠더폭력과 그 구조적 문제가 가시화되면서 2차피해 문제 역시 주요하게 다루어졌다. 특히 성폭력 사건에 대한 수사와 재판 결과가 성별에 따라 차이가 난다는 인식이 확산하였고, 성별과 관계없이 국가로부터 보호받을 수 있게 해달라는 목소리가 증대됐다. 이는 바꾸어 말하면 국민이 젠더폭력 문제 해결의 핵심 주체로 국가를 소환한 것이다. 그러므로 국가를 대변하는 국가공무원으로서, 그리고 수사기관의 일원으로서 2차피해 방지를 위해 노력해야 한다는 점은 자명하다.

3) 성폭력 사건 2차가해에 대한 국가배상책임 판결

성폭력 사건을 신고한 피해자는 경찰수사, 검찰수사, 재판 등 사건을 처리하는 과정에서 이중삼중의 고통을 겪을 수 있다. 특히, 여러 사람 앞에서 증언하는 과정 자체가 큰 부담일 수 있다. 2008년 6월 12일 선고된 2007다64365 대법원판결은 수사기관의 2차가해를 인정하고 청구인의 손해배상을 결정하였다. 당시 대법원은 경찰관이 범죄수사를 하면서 법규상 또는 조리상의 한계를 위반한 것을 법령위반으로 보았으며 어린 학생이 피해자인 성폭력범죄를 수사하는 경찰관은 피해자가 수사과정에서 또 다른 심리적, 신체적 고통으로 가중된 피해를 입지 않도록 세심하게 배려할 직무상 의무가 있다고 판단했다. 또한, 경찰이 기자들에게 피해자의 피해 사실 및 인적사항을 누설한 점, 사적인 자리에서 제3자에게 피해자의 인적사항을 누설한 점, 범인식별실을 사용하지 않고 공개된 장소에서 피의자들을 세워놓고 피해자에게 범인을 지목하도록 한 점 등을 모두 배상책임 행위로 명시하였다.[4] 판결을 통해 국가는 피해자가 2차피해를 입지 않도록 세심하게 배려할 직무상 의무가 있다는 점이 명확해진 것이다.

> **1. 범인식별실 불사용 부분에 관하여**
>
> (중략)
>
> 나. 경찰관은 그 직무를 수행함에 있어 헌법과 법률에 따라 국민의 자유와 권리를 존중하고 범죄피해자의 명예와 사생활의 평온을 보호할 법규상 또는 조리상의 의무가 있고, 특히 이 사건과 같이 성폭력범죄의 피해자가 나이 어린 학생인 경우에는 수사과정에서 또 다른 심리적·신체적 고통으로 인한 가중된 피해를 입지 않도록

더욱 세심하게 배려할 직무상 의무가 있다.

그런데 원심이 적법하게 인정한 사실에 의하면 이 사건 성폭력범죄의 담당 경찰관은 그 경찰서에 설치되어 있는 범인식별실을 사용하지 않은 채 공개된 장소인 형사과 사무실에서 피의자 41명을 한꺼번에 세워 놓고 피해자인 원고 1, 원고 2로 하여금 범행일시와 장소 별로 범인을 지목하게 하였다는 것인바, 경찰관의 이와 같은 행위는 위에서 본 직무상 의무를 소홀히 하여 위 원고들에게 불필요한 수치심과 심리적 고통을 느끼도록 하는 행위로서 법규상 또는 조리상의 한계를 위반한 것임이 분명하고, 수사상의 편의라는 동기나 목적에 의해 정당화될 수 없으며, 달리 위 행위가 부득이한 것으로서 정당하다고 볼 만한 사유도 찾아볼 수 없다.

같은 취지에서 원심이, 경찰관의 위와 같은 행위가 국가배상법이 정하는 법령 위반 행위에 해당한다고 판단한 것은 정당하고, 거기에 주장하는 바와 같은 법리오해, 채증법칙 위배 등의 위법이 없다.

(중략)

3. 피해사실 및 인적사항 누설 부분에 관하여

공무원에게 부과된 직무상 의무의 내용이 단순히 공공 일반의 추상적 이익을 위한 것이거나 행정기관 내부의 질서를 규율하기 위한 것이 아니고 전적으로 또는 부수적으로 사회구성원 개인의 구체적 안전과 이익을 보호하기 위하여 설정된 것이라면, 공무원이 그와 같은 직무상 의무를 위반함으로써 개인이 입게 된 손해는 상당인과관계가 인정되는 범위 안에서 국가가 그에 대한 배상책임을 부담하여야 하는바(대법원 1998. 9. 22. 선고 98다2631 판결, 대법원 2007. 12. 27. 선고 2005다62747 판결 등 참조), 성폭력범죄의 처벌 및 피해자보호 등에 관한 법률 제21조는 성폭력범죄의 수사 또는 재판을 담당하거나 이에 관여하는 공무원에 대하여 피해자의 인적사항과 사생활의 비밀을 엄수할 직무상 의무를 부과하고 있고, 이는 주로 성폭력범죄피해자의 명예와 사생활의 평온을 보호하기 위한 것이므로, 성폭력범죄의 수사를 담당하거나 수사에 관여하는 경찰관이 위와 같은 직무상 의무에 반하여 피해자의 인적사항 등을 공개 또는 누설하였다면 국가는 그로 인하여 피해자가 입은 손해를 배상하여야 한다.

원심은 제1심판결을 인용하여, 경찰관이 과실로 경찰서 출입기자들에게 원고 1의 구체적 피해사실 및 인적사항이 기재된 서류를 유출하여 언론에 위 원고 등의 성(姓)과 거주지역, 학년, 나이 등이 보도되도록 한 사실, 이 사건 성폭력범죄의 담당 경찰관이 노래방에서 다른 사람이 동석한 가운데 위 원고의 신원 및 피해사실을 누설한 사실을 인정한 다음, 이로 인하여 원고들이 겪은 정신적 고통에 대하여 피고가 손해배상책임을 부담한다고 판단하였는바, 원심의 위와 같은 판단은 앞서 본 법리에 따른 것으로서 정당하고, 거기에 주장하는 바와 같은 국가배상책임에 관한 법리오해, 채증법칙 위배 등의 위법이 없다.

위 판결문 외에도 사회적으로 크게 가시화되었던 이른바 '조두순 사건'에도 피해자가 검찰 조사과정에서 2차피해를 입은 사실이 인정되어 국가에 배상 책임을 지우는 법원 판결이 있었다. 2011년 10월 26일 서울중앙지방법원은 "수사기관은 성폭력범죄피해자를 조사할 때 특별한 사정이 없는 한 성폭력범죄 전담검사가 담당해야 하고, 피해자가 아동일 경우 신중하게 조사계획을 수립하는 등 특별한 배려를 할 의무가 있다"고 판시하며 피해자가 반복된 진술로 인해 육체적·정신적 고통을 받았으므로 국가가 손해를 배상할 의무가 있다고 밝혔다.[5]

재판부에서도 명시하듯, 수사기관은 피해자 보호를 해야 할 의무가 있으며 특히 피해자들에게 불필요하게 수치심을 주고 추가적인 육체적·정신적 고통을 주는 것은 수사상 '필요'라는 말로 정당화될 수 없고, 직무상 의무를 위반하는 행위가 된다. 이러한 직무상 의무는 범죄피해를 수사하는 경찰관뿐만 아니라 검찰, 변호인, 재판부, 언론 등 모든 사람에게 부과되는 것이기도 하다.

2. 2차피해 개념 및 주요 유형

1) 2차피해 개념

2차피해는 가해자에 의해 피해가 일어난 후에 발생하는 추가적인 피해를 의미한다. 대체로 학자들은 2차피해를 범죄피해 후 2차적으로 겪는 고통과 불이익으로 정의하며 영어로는 secondary victimization, 2차피해자화로 번역된다. 구체적으로 기존의 연구들은 2차피해를 가해자에 의해 직접적으로 피해가 발생한 이후에 발생하는 피해로 정의하고, 피해자에게 지속적으로 신체적, 정신적 영향을 미치며 성폭력과 관련한 사회적 통념에 영향을 받아 만들어진다고 설명한다.[6]

UNODC(유엔 마약범죄 사무소)는 2차피해를 "직접적인 범죄피해로 인해 발생하는 것이 아닌, 범죄피해자를 향한 각종 기관과 개인들의 반응으로 인해 발생한 피해"로 포괄적으로 정의한 바 있다.7) 즉, 2차피해는 직접적인 범죄피해 외에 발생하는 피해로, 사건이 일어난 이후 관계된 사법기관, 가족, 친구, 언론 등에 의해 소문이나 피해자에 대한 부정적인 반응이 일어나고 이에 피해자가 정신적, 혹은 신체적 피해를 입는 것을 의미한다. 이때 부정적인 반응은 피해자에 대한 비난이 대부분이며 주로 원인을 제공하였다는 유책성 발언과 가해자 동조성 발언이다.

2) 법령과 지침에서 규정하는 2차피해

「여성폭력방지기본법」은 2차피해를 구체적으로 명문화하면서 기존에 관념적으로 존재하였던 2차피해를 법적으로 정의하고, 각종 지침에 대한 가이드라인을 제시하였다. 제3조 제3호는 다음과 같이 2차피해를 정의한다.

3. "2차피해"란 여성폭력 피해자(이하 "피해자"라 한다)가 다음 각 목의 어느 하나에 해당하는 피해를 입는 것을 말한다.

가. 수사·재판·보호·진료·언론보도 등 여성폭력 사건처리 및 회복의 전 과정에서 입는 정신적·신체적·경제적 피해

나. 집단 따돌림, 폭행 또는 폭언, 그 밖에 정신적·신체적 손상을 가져오는 행위로 인한 피해(정보통신망을 이용한 행위로 인한 피해를 포함한다)

다. 사용자(사업주 또는 사업경영담당자, 그 밖에 사업주를 위하여 근로자에 관한 사항에 대한 업무를 수행하는 자를 말한다)로부터 폭력 피해 신고 등을 이유로 입은 다음 어느 하나에 해당하는 불이익조치

1) 파면, 해임, 해고, 그 밖에 신분상실에 해당하는 신분상의 불이익조치

2) 징계, 정직, 감봉, 강등, 승진 제한, 그 밖에 부당한 인사조치

3) 전보, 전근, 직무 미부여, 직무 재배치, 그 밖에 본인의 의사에 반하는 인사조치

4) 성과평가 또는 동료평가 등에서의 차별과 그에 따른 임금 또는 상여금 등의 차별 지급

5) 교육 또는 훈련 등 자기계발 기회의 취소, 예산 또는 인력 등 가용자원의 제한 또는 제거, 보안정보 또는 비밀정보 사용의 정지 또는 취급 자격의 취소, 그 밖에 근무조건 등에 부정적 영향을 미치는 차별 또는 조치

6) 주의 대상자 명단 작성 또는 그 명단의 공개, 집단 따돌림, 폭행 또는 폭언, 그 밖에 정신적·신체적 손상을 가져오는 행위

7) 직무에 대한 부당한 감사 또는 조사나 그 결과의 공개

8) 인허가 등의 취소, 그 밖에 행정적 불이익을 주는 행위

9) 물품계약 또는 용역계약의 해지, 그 밖에 경제적 불이익을 주는 조치

한편, 경찰청훈령인 「범죄수사규칙」 제180조는 「여성폭력방지법」상의 의무를 규정하고, 구체적으로 여성폭력 2차피해 행위를 규정하고 있다.

제180조(여성폭력 피해자의 2차피해 방지) 경찰관은 「여성폭력방지기본법」 제3조제3호에 따른 2차피해 방지를 위하여 다음 각 호의 행위가 발생하지 않도록 유의하여야 한다.

1. 다른 경찰관서 관할이거나 피의자 특정 곤란, 증거 부족 등의 사유로 사건을 반려하는 행위
2. 피해자를 비난하거나 합리적인 이유 없이 피해 사실을 축소 또는 부정하는 행위
3. 가해자에 동조하거나 피해자에게 가해자와 합의할 것을 종용하는 행위
4. 가해자와 피해자를 분리하지 않아 서로 대면하게 하는 행위(다만, 대질조사를 하는 경우는 제외한다)
5. 그 밖의 위 각 호의 행위에 준하는 행위

3) 2차피해 유형

한국여성정책연구원에서 발행한 「경찰에 의한 2차피해 실태 및 제도 개선방안 연구」는 경찰의 지침 및 교육자료, 자체 면접조사, 기존 연구자료 등을 토대로 기존에 경찰에서 구분하던 2차피해 유형을 다음의 지표로 정리하였다.[8]

표 9-1 2차피해 유형

구분	내용
1. 피해자 의심·비난	−신고 의도에 대한 의심 또는 비난 −피해를 사소화하는 발언이나 태도 −피해 진술의 신빙성을 의심하는 표현 −피해 당시 전후 피해자의 행위 또는 대응방식에 대한 비난이나 질타
2. 가해자 옹호·두둔	−가해자를 두둔하거나 옹호하는 언행 −가해자의 진술을 언급하거나 인용 −가해자의 행위를 정당화하는 발언이나 태도
3. 부적절한 사건 처리	−(정당한 이유에 대한 설명 없이) 지속적인 반복 진술 요구 −(정당한 이유에 대한 설명 없이) 사건과 무관해 보이는 상황이나 내용에 대해 질문 −피해 과정의 지나치게 세세한 부분까지 과잉 질문, 사건 재연 요구 −무성의하거나 고압적인 태도 −사건 진행 절차에 대한 고지 및 안내 부족 −고소 취하 권유 또는 가해자와 합의 종용 −무고죄 또는 명예훼손 위협
4. 피해자 보호 미흡 및 권리 침해	−피해자 보호조치 요구에 대한 거부 또는 묵살 −피해자 보호제도 안내 소홀 또는 사용하지 못하도록 유도 −가/피해자 분리 미흡 −공개된 장소에서 조사 −비밀보장 및 신상정보 관리 소홀 −가해자와의 대질심문을 무리하게 요구

주로 발생하는 2차피해성 발언은 '피해자 의심·비난'과 '가해자를 옹호·두둔'하는 발언이다. 성별 관계에 대한 고정관념, 권력 차이에 대한 미인식 등 여러 요인으로 인해 수사관이 젠더폭력의 특수성을 이해하지 못하는 경우, 피해자의 진술을 의심하고 피해 사실을 인정하지 않을 수 있다. 실체적 진실을 발견해야 하는 수사관은 종종 "불쾌하고 수치스러울 수 있지만 불가피한 질문"이라고 생각하고 피해자에게 질문을 건네곤 한다. 또한, 성폭력 피해자에 대한 사회의 선입견에서 수사관들 역시 자유롭지 않기 때문에 조사과정에서 2차피해가 발생하곤 한다. 하지만, 피해자의 진술은 검증의 대상이 아니라 증거이며, 사건 초기에 일시나 장소, 행위 특정 등 최대한 구체적인 진술을 받은 후 이러한 피해자 진술을 토대로 피고소인 진술의 모순점과 비합리성을 찾아야 한다. 대법원 역시 사실상 피해자 진술이 유일한 경우, 피고

인 진술이 합리성이 없고 모순되어 믿을 수 없다고 하여 공소사실 인정 직접증거가 되는 것은 아니나, 피해진술의 신빙성을 뒷받침하거나 직접 증거인 피해자 진술과 결합하여 공소사실을 뒷받침하는 간접 정황이 될 수 있다고 한 바 있다.[9]

만일 피해자가 거짓진술을 하고 있다는 느낌이 든다면, 그것이 피해자에 대한 편견 때문이 아닌지 자신을 점검할 필요가 있다. 이러한 경우 무고죄를 언급하여 위협하거나 거짓말 탐지기 검사를 언급하여 피해자를 추궁하는 질문을 하는 것은 조사에 도움이 되지 않으며 오히려 피해자가 진술하지 않거나 비협조적으로 나올 수 있다. 오히려 정말로 거짓 진술을 하고 있다면, 그러한 진술 과정에서 자가당착이 되도록 내버려 두는 것이 실체적 진실 발견에 도움이 될 것이다.

참고 **성폭력 무고죄 실태**

무고죄가 성립하기 위해서는 신고 사실이 허위라는 것이 적극적으로 증명되어야 하며, 특히 성폭행 등 신고 사실이 불기소처분되거나 그에 대해 무죄판결이 내려졌다고 해서 곧바로 무고죄에 해당한다고 판단해서는 안 된다는 대법원의 판결이 있다(대법원 2019. 7. 11. 선고 2018도2614).

그렇다면 무고죄의 실태는 어떨까? 한국여성정책연구원이 대검찰청에서 2017-2018년 처리된 '무고' 사건 중 성폭력 피해자가 무고 피의자가 된 사건을 분석한 결과, 불기소 처분받은 성폭력범죄를 제외하였을 때 총 48,968건의 성폭력범죄 중 0.69%만이 성폭력 무고에 해당된다. 특히, 성폭력 가해 혐의자에 의해 무고죄로 고소당한 사람 중 유죄를 받은 사람은 5.9%로, 나머지 94%는 피고인의 방어 수단으로 무고 역고소가 이용되었을 가능성이 있다.[10]

---

4) 2차피해 사례

① 가해자를 두둔하거나 옹호하는 발언

KBS, 스토킹 신고에 경찰 "호감 아니냐"... 매뉴얼 위반 '2차가해' (2022.7.9.)[11]

[앵커]
한 여성이 집 앞까지 뒤좇아와 말을 건 남성을 '스토킹'으로 경찰에 신고했습니다.

그런데 출동한 경찰이 가해자를 옹호하는 듯한 발언을 한다면, 어떻게 받아들여야 할까요? 경찰의 2차가해에 피해자는 두 번 상처 받아야 했습니다.

[리포트]

오피스텔 현관에 들어선 여성을 한 남성이 황급하게 뒤따라갑니다. 엘리베이터 앞에서 마주친 두 사람, 남성이 뭔가 말을 건넵니다. 하루 전, 근처 거리에서도 말을 걸었는데, 이번엔 집 앞까지 쫓아와 '남자친구 있느냐'고 또 묻자 여성은 공포에 사로잡혔습니다.

[피해여성]

"동일한 사람이 똑같이 집 앞까지 찾아오니까 그땐 너무 무섭더라고요."

바로 경찰에 신고했는데, 출동한 경찰관은 이렇게 물었습니다.

[경찰관]

"계속 그런 식으로 호감 가지려고 그랬던거 아니에요 그러면?"

피해자는 물론 옆에 있던 경비원까지 항의했지만, 비슷한 취지의 말들 되풀이합니다.

[경비원]

"그래도 스토커죠. 호감 그런 식으로 얘기하시면 안 되죠. 불안감을 느끼고 불쾌했는데."

피해 여성은 거듭된 2차가해에 충격을 받았다고 합니다.

[피해여성]

"내일 또 마주치면 제가 믿고 전화하는 게 경찰인데, 도대체 누구한테 연락해야 하나…"

스토킹범죄가 늘면서 경찰은 별도의 대응 매뉴얼을 만들어 일선에 배포했습니다. 여기엔 2차피해를 막기 위한 조치도 포함되어 있습니다. 특히, 가해자를 두둔해서는 안 된다며, "좋아서 연락하는데 그럴 필요가 있느냐" 등의 말은 해선 안 된다고 규정하고 있습니다. 이를 정면 위반한 겁니다. 해당 경찰관은 당시에도 피해자에게 거듭 사과했고, 잘못을 인정한다고 해명했습니다.

위 사례는 전형적인 2차피해 사례 중 하나로, 피해를 사소화하고 가해자를 옹호하는 발언에 해당한다. 이러한 발언을 들은 피해자는 경찰관이 가해자에게만 동조하고 자신을 믿지 않는다고 생각할 수 있다. 가해자를 옹호하는 듯한 발언을 하는 등 중립적이지 못한 언행은 삼가야 한다. 또한, 가해자가 피해자에게 호감을 느낀다고 해서 범죄행위가 성립하지 않는 것은 아니다. 이러한 발언을 하는 경우 피해자는 가해자에게 동조하는 경찰관에게 실망을 느끼고, 수사에 비협조적인 태도를 보일 수 있으며 국가기관을 신뢰하지 않고 자신의 범죄피해를 해결할 곳이 없다는 생각을 하게 된다.

② 피해자 비밀보장 소홀

[앵커]
성폭력 피해 조사를 받으러 온 여성 앞에서 담당 수사관이 다른 부서 남성 수사관과 수사기록을 돌려본 사실이 드러났습니다.
해당 수사관은 선배 수사관에게 조언을 구하려고 한 거라면서 같은 경찰끼리 무슨 문제냐고 반문한 것으로 전해졌습니다.

[기자]
같은 대학 남학생에게 성폭력 피해를 당한 20살 여성 A 씨는 지난달 25일 경찰서를 찾았습니다. 당시 여성청소년과 조사실이 가득 차서 형사과 조사실로 가 담당 여성 수사관 B 경사에게 조사를 받았습니다. 그런데 갑자기 형사과 소속 남성 수사관 C 경위가 조사실로 들어와 피해자인지 피의자인지 물어봤습니다. 그러자 B 경사는 C 경위에게 "사건을 판단해달라"며 피해자 A 씨의 수사 기록을 건넸습니다. 수사와 무관한 형사과 C 경위는 피해자의 인적 사항과 피해 사실 등이 담긴 수사 기록을 들고 나가 조사실 밖 간이 책상에서 읽었습니다.
[피해자 A 씨: 제가 바로 앞에 있는 데에서 전혀 관련도 없는 다른 분에게 읽어보라면서… 수치스러웠고 저를 정말 피해자라고 생각하는지도 모르겠고….]
조사에 입회한 변호사가 항의하자 B 경사는 "사건에 대한 조언을 구하려고 했던 것"이라며 "같은 경찰인데 무슨 문제냐"고 말한 것으로 전해졌습니다. 하지만 경찰청 범죄수사규칙은 피해자라는 사실조차 제3자에게 누설하면 안 된다고 규정하고 있습니다.
[승재현 / 한국형사법무정책연구원 박사: 그 (남성) 형사가 일단 들어가는 거 자체가 어색하고. 같은 경찰관이라 그랬다고 하면 그 사건을 제주도에 있는 경찰관도 볼 수 있는 건 아니잖아요?]
담당 수사관인 B 경사는 조사 과정에서 성폭력 피해와 전혀 관련 없는 사건을 언급하기도 했습니다. 피해자 A 씨에게 "친오빠가 가해자로부터 협박 등 여러 혐의로 고소당한 사실을 알고 있느냐"고 물어본 겁니다. A 씨는 본인 때문에 친오빠까지 피해를 보게 될 거란 생각에 조사를 제대로 받을 수 없었다고 당시 심정을 전했습니다.
[피해자 A 씨: 오빠한테도 피해가 갈까 봐 너무 무섭고요. 2차피해로 저를 찾아와서 보복할까 봐 너무 무섭고….]
[배인순 / 피해자 측 법률대리인: 사실 너무 처음 겪는 일이었고 피해자로서 상당히 불안한 심리가 있는데, 그 와중에 친오빠가 고소당했다는 얘기까지 들으니까

더 불안해했고.]

해당 경찰서는 B 경사의 행동이 부적절했다면서도 징계할 만한 사안은 아니라고 보고 구두로 주의만 줬습니다. 또, B 경사와 피해자의 신뢰관계가 무너져 더는 정상적인 수사가 불가능할 것으로 보고 담당 수사관을 교체했습니다. 결국, A 씨는 수치심과 심리적 압박감 속에 다른 수사관에게 끔찍했던 피해 사실을 또 다시 진술해야 하는 처지에 놓이게 됐습니다.

위 사례는 수사관이 피해자의 앞에서 성폭력 피해자임을 다른 수사관에게 발설한 것으로, 자신이 어떠한 범죄피해를 겪고 있는지 알리고 싶지 않은 피해자의 마음을 배려하지 못한 행위이다. 동료 경찰관이어도 사건의 구체적이고 세부적인 내용을 알리는 것은 지양해야 하며, 정말로 조언이 필요한 경우라고 할지라도 피해자 앞에서 구체적으로 누가 피해자인지를 알리면서 사건을 판단해달라고 요청해서는 안 된다. 피해자는 당황하고 수치스러운 감정을 느낄 수 있으며, 수사에 비협조적으로 변할 수 있다. 이러면 사건의 진실을 밝히는 것은 더 어려워질 뿐이다.

③ 피해자 보호조치에 대한 거부 또는 묵살

중앙일보, [단독] "판사 할 일… 떠쓰지 말라" 되레 매맞는 아내 울린 경찰 (2021.5.3.)[13]

남편으로부터 폭행을 당한 피해자에게 내린 법원의 피해자보호명령을 경찰이 거부하는 일이 벌어졌다. 112신고를 받고 출동한 경찰은 도와달라는 피해자 앞에서 "판사가 할 일이다"라며 되돌아갔다. 피해자는 경찰로부터 "떠쓰지 말라"는 말을 듣고 남편을 피해 집을 나와야 했다.

2일 중앙일보 취재에 따르면 지난달 6일 ○○구 ○○동의 한 주택에서 가장폭력 가해자가 접근금지명령을 어겨 경찰이 출동하는 일이 발생했다. 앞서 남편으로부터 폭행을 당했던 피해자 B씨는 지난 3월 30일 법원에 피해자보호명령을 청구했고, 지난달 1일 남편에게는 B씨의 주거지와 직장으로부터 100m 이내 접근금지명령이 내려졌다.

남편을 피해 집을 떠나있던 B씨는 지난달 5일 법원으로부터 남편에게 임시보호조치명령서가 송달됐다는 연락을 받고 다음 날 집을 찾았다. 그러나 남편이 여전히 집에 거주하고 있자 B씨는 112에 신고했고, 관할 지구대의 A경위 등이 출동했다. 집 밖에서 경찰을 기다리던 B씨는 경찰이 도착하자 함께 집으로 향했다.

그러나 경찰은 집 안에서 접근금지명령을 어긴 남편을 발견했음에도 아무런 조치를 하지 않았다. 법원의 명령에 따라 남편의 퇴거를 요청한 피해자에게 오히려 이를 집행할 수 없다면서 이른바 '막말'을 이어갔다. B씨가 임시보호조치명령서를 보여주자 A경위는 "이건 그냥 종이일 뿐이다"고 일축했다. A경위는 B씨에게 해당 명령서를 발부한 판사에게 전화를 해보라면서 "법원이 이렇게 종이 딱지만 보내놓은 건 무책임한 것"이라며 "우리는 법원하고 다르다. 우리에게 강제력을 요구할 수 없다"고 말했다.

A 경위는 피해자 B씨를 도와주려는 후배 경찰을 제지하기도 했다. 후배 경찰이 "퇴거를 명하는 것을 전제로 접근금지가 내려진다"며 남편이 집에서 나가는 것이 맞는다고 설명하자 A경위는 후배 경찰에게 집에서 나가라고 지시했다. 이어 A경위는 "후배가 잘 몰라서 하는 얘기다" "집행은 판사가 해야 할 일"이라고 말했다.

피해자 B씨가 집 안에서 가해자인 남편과 마주하고 있는 상황에서 남편을 두둔하는 듯한 A경위의 발언은 계속 이어졌다. A경위는 "남편에게도 정리할 시간이 필요하지 않겠느냐"며 B씨에게 "떼쓰지 말고 서로 한 발씩 양보하라"고 말했다. 이에 B씨가 "오늘 또 밖에 나가 있어야 하냐"고 묻자 A경위는 "그렇다, 남편 얘기도 일리가 있지 않느냐"고 했다. 결국 B씨는 다시 집밖으로 나와야 했다.

(후략)

위 사례에서 경찰로부터 적절한 보호를 받지 못한 피해자는 경찰에 대한 실망감과 절망감을 느꼈다. 현행법상 법원의 피해자보호명령을 어긴 가정폭력행위자는 형사처벌을 받게 된다. 현장에 출동한 경찰은 가정폭력행위자를 즉시 퇴거할 수 있도록 조치할 수 있으며, 이를 거부하는 경우 현행범으로 체포할 수 있다. 경찰이 활용할 수 있는 공권력을 이용하여 피해자를 도울 수 있었음에도 이를 거부하고, 법을 숙지하지 않은 것은 명백한 2차가해 행위이다.

④ 지속적인 반복 진술 요구

KBS, 성폭력 피해 4차례 진술 중학생… 법원도 '2차피해' 판시 (2022.1.26.)[14]

지난해 6월 중학생 A양은 성인남성들에게 성폭행을 당했습니다. A양은 이후 성범죄피해자를 지원하는 해바라기센터와 경찰, 검찰까지 세 차례나 끔찍한 상황을 진술해야 했습니다. 하지만 끝이 아니었습니다. 판사와 검사, 변호인까지 모두 9명이 있는 법정에서 네 번째로 피해 당시 상황을 진술했습니다. 피고인들이 법정에서 범행을 부인하면서 피해자의 기존 진술이 증거효력을 잃었기 때문입니다. 신문과정에서 피고인측 변호인은 피해자에게 성관계를 또 하고 싶다고 조른 적 없냐는 질문까지 한 것으로 알려졌습니다.

[**변호사**: "이미 여러 번 말했고, 자기는 잊어버려도 된다고 생각해서 치료까지 받으면서 잊으려고 했던 걸 다시 계속 각인해야 하는 거죠."]

재판부는 지난 7일 피고인들에게 많게는 징역 10년의 실형을 선고했습니다.

특히, "피해자가 증인으로 출석해 피해 사실을 다시 진술해야 하는 '2차피해'까지 입게 됐다"며 이를 양형에 반영했다고 이례적으로 판시했습니다. 성범죄피해자 법정 진술을 법원이 2차피해로 규정했지만 현재 미성년 성범죄피해자들은 법정에 나와 진술해야 할 가능성이 높습니다. 지난해 헌재가 피고인 방어권 보장을 이유로 미성년 성범죄피해자의 진술 영상을 증거로 인정하는 건 위헌이라고 결정했기 때문입니다. 법정 진술에 따른 2차피해를 막는 동시에 피고인 방어권도 보장할 수 있는 대책 마련이 요구되고 있습니다.

위 사례는 경찰에 의한 2차피해 사례는 아니지만, 재차 진술해야 하는 상황을 법원이 2차피해로 규정하고 양형에도 반영하였음을 보여주며 반복 진술이 피해자에게 고통스러운 경험임을 상기한다. 위 기사에 등장한 것처럼 미성년 피해자 진술녹화영상에 증거능력을 부여했던 「성폭력처벌법」 제30조 제6항이 헌법재판소의 위헌결정(헌법재판소 2021. 12. 23. 선고 2018헌바524)으로 효력을 상실하여 성폭력 피해아동은 특별한 사정이 없는 한 법정에 출석하여 증언해야 한다. 아동의 경우 피해 사실을 반복 진술할 때 2차피해와 진술오염에 대한 우려가 크므로 진술 횟수를 최소화하는 것이 중요하다. 경찰은 최초 조사를 통해 피의자를 특정하여 최소한의 조사를 통해 2차피해를 방지해야 할 것이다.

3. 2차피해
예방 역량 향상

1) 성인지감수성

성인지감수성은 '젠더감수성' 혹은 '성인지력' 등의 개념과 혼용되어 사용되는 경향이 있다. 성인지감수성을 협의로 정의하자면 젠더의식 또는 젠더감수성으로 "성차별로 인해 야기되는 문제, 즉 젠더 이슈와 불평등을 지각하는 능력"[15]이다. 이는 "젠더 간의 차이를 인지하는 것에서부터 그 차이들이 미치는 영향, 즉 성차별과 젠더불평등을 인지하는 것"[16]이기도 하다. 즉, 성인지감수성은 "젠더 이해를 향상하고 차이와 차별에 대한 감수성을 갖게 하며, 젠더 이슈에 민감하게 함으로써 변화에 대해 실천과 의지를 갖게 하는 것"[17]으로 볼 수 있다. 광의의 성인지감수성은 "불평등의 과정과 결과에 대한 인식을 확장시켜 성차별적 영향을 배제할 수 있도록 행동화"[18]하는 것을 포함한다.

종합하자면 성인지감수성은 성평등을 실현하는 방향으로 생각하고 실천할 수 있는 능력으로, 각종 제도와 정책, 관습 등이 여성과 남성에게 어떻게 다른 영향을 미치는지 인식하는 힘이다. 또한, 불평등을 극복하는 방안을 모색하는 능력을 포함한다. 즉, 성인지감수성은 gender "sense−ability"로써 젠더 권력 관계를 인식하는 능력이다. 성인지감수성이 없는 것은 성차를 자명한 것으로, 자연스럽고 당연한 것으로 받아들이는 태도이고 성별고정관념에 대해 문제를 느끼지 못하는 상태이다. 이는 성차별과 젠더폭력을 문제로 인식하지 못하는 상태, 혹은 사소한 것으로 수용하는 태도로 나아갈 수 있다.

한국 사회에서 '성인지감수성'이란 말이 널리 알려지게 된 계기는 성희롱 관련 행정소송(대법원 2018. 4. 12. 선고 2017두74702 판결)의 영향이다. 판결문은 "피해자의 대처 양상은 가해자와의 관계 및 구체적인 상황에 따라 다르게 나타날 수밖에 없음에도 개별적·구체적인 사건에서 피해자가 처하여 있는 특별한 사정을 충분히 고려하지 않은 채 피해자 진술의 신빙성을 배척하는 것은 정의와 형평의 이념에 입각하여 볼 때, 논리와 경험의 법칙에 따른 증거판단이라고 볼 수 없다"고 판시하였다. 특히, "법원이 성폭행이나 성희롱 사건을 심리할 때에는 그 사건이 발생한 맥락에서 성차별 문제를 이해하고 양성평등을 실현할 수 있도록 성인지감수성을 잃지 않도록 유의해야 한다"고 적시하여 성인지감수성이 진술의 신뢰도를 판단하는 근거인 경험 법칙임을 명시했다.

성인지감수성을 가졌다는 것은 피해자와 같은 처지에 있는 사람의 시각에서 그 맥락과 상황을 읽어내릴 수 있다는 것이며, 사건이 발생한 경위를 구체적으로 이해할 뿐만 아니라 무엇이 성차별과 권력의 문제인지를 아는 것이다. 특히 '피해자다움', 더 나아가서 '가해자다움'이라는 고정관념을 폐기하고 '일반적인 피해자'라는 것이 존재하지 않음을 이해하는 것이다.

2) 범죄피해자에 관한 지식

흔히 경찰의 직무역량으로 "피해자에 대한 이해"를 언급하면 피해자에게 정서적인 지지를 하는 것 혹은 그 심리 상태를 완전히 파악하는 것을 생각하곤 한다. 하지만, 피해자에 대한 이해는 범죄피해자의 행동에 대한 '지식'에 가까운 것이며 그렇다고 해서 전문적인 지식수준을 요구하는 것은 아니다. 범죄피해의 진실을 밝혀 나가는 과정에서 우리는 피해자의 행동에 대해 몇 가지 수준의 이해가 필요하다.

범죄피해자가 겪는 심리적 충격은 폭력 수준, 지속 정도, 개인의 내적 자원 및 주변의 지지 등 여러 요소의 상호작용을 통해 만들어지고, 그러므로 개인별로 차이가 있다. 즉, 앞서 언급하였듯 '피해자다움'은 존재하지 않으며 사건마다 피해자의 대처 양상은 다를 수 있다는 것이다.[19] 물론, 범죄피해자는 일반적으로 범죄를 겪은 후 가해자에 대한 분노와 불안, 법적 결과에 대한 실망과 좌절을 겪을 것이며 형사사건에 대한 이해가 부족하여 어떠한 절차를 밟는지 알지 못해 불안하고 불신하는 태도를 보일 수 있다. 하지만, 그러한 감정이 어떠한 언행으로 나타나는지는 개인마다 차이가 존재한다.

특히 성폭력 피해자 개개인이 범죄에 대처하는 양상은 개인의 연령, 성격, 가치관 등 특성에 따라 다르게 나타날 수 있으며, 그러므로 정형화하거나 일반화할 수 없다. 또한, 성폭력 피해자의 대처는 가해자와의 관계나 피해자가 처해 있는 상황에 따라 고유하게 나타날 수 있으며, 그 대처는 일관적으로 유지되지 않고 시간이 경과함에 따라 변화할 수 있다.[20]

우리는 성폭력 사건이 기본적으로 권력의 문제라는 점을 명심해야 한다. 특히, 자신보다 높은 위치에 있는 사람에게 피해를 받았을 때 이를 고발하는 것이 두려운 경험임을 인지해야 한다. 직장 내 관계, 학교 혹은 가족 내에서 일어나는 폭력은 일상적인 권력에 영향을 받곤 한다. 소문이 돌게 되는 경우 대체로 피해자에게 비난의 화살이 돌아가며, 이를 우려하는 피해자는 성폭력·성희롱 문제를 공론화하지 못한다. 이를 고발하는 경우 주변인에 의한 2차피해 역시 빈번하게 발생하기 때문이다.21)

모든 피해자는 동일한 모습을 하지 않으며, 피해자는 자신의 힘든 상황을 바깥으로 표출하지 않을 수도 있다. 우울한 피해자, 일상생활을 어려워하는 피해자만을 상상한다면, 그렇지 않은 피해자가 등장하였을 때 혼란을 느끼고 2차가해성 발언을 할 수 있다. 모든 사람이 각자의 개성이 있듯, 피해자들이 피해를 극복하는 모습 역시 다를 수 있다는 것을 유념하고 일체의 선입견 없이 피해자를 대하는 것이 중요하며 이를 일종의 업무 지식으로 습득할 필요가 있다. 피해자는 어떨 때는 굉장히 예민하고 편집증적인 모습으로, 어떤 순간에는 유쾌하고 즐거운 모습으로, 혹은 주눅 든 모습으로, 당당한 모습으로 등장할 수 있다는 것을 유념해야 한다.

3) 여성폭력 사건조사 역량: 성폭력 피해자 표준조사모델

성폭력 피해자 표준조사모델은 피해자 진술의 증명력을 확보하면서도 2차피해를 예방할 수 있는 면담기법을 정리한 것으로, 조사 전 준비단계와 조사단계, 세부 정보수집을 위한 조사기법, 조사종료 단계, 사후관리 등 각 단계와 조사 목적별 면담기법을 수록한 것이다. 성폭력 사건에서 피해자의 진술이 유의미한 증명력을 갖춘 증거가 될 수 있는 이유는 피해자가 허위 진술을 했을 경우 위증죄로 처벌될 수 있는 부담을 안고 진술하였으며, 그 진술을 탄핵할 기회가 피고인에게 주어졌기 때문이다.22) 피해자가 합리적인 의심에 대해 납득할 만하고 일관성 있는 설명을 제공하고, 객관적인 정황이 있고 진술의 모순점이 없고 진술 오염이 되지 않았다면 피해자 진술은 유죄의 증거로써 유의미한 증명력을 갖추는 것이다.

그러므로 이러한 피해자 진술은 사건 수사의 실마리를 찾는 데 주요한 역할을 할 뿐만 아니라 향후 증거로 활용되므로 구체적이고 풍부한 진술을 받을 필요가 있다. 그런데, 이러한 진술을 받는 과정에서 불필요한 질문을 하거나 피해자에게 상처를 주는 질문을 할 수 있다. 또한, 수사관이 유도성 질문을 하는 경우 법원은 피해자 진술이 오염되었다고 판단할 수 있다. 때문에, 경찰은 피해자 조사에 임하기 전에 2차피해를 예방하면서도 진술 오염을 최소화하는 면담기법을 숙지하여야 한다.23)

4. 나가며

2차피해 사례가 언론에 보도되고 시민은 이에 대한 대책 마련을 요구하는 등 경찰의 자정 노력에 대한 국민적 목소리가 그 어느 때보다도 활발하다. 국민이 경찰 조사에 대해 생각하는 것과 경찰이 인식하는 것 사이에는 간극이 존재하며, 이를 메우기 위한 경찰의 노력이 필요하다.

경찰이 기억해야 하는 것은 피해자가 국가기관에 지원을 요청하기까지 많은 고민과 갈등을 겪는다는 사실이다. 예컨대 디지털성범죄 피해자라면 타인에게 도움을 요청하는 행위 자체가 자신에 대한 촬영물이 존재한다는 것을 알리는 일이고, 그 촬영물을 다른 사람에게 보여주는 것을 의미한다. 이러한 갈등 끝에 경찰서의 문을 두드린 피해자는 자신의 신상정보를 경찰에 제공하고 피해 과정을 진술하면서 괜히 죄인이 되는 기분을 느끼기도 한다. 경찰 조사에 대한 막연한 두려움, 낯선 장소에 대한 불안감, 내가 신중하지 못해 범죄피해를 당했다는 죄책감, 공정한 사건 처리에 대한 의구심, 보복범죄에 대한 두려움 등 다양한 감정을 가지고 고소를 진행하는 것이다.

최근 경찰은 가해자 검거와 처벌에 중심을 두는 결과적 정의에서 피해자 중심의 회복적 사법, 즉 절차적 정의로 패러다임을 확장하고 있다. 경찰이 지향하는 인권 경찰, 시민의 경찰이 되기 위해서는 모든 국민이 평화롭고 안전한 생활을 영위해야 한다는 보편적 인권 가치를 상기할 필요가 있다. 경찰은 범죄피해를 겪은 국민이 가장 먼저 도움의 손길을 청하는 국가기관이며, 철저한 수사를 통해 실질적인 피해자 보호와 지원을 제공하고 범죄피해자의 회복을 도울 수 있는 기관이다. 사법처리 과정에 첫발을 내딛는 피해자에게 주는 신뢰가 국가에 대한 신뢰와 직결되는바, 2차피해를 예방하고 절차적 정의를 구현해야 한다.

생각해 볼거리

1. 매년 여러 여성폭력 사건이 뉴스를 타고 있다. 최근의 사례를 생각해보고, 경찰의 대응이 적절하였는지, 수사기관과 언론 등 관계기관에서 2차피해가 발생하지 않았는지 검토해보자. 만약 발생하였다면, 제도적으로 2차피해를 예방할 방안을 모색해보자.
2. 실체적 진실을 발견하기 위해서 피해 사실이 발생한 경위를 물어보는 것은 중요하다. "왜

가해자를 따라갔나요?"가 아닌 다른 방식의 질문은 어떻게 가능할까?

3. 내 안에 있는 성별고정관념으로 인해 발생할 수 있는 2차피해 유형은 무엇이 있을까? 예를 들어 강간에 대한 통념이 피해자에게 어떤 2차피해성 발언을 하게 될지 생각해보자.

찾아보기

1. 문헌정보

1) 김효정·김애라·정연주·동제연·서경남(2021). 경찰에 의한 2차피해실태 및 제도 개선방안 연구. 한국여성정책연구원 연구보고서.

2) 김영서(2020). 눈물도 빛을 만나면 반짝인다: 어느 성폭력 생존자의 빛나는 치유일기. 이매진.

2. 인터넷 링크

1) [여성가족부] "피해자답지 않은 피해자", 성범죄피해자를 향한 2차가해를 멈춰주세요!

https://www.youtube.com/watch?v=KC9gRRct3E8

2) [여성가족부] 말하지 못한 아픔 - 성희롱·성폭력 근절 인식개선 홍보영상 공모전 최우수상 수상작

https://www.youtube.com/watch?v=wQgGyOUwWX0

3) [한국사이버성폭력대응센터] 제임스가 죽었대 James is Dead

https://www.youtube.com/watch?v=UdbLY_pBlbM

4) [영화] 69세, 임선애 감독, 2019

http://www.netflix.com/kr/title/81573711?s=a&trkid=13747225&t=cp&vlang=pl&clip=81574528

1) 제정과정에 관해서는 이 책의 제3장 '젠더폭력범죄 관련 법률: 입법과정을 중심으로'를 참조하기 바란다.

2) 국민동의청원 홈페이지, https://petitions.assembly.go.kr/referred/done/9C11598F598C39B3E054A0369F40E84E, 2022년 12월 12일 최종접속.

3) 하지만 청원의 내용이 그대로 입법안으로써 통과된 것은 아니다. 국회에서는 법률안의 취지를 반영하여 <성폭력범죄의 처벌에 관한 법률> 제14조의2를 개설하였고, 이는 허위영상물(딥페이크)에 관한 법률이다.

4) 이 판결문은 경찰의 위법행위에 대해 엄격한 기준을 사용하지 않고 일반적인 불법행위 기준을 사용했다고 평가받기도 한다. 다음의 기사를 참고: 여성신문, 처음으로 "국가가 성폭력 사건 2차가해 배상하라" 선고, 2011년 7월 22일자; https://www.womennews.co.kr/news/articleView.html?idxno=50233, 2022년 12월 12일 최종접속.

5) 한겨레신문, 법원 "나영이 2차피해 국가배상", 2011년 10월 26일자; https://www.hani.co.kr/arti/society/society_general/502625.html, 2022년 12월 12일 최종접속.

6) 김효정·김애라·정연주·동제연·서경남(2021). 경찰에 의한 2차피해실태 및 제도 개선방안 연구. 한국여성정책연구원 연구보고서.

7) 원문은 다음과 같다: Secondary victimization refers to the victimization that occurs not as a direct result of the criminal act but through the response of institutions and individuals to the victim. UNODC. (1999). Handbook on Justice for victims. Centre for International Crime Prevention, New York.

8) 김효정 외(2021). 앞의 글.

9) 대법원 2018. 10. 25. 선고 2018도7709 판결.

10) 윤덕경·김정혜·천재영·김영미(2019). 여성폭력 검찰 통계분석(Ⅱ): 디지털 성폭력범죄, 성폭력 무고죄를 중심으로. 한국여성정책연구원 연구보고서.

11) KBS, 스토킹 신고에 경찰 "호감 아니냐"… 매뉴얼 위반 '2차가해', 2022년 7월 8일자: https://news.kbs.co.kr/news/view.do?ncd=5505255, 2022년 10월 17일 최종접속.

12) YTN, 성폭력 피해자 주사기록 돌려본 경찰… "같은 경찰인데 무슨 문제?", 2021년 12월 3일자: https://ytn.co.kr/_ln/0103_202112030454432394, 2022년 10월 17일 최종접속.

13) 중앙일보, [단독] "판사 할 일… 떼쓰지 말라" 되레 매맞는 아내 울린 경찰, 2021년 5월 3일자: https://joongang.co.kr/article/24048788#home, 2022년 12월 12일 최종접속.

14) KBS, 성폭력 피해 4차례 진술 중학생… 법원도 '2차피해' 판시, 2021년 1월 26일자: https://news.kbs.co.kr/news/view.do?ncd=5382287, 2022년 12월 12일 최종접속.

15) 강선미(2005). 양성평등 감수성 훈련 매뉴얼. 한국양성평등교육진흥원.

16) 이진영(2010). 젠더감수성 측정도구 개발에 관한 연구. 이화여자대학교 대학원 석사학위 청구논문.

17) 정재원·이은아(2018). 대학생 성인지감수성 향상을 위한 젠더 트레이닝: 여성학 교양수업 사례를 중심으로. 교양교육연구, 12(5), 11-35쪽.

18) 강은영·강민영·박지선(2020). 성폭력피해자 진술의 신빙성에 대한 형사사법기관 판단 및

개선방안: 성인지감수성을 중심으로. 한국형사정책연구원 연구보고서.

19) 정혜심·이동희·곽미경·류경희·고병진·김도연(2020). 여성폭력 2차피해 예방을 위한 핸드북: 수사 참고자료 -경찰-. 한국형사정책연구원.

20) 강은영 외(2020). 앞의 글.

21) 2019년 6월 경찰청 여성안전기획과에서 전국 성폭력상담소 직원을 대상으로 설문조사를 한 결과 주변인에 의한 2차피해와 경찰에 의한 2차피해가 비슷한 빈도의 응답을 기록했다. 총 응답자는 242명이고 응답자 중 상담과정에서 2차피해를 인지한 사람의 수는 135명(55%)이다. 상담소 직원들의 2차피해 체감도를 경찰에 의한 2차피해와 주변인에 의한 2차피해로 나누어 조사하였는데, 경찰에 의한 2차피해 체감도는 '0(전혀 아니다)부터 10(매우 그렇다)'의 척도로 평가하였을 때 평균값이 4.06이었다. 반면, 주변인에 의한 2차피해 체감도는 5.24로 비교적 높았다. 이처럼 성폭력 사건이 발생한 경우 피해자는 경찰뿐만 아니라 주변인에 의해서도 2차피해를 경험할 가능성이 크다.

22) 홍진영(2019). 피해자중심주의와 피해자보호 사이 토론문. 미투 이후, 형사사법 패러다임의 변화. 한국젠더법학회·한국여성정책연구원 춘계공동학술대회 자료집.

23) 구체적인 면담기법은 이 책의 10장 '피해자 중심 수사활동'을 참고하기 바란다.

경찰의 젠더폭력범죄 대응 방안으로 피해자중심주의 채택이 강조되고 있다. 2018년 미투(#MeToo) 운동이 확산되는 가운데 대법원에서는 '성희롱·성폭력 사건을 수사·심리하는 때에는 성인지감수성을 잃지 않아야 한다'는 명제와 해석 기준을 제시하고, 현재까지 이러한 태도를 유지하고 있다. 한편 다른 일각에서는 피해자중심주의는 범죄자에 대한 형벌을 최종 목적으로 하는 형사사법체계에서 적합하지 않을 뿐 아니라, 형사절차의 핵심 이념인 실체적 진실발견과 무죄 추정원칙을 훼손한다는 견해도 제기하고 있다. 경찰수사활동에 있어 피해자중심주의는 수사의 공정성, 중립성과는 양립할 수 없는 가치일까. 이 장에서는 피해자중심주의가 등장한 배경을 살펴보고 '피해자 중심 수사'의 개념과 의미를 명확히 하고자 한다. 그리하여 '피해자 중심 수사'에 대한 개념이해를 바탕으로 젠더폭력범죄에 대응하고 피해자를 보호하기 위해 마련된 제도들이 경찰 실무에서 올바르게 이행되는 데 도움이 되고자 한다.

피해자 중심 수사활동

10

이동희

---

1. 「피해자 중심 수사」활동은
   수사공정성과 상충되는가?

경찰의 젠더폭력범죄 대응과 관련하여 '피해자 중심적 접근(Victim-centered approach)' 또는 '피해자중심주의' 채택이 강조되고 있다. 다른 일각에서는 '피해자 중심적 접근'의 강조는 사건의 진실 공방에 있어 '피해자의 관점을 우선시함'으로써 피의자에 대한 무죄추정의 원칙[1])에 반한다는 의견도 있다. 그러나, '피해자 중심적 접근'은 다툼이 있는 사건의 실체적 진실을 규명하고 유무죄를 판단함에 있어서 피해자의 입장과 관점을 다른 사정과 비교하여 최우선적으로 고려하겠다는 의미는 아니다. 또는 '왜 피해자가 피해의 당사자가 되었을까'라는 의문에 착안하여 피해자의 인적사항, 피해자 및 가족의 생활상태, 재산상태, 교우관계 등을 중심으로 수사를 전개하는 피해자 중심 수사기법과도 구분된다.[2])

표 10-1 피해자 중심 수사활동의 개념 구분

같은 개념	피해자 중심적 접근, 피해자중심주의
다른 개념	피해자 절대주의, 피의자 유죄추정, 피해자 중심 수사기법

수사에 있어 '피해자 중심적 접근'이란 피해자가 인적증거의 하나로서 형사절차의 수단으로 전락한 현실을 반성하고 형사사법의 주변으로 밀려난 피해자의 지위를 그 중심에 위치시키도록 하는 형사사법의 기획으로 이해할 수 있다.[3]) 피해자는 형사절차에서 자신의 관점과 견해를 제시할 권리가 있고, 그 상대방이 되는 사법기관은 이들이 자유롭고 충분하게 진술할 수 있도록 법적 체계와 환경을 조성해야 한다. 뿐만 아니라 사법기관은 사건의 사실관계를 규명하는 데 있어서 피해자의 관점과 주장을 진지하게 고려해야 할 의무가 있으며, 이를 수용하지 못하거나 배제하는 경우에는 합리적 근거에 따른 이유를 설명할 수 있어야 한다.[4]) 국제형사재판소인 ICC(International Criminal Court)의 근거 규정이 되는 로마협약(Rome Statute)에서도 피해자의 개인적 이익에 영향을 미친 경우, 법원은 피해자의 견해와 관심이 심리의 각 단계에서 제시되고 고려되어야 한다고 규정하고 있다.[5]) 법원은 피해자진

술권을 법원의 진실발견이나 소송경제적 관점에서 판단하거나 제한하지 말아야 하며, 더 나아가 피해자는 자기치유적 스토리텔링이 가능할 수 있어야 한다.[6]

'피해자 중심 수사' 활동은 수사과정에서 피해자가 처한 상황을 고려하고 세심한 접근으로 피해자에 대한 2차가해를 방지하는 것(소극적 개념)은 물론, 피해자에게 사건을 직접 경험한 당사자로서의 주체적 지위를 인정하고, 그에 따라 형사절차에 대한 참여권, 사실 및 의견 진술권[7]을 보장하는 것(적극적 개념)으로 이해되어야 한다. 따라서 경찰은 적극적 개념의 피해자권리가 수사과정에서 구체적으로 실현할 수 있도록 형사절차 참여권 보장을 위한 정보를 제공하고,[8] 충분히 진술할 수 있도록 환경 조성 및 지원체계를 갖춰야 한다.

표 10-2 피해자 권리와 경찰의 의무

피해자의 권리		피해자 권리 보장을 위한 경찰의 의무
형사절차에 대한 참여권	➡	정보제공과 설명의 의무
자기 피해진술권	➡	진술환경 조성 및 조력의 의무

피해자에게 있어 지지적인 환경에서 자신의 외상사건을 충분하게 진술하는 일은 피해회복에 도움이 된다.[9] Herman(2002)과 Miller(2006)는 최초 대응자들로부터 적절하게 지지받은 피해자가 보다 능률적으로 대응하여 형사사법체계에 기꺼이 참여한다고 하였다.[10] 피해자의 협조적인 참여는 수사성과 측면에서도 양질의 많은 정보를 수집할 수 있는 기회가 된다. 따라서 '피해자 중심 수사' 활동은 피해자 보호와 수사목적달성의 동반 실현을 가능하게 한다.

2. 「피해자 중심 수사」를 수사에 어떻게 적용할 것인가?

1) 성인지감수성을 잃지 않아야 한다

2018년 4월 13일 대법원은 <교원소청심사위원회결정취소청구소송>[11])에서 성희롱 가해 대학교수에 대한 해임을 취소한 원심의 결정을 파기 환송하였다. 이 판결에서 "성희롱 관련 소송을 심리할 때는 성인지감수성을 잃지 않아야 한다"는 명제가 처음 등장하였는데, 그 내용을 피해자 중심적 접근으로 이해할 수 있다. 이전에도 피해자 중심적 접근의 내용을 담고 있는 판결은 있었지만, 대법원이 '성인지감수성에 따라 사건을 수사 혹은 심리한다는 것'에 대한 해석을 내어놓고, '피해자의 입장에서 판단한다는 것'에 대한 기준을 제시하고 있다는 점에서 의미가 크다. 이후 많은 판례에서 이를 인용하고 있다. 대법원은 "성희롱·성폭력 관련하여 수사 혹은 심리를 할 때에는 그 사건이 발생한 맥락에서 성차별 문제를 이해하고 양성평등을 실현할 수 있도록 '성인지감수성'을 잃지 않아야 한다(양성평등기본법 제5조 제1항 참조). 그리하여 우리 사회의 가해자 중심적인 문화와 인식, 구조 등으로 인하여 피해자가 성희롱 사실을 알리고 문제를 삼는 과정에서 오히려 부정적 반응이나 여론, 불이익한 처우 또는 그로 인한 정신적 피해 등에 노출되는 이른바 '2차피해'를 입을 수 있다는 점을 유념하여야 한다"고 지적하고 있다.

실제 <성폭력 피해자에 대한 피해통념의 2차피해적 영향 연구(2016)>에서 성폭력 피해자가 지각했던 피해통념에 대해 피해자의 61.9%가 "피해 사실을 주변 사람에게 알려봐야 이로울 것이 없다"고 응답했으며, 53.7%가 "성폭력 피해를 공개하는 것은 부끄러운 일이다"고 답변하였다.[12]) 이는 "피해자라면 피해 즉시 경찰에 신고하거나 주변에 알릴 것이다"는 통념과는 상반되는 반응이다. 합리적인 근거 없이 '진정한 피해자라면' 혹은 '내가 그 상황이었다면 피해자처럼 행동하지 않았을 것' 등의 자기통념을 기준으로 삼아 피해 여부를 가름하고 피해자진술의 신빙성을 판단하는 것을 경계해야 함을 시사한다.

피해자는 2차피해에 대한 불안감이나 두려움으로 인하여 피해를 당한 후에도 가해자와 종전의 관계를 계속 유지하는 경우도 있고, 피해사실을 즉시 신고하지 못하다가 다른 피해자 등 제3자가 문제를 제기하거나 신고를 권유한 것을 계기로 비로소 신고를 하는 경우도 있으며, 피해사실을 신고한 후에도 수사기관이나 법원에서 그에 관한 진술에 소극적인 태도를 보이는 경우도 적지 않다. 이와 같은 **성희롱피해자가 처하여 있는 특별한 사정을 충분히 고려하지 않은 채 피해자진술이 증명력을 가볍게 배척하는 것은 정의와 형평의 이념에 입각하여 논리와 경험의 법칙에 따른 증거판단이라고 볼 수 없다.**

이후 2018년 10월 25일 강간 등 사건의 대법원 판결[13])에도 "증거의 증명력 판단은 법관의 자유심증주의에 합리적인 의심을 할 여지가 없을 정도의 심증 형성이 필요하지만, 일단 증명력이 있는 것으로 인정되는 피해자 등의 진술을 합리적인 근거가 없는 의심을 일으켜 이를 배척하는 것은 자유심증주의의 한계를 벗어나는 것으로 허용될 수 없다"고 하였다.

젠더폭력범죄는 범죄의 내밀성, 차별적 구조에서 스스로를 보호하거나 피해를 폭로하기 어려운 상황, 그로 인해 피해가 반복되고 장기화되는 경향이 있다. 따라서 상대적으로 물적 증거가 빈약하고, 사건관련자의 진술에 의존하여 수사를 하는 경우가 많다. 또한 성희롱·추행 등에 해당하는지 여부가 가해자의 언동만으로는 설명되지 않고, 피해자의 의사에 반하였는지, 성적 수치심을 일으켰는지 등 사건 당시의 피해자 반응과 부합하여 판단되기 때문에 피해자의 진술이 핵심 쟁점으로 다루어지는 경우도 많다. 이러한 이유로 피해자 중심 수사가 자칫 피해자의 사후에 제기되는 주장에 따라 유무죄가 좌우될 수 있다는 염려도 있다. 이와 관련하여 판례에서는 '피해자의 입장에서 사건을 판단한다는 것'에 대한 기준을 다음과 같이 제시하고 있다.

- 객관적으로 피해자와 같은 처지에 있는 일반적이고도 평균적인 사람으로 하여금 성적 굴욕감이나 혐오감을 느낄 수 행위가 있어야 한다(대법 2017두74702).
- 성폭력 피해자의 대처 양상은 피해자의 성정이나 가해자와의 관계 및 구체적인 상황에 따라 다르게 나타날 수밖에 없기 때문에 개별적, 구체적인 사건에서 피해자가 처하여 있는 특별한 사정을 충분히 고려해야 한다(대법 2018도7709).
- 피해자의 동의 여부란 객관적·외부적으로 판단가능해야 하므로 피해자가 진정으로 원했는지 여부나 내심의 의사, 심리적 경험에 의존할 수 없고, 피해자 특유의 정서적 취약성, 상처받기 쉬운 성격 등을 고려해 판단해서는 안 된다. (중략) 그러나, 외견상 피해자가 동의한 것으로 보이더라도 피해자의 저항을 곤란하게 하는 어떤 사정이나 상황이 있었다면 이는 부진정 동의로서 오히려 피해자가 행위자의 위력행사에 굴복했음을 보여줄 뿐, 피고인의 행위에 대한 동의가 존재했던 것으로 해석해서는 안 된다(서울중앙지법 2019고합749[14]).

정리하면, 성인지감수성을 갖춘 피해자 중심 수사활동은 ① (관점) 객관적으로 피해자와 같은 처지에 있는 사람들의 일반적이고 평균적인 관점에서, ② (수사내용) 개별적이고 구체적 사건에서 나타나는 당해 사건피해자의 특별한 사정을 고려하여, ③ (수사 정도) 제반 사정을 판단할 수 있을 만큼 사실관계를 충분히 수사해야 한다는 것이다. 만약 구체적인 상황에 놓인 피해자의 특별한 사정을 판단할 수 있을 정도로 사실관계가 수사되지 않았다면, 이는 수사미진이다. 조사방법에 있어서도 공판과정에서 피해자진술의 임의성을 증명하고, 증명력을 다툴 수 있는 방식으로 피해자조사가 이행되어야 한다. 또한 피해자진술이 임의적이어서 증거능력이 있고, 증명력이 있어 증거가치가 있음에도 이를 배제하려면 합리적인 근거가 제시되고 설명될 수 있어야 한다.

2) 성인지감수성의 확장으로서 피해자 중심적 접근

'피해자 중심 수사활동'을 성차별에 기반한 개념으로 한정하여 이해하지 않았으면 한다. 젠더(Gender)에서 한 걸음 나아가 개별적이고 구체적인 상황에 놓인 '피해자와 같은 처지에 있는 사람들의 객관적인 관점에서 사건 맥락을 이해해야 한다'는 개념을 확립하기를 바란다. 이 개념이 확립되었다면 '젠더'를 포함하여 연령, 장애,

사회 · 경제적 지위의 불균형 또는 차별에서 발생하는 '피해자 입장의 다름'을 이해하고 사건 해석에 적용할 수 있게 될 것이다.

아동 · 청소년의 온전한 성적 자기결정권 행사 여부에 대한 판단 기준
자료: 대법원 2020. 8. 27. 선고 2015도9436 전원합의체 아동 · 청소년 성보호에 관한 법률 위반(위계등간음)

아동 · 청소년, 미성년자, 심신미약자, 피보호자 · 피감독자, 장애인 등의 성적 자기결정 능력은 그 나이, 성장과정, 환경, 지능 내지 정신기능 장애의 정도 등에 따라 개인별로 차이가 있으므로, 간음행위와 인과관계가 있는 위계에 해당하는지 여부를 판단함에 있어서는 구체적인 범행상황에 놓인 피해자의 입장과 관점이 충분히 고려되어야 하고, 일반적 · 평균적 판단력을 갖춘 성인 또는 <u>충분한 보호와 교육을 받은 또래의 시각에서 인과관계를 쉽사리 부정해서는 안 된다.</u>

젠더폭력범죄 수사활동에 있어서 사건이 발생한 맥락을 제대로 이해할 수 있는 기준은 바로 '관점'이다. '관점'은 경찰이 사건에 개입할 것인지 여부를 결정하고, 개입 이후 어떠한 방식으로 수사를 진행할 것인가를 결정하는 가장 중요한 요소가 된다. 다음 사례[15]는 동일한 조건이라도 판단의 기준을 어디에 두느냐에 따라 범죄구성요건 해당성에 대한 해석이 달라질 수 있음을 잘 보여주고 있다.

Q. 피해자는 소아마비로 사건 당시 지체장애 3급 장애인이다. 보행에는 어려움이 있지만 보정신발을 착용하면 걸을 수 있고, 오른쪽 눈은 사실상 보이지는 않지만 왼쪽 눈으로는 볼 수 있다.
성폭력처벌법 제6조(장애인에 대한 강간 · 강제추행등)는 '일상생활이나 사회생활에 상당한 제약이 있는 신체적 장애인'에 대한 성폭력범죄를 가중처벌하고 있다. 피해자는 성폭력처벌법 제6조에 해당하는 장애인일까?

A.

아니다		맞다
보정신발을 착용하면 걸을 수 있다 왼쪽 눈으로는 볼 수 있다 따라서, 일상생활 가능하다	VS	보행이 어렵고, 보정신발 없이는 걸을 수 없다 오른쪽 눈은 사실상 실명 상태다 따라서, 일상생활에 상당한 제약이 있다

이 사례는 신체적 장애인인 피해자가 '일상생활이나 사회생활에 상당한 제약이 있는 상태'인지가 쟁점이 되었다. 쟁점판단의 기준을 '보정신발을 착용하면 걸을 수 있다'에 착안할 것인지, 아니면 '보정신발 없이는 걸을 수 없거나 보행이 어렵다'에 둘 것인지에 따라 그 결과는 달라진다. 대법원은 피해자는 다리와 오른쪽 눈의 기능이 손상되어 일상생활이나 사회생활에 상당한 제약을 받는 자로서 성폭력처벌법 제6조에서 규정하는 신체적인 장애가 있는 사람에 해당한다고 판단하면서 그 기준을 다음과 같이 제시하였다.

일상생활이나 사회생활에서 상당한 제약을 받는 '신체적 장애'에 대한 판단 기준
자료: 대법원 2021. 2. 25. 선고 2016도4404, 2016전도49(병합) 판결 등

장애와 관련된 피해자의 상태는 개인별로 그 모습과 정도에 차이가 있는데 그러한 모습과 정도가 성폭력처벌법 제6조에서 정한 신체적인 장애를 판단하는 본질적인 요소가 되므로 신체적 장애를 판단함에 있어서는 해당 피해자의 상태가 충분히 고려되어야 하고 **비장애인의 시각과 기준에서 피해자의 상태를 판단하여 장애가 없다고 쉽게 단정해서는 안 된다.**

피해자와 같은 처지를 이해하고 수사 시 고려하기 위해서는 '피해자와 같은 처지'를 객관적으로 확인할 수 있는 정보에 대한 수사가 필요하다. 즉 피해자의 개인력, 가·피해자와의 관계, 피해자상황에 대한 가해자의 인식 정도, 가해자가 피해자의 처지를 범행에 어떻게 이용하였는지, 혹은 피해자의 처지가 범행과 인과관계가 있는지 등을 개별적, 구체적으로 살펴 판단하여야 한다.

3. 피해자 중심 수사활동

1) 피해자의 안전은 최우선적으로 고려되어야 한다

① 생명·신체에 대한 안전 확보

(피해자 구호) 신고를 접수한 경찰관은 피해자가 급박한 상황에 있을 수 있음을 항상 염두에 두고 피해자의 안전을 우선적으로 확보하여야 한다. 폭력이 재발할 우려가 있다고 판단될 경우, 경찰관이 현장에 도착할 때까지 방문을 잠그거나 현장에서 피신하는 등 구체적인 행동요령을 안내하여야 한다. 현장에 도착한 경찰관은 즉

시 피해자의 부상 여부 등을 확인하여 피해자에게 치료가 필요한 경우, 119 또는 병원 응급센터에 즉시 연락하여 피해자를 후송한다. 만약 피혐의자를 신속히 검거할 필요가 있어서 부상당한 피해자에게 간이진술을 청취하거나 피해자와 동행하여 현장주변을 수색할 때에도 피해자의 건강과 안전에 지장이 없는 범위에서 하여야 하며, 피해자의 명시적인 동의를 받아야 한다.

(가해자와 분리) 현장에서 가해자를 검거 또는 피혐의자를 발견한 경우에는 즉시 피해자와 분리하고 경찰관서로 동행할 때에도 분리하여 이동한다. 진술을 청취하는 때에도 가·피해자 상호 간의 목소리가 들리지 않고 가해자의 영향력이 미치지 않는 수준의 장소적 분리가 필요하며, 상호 간 접촉하지 않도록 이동 동선을 조정하도록 한다. 이는 2차가해 방지 등 피해자의 신체적 안전을 확보할 뿐 아니라, 심리적 안정감 및 진술이 보호되고 있다는 안녕감을 줌으로써 피해자가 원활하게 진술할 수 있는 환경을 조성하는 데 도움이 된다.

(안전조치 이행)16) 피해자, 신고자, 목격자, 참고인 및 그 친족 또는 동거인, 그 밖의 밀접한 인적 관계에 있는 사람(이하 피해자 등)이 재피해 또는 보복을 당할 우려가 있는 경우, [표 10-3]의 안전에 필요한 조치를 해야 한다. 안전조치는 2가지 목적으로 시행할 수 있다. 하나는 보복범죄의 위협으로부터 피해자 등의 안전을 확보하고 진술을 확보함으로써 형사절차의 원활한 진행을 도모하고자 하며, 현행 법제상 범죄신고자법 등을 근거로 시행한다. 다른 하나는 행정목적상 범죄예방을 위해 안전조치를 시행할 수 있다. 재피해 등 위험성을 판단하는 기준은 위험의 구체성(폭행 등의 피해가 있었나), 행위의 상습성(이전에도 피해가 있었나), 행위 태양의 위험성(가해행위가 진화하는가), 피해의 심각성(치료 등 일상생활에 영향을 미치는가), 가해자 개인력(알코올 의존성, 정신질환 등) 등을 고려하여 판단한다. 안전조치의 종기(終期)와 관련하여 경찰관은 '피해자 등에 대한 범죄의 위험이 일상적인 수준으로 감소할 때까지 피해자 등의 신변을 특별히 보호해야 할 의무'를 지게 된다.17)

안전조치의 성패(成敗)는 법원 등 유관기관과 경찰 내 관련기능 간 협업 역량, 피해자의 협조에 의해 좌우된다. 따라서 법원 등 출석 당일 가해자와 동선이 겹치지 않도록 출석일정을 조정하고, 경찰서 기능 간 역할 분담 및 연락체계 구축하며, 피해자에게 구체적인 행동 요령을 권고하는 등 짜임새 있게 계획되어야 한다.

표 10-3 범죄피해자 안전조치 유형 목록(11가지)

구분	조치	내용
시설	보호시설	장기보호 필요시 유관기관의 전문보호시설로 연계
	임시숙소	신변위협으로 귀가가 곤란한 피해자에게 일시 제공
	특정시설 신변안전조치	안전조치 대상자에게 일정기간 특정시설 제공
인력	신변 경호	위험이 긴박한 경우, 한시적 경호 실시
	맞춤형 순찰	대상자의 생활패턴을 고려한 맞춤형 순찰 실시
ICT 기술	112시스템 등록	112시스템에 대상자 정보 등록 및 관리
	스마트워치 지급	위치추적 및 SOS기능이 탑재된 손목시계 형태의 ICT 장치 대여
	CCTV 설치	주거지 등에 CCTV 설치, 위험요소 상시 확인, 휴대폰 CCTV앱으로 긴급신고 시 경찰 출동
가해자	경고제도	구두 또는 서면으로 경고 실시
피해자	권고제도	일시적 피신 등 권고 및 관련 절차 안내
기타	신원정보 변경·보호	이름, 전화번호, 자동차번호 등 신원정보 변경제도 활용 지원, 가정폭력 피해자 주민등록 열람제한 조치 등

자료: 경찰청(2022). 피해자 보호·지원 매뉴얼 2022 개정판. 70쪽.

(가명조서 작성)[18]: 진술조서나 그 밖의 서류를 작성하는 경우, 보복을 당할 우려가 있는 피해자 등의 성명, 연령, 주소, 직업, 연락처 등 신원을 알 수 있는 사항의 전부 또는 일부를 기재하지 않아야 한다. 통상 가명을 사용하여 조서를 작성하게 되므로 실무상 '가명조서'라는 명칭을 사용하지만 정확한 내용은 신원정보에 대해 전부 또는 일부 기재를 생략할 수 있는 제도이다. 성폭력·성매매피해자는 보복의 우려가 없더라도 가명조서를 작성할 수 있는데, 이는 수사와 재판과정에서 성적인 가해내용이 다루어 짐에 따른 2차피해를 방지하기 위한 조치다. 실무에서 성폭력·성매매피해자에게 보복의 우려가 없다고 판단될 경우, 피해자에게 가명조서제도의 취지를 정확히 설명하지 않는 경향이 있다. 피해자는 제도의 취지나 향후 진행될 공판절차를 제대로 알지 못하기 때문에 쉽게 가명조서 작성을 포기하기도 한다. 이후 공판절차에서 피해자의 이름과 함께 공소사실(가해내용)이 거론되는 순간, 2차피해를 경험하게 된다고 한다. 경찰관은 피해자보호제도의 취지와 그 내용을 충분히 숙지하고 피해자에게 정확한 정보를 제공함으로써 피해자가 제대로 선택할 수 있도록 지원해야 한다.

② 심리적 안전감 확보, 그리고 유지

(안심시키기): 피해자가 충격, 당황 등 정서적인 원인이나 위협적 상황 때문에 피해내용을 충분히 이야기하지 못할 수 있다는 점을 고려해야 한다. 따라서 수사상황에서 피해자가 마음을 진정시킬 수 있도록 유도하여야 한다. 경찰관은 피해자에게 '그가 처한 상태를 이해하고 있음'을 전달하고, '경찰관에게 원하는 도움을 요청할 수 있음'을 안내함으로써 심리적 안정을 도모할 수 있다. 이를 위해 사용할 수 있는 표현예시는 [표 10-4]와 같다.

표 10-4   피해자 안심을 유도할 수 있는 언어적 표현 예시

- (안전감 확보) 경찰관이 계신 곳으로 출동했습니다. 안심하고 기다려 주시기 바랍니다.
- (신고나 진술을 망설이는 경우) 신고 잘하셨어요. 용기 내어 주셔서 감사합니다.
- (정서적 원인으로 말하지 못하는 경우) 말씀하시기 힘든 상황인 것 같습니다. 이야기를 해주시면 제가 필요한 조치를 하겠습니다. 어떤 부분을 도와드릴까요?
- (걱정하는 부분에 대해 안심시키기) 지금 불안해 보이세요. 걱정되는 부분이 있나요? 있다면 말씀해 주세요. 제가 도울 수 있는 방법을 찾아보겠습니다.
- (안전의 위협으로 말하지 못하는 경우) 경찰의 도움이 필요하면 아무번호를 눌러 보세요.

자료: 경찰청(2018). 성폭력 피해자 표준조사모델. 66-69쪽.
비고: 위 자료 참고하여 내용 재구성한 것임.

(비공개 수사) 많은 젠더폭력범죄 피해자가 피해내용이 공개될 것이 두려워 신고를 못한 채 반복적인 피해를 경험하고 있다. 신고를 촉진하고 피해자를 보호하기 위해서는 비공개수사 원칙을 준수하는 것은 무엇보다 중요하다. 구체적인 실천방안으로 ① 비공개 조사실에서의 피해자진술 청취, ② 피해자 등 신원 및 사생활의 비밀누설 금지 등을 꼽을 수 있다. 피해자 등이 요청하거나 병원에 입원 중인 경우, 경찰관서 조사실 이외의 장소에서 조사를 하는 경우가 있다. 이때에도 피해자에게 사생활의 비밀이 누설되지 않는다는 안녕감을 줄 수 있는 비공개 조사장소 선정을 반드시 고려해야 한다.

(신원 누설 금지)[19] 피해자를 포함하여 범죄신고자 등의 인적사항 또는 성명, 나이, 주소, 직업, 용모 등에 의하여 그가 범죄신고자임을 미루어 알 수 있는 정도의 사실이나 사진 또는 사생활에 관한 사항을 다른 사람에게 알려주거나, 공개 또는

보도하여서는 안 된다. 피해자 등의 신원과 사생활 등 비밀엄수의무 대상은 젠더폭력범죄 관련법에 각각 규정하고 있으며 위반하는 경우 처벌된다.

2) 형사절차 참여권 보장

① 피해자의 권리 고지

범죄피해자 보호법 제8조의2, 경찰수사규칙 제81조에서는 피해자에게 [표 10-5]의 정보를 제공하여야 한다고 규정하고 있다. 단, 피해자의 피해상황·연령·지능 등을 참작하여 보호자 또는 신뢰관계인에게 피해자를 대신하여 제공할 수 있다.

표 10-5 피해자에 대한 정보제공 사항

a. 신변보호신청권, 신뢰관계인동석신청권, 해당 재판절차 참여 진술권 등 형사절차상 범죄피해자의 권리에 관한 정보 b. 범죄피해 구조금 지급, 심리상담, 치료지원 방법 및 범죄피해자 보호·지원 단체 현황 등 범죄피해자 지원에 관한 정보 c. 그 밖에 범죄피해자의 권리보호 및 복리증진을 위하여 필요하다고 인정되는 정보

피해자가 명시적으로 정보수령을 거부하거나 소재불명 등 정보제공이 곤란한 사유가 있다면 제공하지 않을 수 있다. 경찰에서는 사건유형별로 '피해자 권리 및 지원 안내서'를 제작하여 피해자에게 교부하고 관련 내용을 고지하도록 하고 있다.[20] 고지할 때에는 피해자 등의 인지능력·생활환경·심리상태 등을 감안하여 구체적인 내용을 설명하여 피해자 등이 권리·지원내용을 충분히 이해할 수 있도록 하여야 한다. 정보제공의 목적은 권리를 고지하는 것 자체가 아니라, 피해자가 제도의 취지를 이해하고 권리를 누릴 수 있도록 지원하는 것을 목적으로 하기 때문이다.

② 수사진행상황 안내

사건접수부터 수사가 종결될 때까지 사건의 진행 상황과 그 결과, 불복 방법을 제때에 알려주는 것은 피해자의 형사절차 참여권 보장을 위해서 무엇보다 중요하다. 구체적으로 경찰수사규칙 제11조(수사 진행상황의 통지)에 따라, 고소·고발·진정·탄원으로 수사를 개시한 날과 수사를 개시한 날로부터 매 1개월이 지난 날 고소인 등에게 서면, 기타 그가 원하는 방법으로 수사상황을 통지해야 한다. 단, 고소인 등이 통지를 원하지 않거나 사전에 고지한 경우, 통지함으로써 사건관계인의 명예나 권리를 부당하게 침해하는 경우와 보복범죄나 2차피해가 우려되는 경우에는 통지하지 않을 수 있다. 또한 경찰수사규칙 제20조(불입건 결정 통지), 제97조(수사결과 통지)에 따라 수사결과를 통지하고 이의신청 등 수사결과에 대한 불복신청 방법을 안내하여야 한다. 법규정으로 명시되어 있지는 않지만 피해자를 조사하는 때에는 경찰관은 피해자에게 '얼마의 시간 동안 어떤 활동을 할 것인지, 조사 과정에서 피해자는 무엇을 할 수 있는지' 등 조사진행일정을 안내할 필요가 있다.

경찰개입 이후 진행될 일을 설명받은 피해자는 앞으로 전개될 미래를 예견할 수 있으며 이러한 활동은 불안감을 낮추는 데 도움이 된다. 또한 피해자는 절차안내를 통해 스스로 할 수 있는 일을 계획하고 선택함으로써 통제감 회복의 기회를 갖게 된다. 피해자가 수사진행일정을 예견하고 자신의 활동을 선택할 수 있도록 지원하는 활동이 편안한 조사환경을 만든다.

3) 피해자의 사건경험 및 의견 진술권 보장

피해자는 자신의 형사절차에 참여하여 피해경험과 그와 관련된 의견을 진술할 권리를 갖는다. 그러나 피해자는 어떠한 내용을, 얼마나, 어떠한 방식으로 진술해야 하는지 알지 못하는 경우가 대부분이다. 또한 정서적 요인이나 사건 이후에 만나게 되는 대응자들의 부적절한 반응으로 진술을 회피하거나 수사에 비협조적인 태도를 보이기도 한다. 경찰관은 피해자가 자기사건경험을 충분히 진술할 수 있도록 환경적, 인적, 기술적 진술지원체계를 갖추어야 한다.

① 피해자진술 지원제도

심리적, 법률적, 의사소통을 조력함으로써 피해자의 원활한 진술을 돕기 위해 [표 10-6]과 같이 진술지원제도가 마련되어 있다. 다만 젠더폭력범죄 관련법들이 개별법 형태로 산재되어 있기 때문에 이들 제도들이 모든 젠더폭력범죄 피해자에게 적용되지는 않는다는 아쉬움이 있다. 따라서 각 제도별 관련근거와 지원대상을 명확히 숙지할 필요가 있다.

표 10-6 피해자진술 지원제도

구분(취지)	대상	내용
신뢰관계인 동석21) (심리적 안정 도모)	모든 피해자	조사 전 신뢰관계자 동석이 가능함을 설명하고, 피해자의 신청이 있는 경우 수사상 지장을 초래할 우려가 있는 등 부득이한 경우가 아닌 한 신뢰관계인*을 동석하게 함 * 피해자의 배우자, 직계친족, 형제자매, 가족, 동거인, 고용주, 변호사, 피해자의 심리적 안정과 원활한 의사소통에 도움을 줄 수 있는 사람 ※ 13세 미만자, 사물변별·의사결정능력 미약한 장애인: 필요적 동석
국선변호인 선임22) (형사 방어권 및 법률적 조력)	성폭력· 아동학대 피해자, 학대받은 피해장애인, 인신매매 등 범죄 피해자23)	변호인를 선임할 수 있으며, 변호인이 없는 경우 국선변호인 선임을 신청할 수 있음. 국선변호인은 의견진술권, 열람·등사권, 포괄적인 소송 대리권을 행사할 수 있음 ※ 국선변호인 의무적 선정 사유 (검사의 국선변호사 선정 등에 관한 규칙 제8조 제2항) 1. 피해아동에게 법정대리인이 없는 경우 2. 피해아동의 법정대리인이 신체·정신장애로 사물변별·의사결정 능력이 없거나 미약한 경우 3. 피해자가 성폭법 제3조~제9조, 그 미수 피해를 입은 경우 4. 아동학대특례법 제5조(중상해), 제6조(상습), 그 미수 피해를 입은 경우
진술 조력인 참여24) (의사소통 조력)	성폭력· 아동학대 피해자, 학대받은 피해장애인	13세 미만 아동, 장애로 의사소통이나 의사표현에 어려움이 있는 경우, 직권 및 피해자 등의 신청에 따라 진술조력인으로 하여금 의사소통을 중개하거나 보조하게 할 수 있음. 피해자 등이 원하지 않는 경우 참여시키지 않음
보조인 선임25) (독립적 소송행위 수행)	학대받은 장애인	법정대리인, 직계친족, 형제자매, 장애인권익옹호기관의 상담원, 변호사는 보조인이 될 수 있음. 보조인은 피해자의 명시적 의사에 반하지 않은 한 독립하여 소송행위를 할 수 있으나, 피해자의 명시적 의사에 반할 수 없음

또한, 경찰청에서는 피해자의 피해경험에 대한 직접 진술을 확보하는 것뿐 아니라, 범죄피해 후 피해자의 신체적·심리적·경제적 피해를 종합평가하여 가해자의

구속 여부 및 양형에 참고가 될 수 있도록 '범죄피해평가제도'를 운영하고 있다.

② 피해자의 진술 보존

(진술녹화 제도)[26]: 영상녹화물에 수록된 진술은 원칙적으로 형사소송법상 증거로 사용할 수 없다. 그러나 성폭력범죄의 피해자가 19세 미만 또는 장애로 인하여 의사결정 및 사물변별능력이 미약한 경우, 진술녹화를 의무화하고 있으며 일정한 요건 아래에서 영상녹화물에 수록된 피해자진술의 증거능력을 인정하고 있다. 청소년성보호법, 아동학대처벌법에서는 이를 준용하고 있다. 경찰수사단계에서 촬영한 피해자 진술녹화 영상은 범죄 발생과 가장 가까운 시점에서 경찰관에 의해 공적으로 기록된 것으로서, 경찰관의 질문표현과 그 내용, 피해자진술을 포함한 언어적·비언어적 반응, 조사 전체 과정이 생생하게 기록되어 있다는 점에서 의미가 크다. 따라서 동일쟁점에서 피해자의 반복조사를 줄일 수 있으며, 수사와 공판 절차 측면에서도 진술의 임의성[27] 및 특히 신빙할 수 있는 상태에서의 진술임[28]을 증명하고 진술의 신빙성을 평가할 수 있는 매우 유용한 자료가 된다. 이러한 이유로 진술녹화 의무 대상이 아닌 경우에도 가급적 진술을 영상녹화하여 기록할 것을 권장한다. 다만 경찰관은 유도나 암시적 질문이 없이 피해자가 자유 회상에 따라 임의적으로 진술할 수 있는 조사기법을 수행하여야 하고, 이에 따른 피해자 진술내용과 그 과정을 녹화하여야 할 것이다. 이를 위해 2018년 경찰청에서는 피해자에 대한 2차피해를 방지하고 최우량의 진술증거를 확보하기 위하여 <성폭력 피해자 표준조사모델(이하 피해자조사모델)>을 개발·배부하였다. 그 내용은 '③ 피해자조사기법'에서 다루도록 하겠다.

(피해진술조서 작성 AI 음성인식 시스템 도입) 피해자조사모델 지침에 따라 조사를 수행하고 조사 전 과정을 영상녹화한다는 것은 경찰관에게 부담스러운 일이다. 조사의 질이 피해자진술의 신빙성 판단에 쟁점이 될 수 있기 때문이다. 무엇보다 조서까지 작성하는 상황에서는 피해자와의 조사면담에만 집중할 수 없기 때문에 조사의 질을 높이는 데는 한계가 있다. 그럼에도 조사의 질에 대한 평가는 오로지 담당 경찰관이 부담하게 되니 영상녹화를 기피하는 현상도 생겼다. 이러한 문제를 해결하기 위하여 2020년 경찰청에서는 경찰관이 피해자조사면담에 집중할 수 있도록 조서 작성을 인공지능이 수행하는 <피해자조서작성 AI(Artificial Intelligence) 음성인식 시

스템>을 도입하여 운영하고 있다. 이처럼 피해자조사의 전체 과정을 영상녹화하고 AI 음성인식 시스템을 통하여 서면속기하는 수사 현장에서 피해자조사모델 활용을 통한 경찰관의 조사역량 향상이 더욱 강조되고 있다.

(증거보전 절차)[29]: 성폭력피해자, 법정대리인 또는 경찰은 피해자가 공판기일에 출석하여 증언하는 것이 현저히 곤란한 사정이 있을 때에는 그 사유를 소명하여 진술녹화물, 기타 증거에 대하여 증거보전의 청구를 요청할 수 있다. 사법경찰관은 피해자 등의 요청이 상당한 이유가 있다고 인정하는 때에는 관할 지방검찰청 또는 지청의 검사에게 증거보전의 신청을 할 수 있다. 피해자가 16세 미만이거나 신체적·정신적 장애로 사물변별 또는 의사결정능력이 미약한 경우, 공판기일에 출석하여 증언하는 것이 현저히 곤란한 사정이 있는 것으로 본다.

③ 피해자조사기법[30]
2018년 미투(#MeToo)운동이 확산되는 가운데, 경찰청에서는 성폭력범죄에 대한 일선 경찰관들의 인식과 태도, 조사관행 등을 획기적으로 개선하고자 성폭력 피해자 표준조사 모델(이하 피해자조사모델)을 개발하여 전국 경찰관서에 배포하였다. 피해자 조사모델은 영국의 ABE 가이드라인(Achieving Best Evidence in Criminal Proceedings; 최우량 증거 확보하기)[31]을 기반으로 하여 현장 경찰관과 국내 전문가들의 의견을 반영하여 만든 피해자조사 실무지침이다. ABE 가이드라인은 진술자의 자유회상에 따른 임의적인 진술을 획득하기 위한 정보수집형 수사면담 기법의 하나로, 위협받고 있는 피해자, 겁먹은 피해자, 법정 증언이 예상되는 주요 증인, 아동·장애인 등 취약한 진술자를 적용 대상으로 하고 있다. 특히 피해자는 경찰관이 묻는 질문에만 수동적으로 대답하는 수사객체가 아니라 자신의 피해경험을 이야기하는 진술주체로서, 경찰관은 질문을 통해 피해자가 구체적으로 진술할 수 있도록 촉진하는 조사 과정의 진행자 역할을 하게 된다. 이러한 이유로 비록 피해자조사모델의 개발 배경은 성폭력범죄에 대한 2차피해 방지책으로 마련되었으나, ABE 가이드라인을 기반으로 한다는 점에서 젠더폭력범죄 피해자를 대상으로 사용할 수 있는 조사지침이다.
피해자조사모델은 '1단계-조사계획'부터 '4단계-종료'까지 전체 조사절차를 진행순서에 따라 구조적으로 제시하고, 각 단계별로 경찰관이 구체적으로 발언할 수 있는 내용을 예시를 통해 보여줌으로써 수사역량의 표준화를 도모하고자 한 것이 특징이다. 이와 관련하여 경찰수사연수원에서는 2018년부터 피해자조사모델이 수사현장에 정착될 수 있도록 <여성폭력피해자 조사기법 교육과정>을 개설하여 현재까지 현장 경찰관을 대상으로 교육하고 있다. 피해자조사모델의 현장 정착을 통해 피해자가 어느 지역에서 어떤 경찰관을 만나더라도 표준화된 양질의 치안서비스를 받을 수 있기를 희망한다.

이 장에서는 현재 경찰에서 사용 중인 피해자조사모델 전문 중, <피해자조사단계>를 소개하고자 한다. 피해자조사단계별 경찰관이 이행하여야 하는 활동 개요와 활동별 체크포인트를 알기 쉽게 설명하고자 표로 구성하여 제시하였다. 이 표는 경찰수사연수원(2020) <여성폭력피해자 조사기법 교육과정>에 입교한 경찰관을 위한 '피해자 표준조사 모델 실습지도용 수행평가표'로서 당시 담당 교수요원이었던 저자가 작성·배부한 내용을 재구성한 것이다. 본 수행평가표는 [붙임 자료]로 첨부하니 참고 바란다. 피해자조사모델의 내용과 취지를 숙지하였다면 개별사건의 피해자진술 상황에 맞추어 유연하게 사용하기를 권한다.

a. 1단계-조사계획

목표: 피해자 · 가해자 · 사건과 관련된 정보수집 후, 조사계획 수립하고 이행 준비하기

(조사 준비) 피해자조사 전에 피해자의 연령, 인지능력, 가족관계 및 생활환경 등 개인력을 확인하고 수사에 필요한 사항을 철저히 준비함으로써 피해자조사 횟수를 최소화하여야 한다. 피해자조사는 대부분 수사초기에 이루어지기 때문에 사건정보가 부족한 것이 현실이지만 '시간과 상황이 허락하는 한도 내에서' 가능한 한 정보수집에 노력해야 하며, 조사 전 이미 수집된 적은 양의 정보라도 그 내용을 분석하고 조사 시에 어떻게 활용할 것인지 계획해야 한다.

(일시 · 장소 협의) 피해자의 입장을 최대한 존중하고, 피해자의 의견, 건강과 심리상태 등을 충분히 고려하여 조사의 시기, 장소 및 방법을 결정하여야 한다. 조사일시는 가급적 피해자가 원하는 시간으로 정하며 아동과 장애인의 경우, 생활패턴을 고려하여 하루 중 진술이 가장 원활한 시간으로 정하도록 한다. 조사장소는 진

술녹화실 등 조용하고 공개되지 않은 장소를 이용하고, 대기장소나 이동동선 또한 가해자 대면 혹은 신변노출로 인한 불안이 야기되지 않도록 고려하여야 한다. 건강 등의 이유로 경찰관서에 출석하기 어려운 경우에는 피해자를 방문하여 조사하는 등 필요한 지원을 하여야 한다. 피해자조사와 피의자신문을 분리하여 실시하고 대질신문은 반드시 필요한 경우에만 예외적으로 실시하되, 시기·장소 및 방법에 관하여 피해자의 의사를 최대한 존중하여야 한다.

(조사관 선정 및 역할 분담) 피해자의 의사에 반하지 않는 한 가급적, 동성의 경찰관이 조사하고 수사개시부터 종료 시까지 동일한 경찰관이 조사를 진행하도록 한다. 진술조력인 등 참여자가 있는 경우, 조사실에서 각자 이행하여야 하는 역할을 사전에 조정하여 조사실 안에서 참여자 간 역할을 두고 혼선을 겪는 일을 최소화하여야 한다. 분담할 역할은 피해자가 주도적으로 진술하는데 가장 적합한 방법으로 설정한다.

(피해자 조사 시 필요한 법적 제도 이행 준비) 신뢰관계인 동석, 국선변호인 선임 등 형사소송절차 전반에 걸쳐 피해자의 참여권과 진술권이 보장될 수 있도록 마련된 제도가 피해자조사 상황에서 이행이 될 수 있도록 고려되고 준비되어야 한다. 예를 들어 신뢰관계인 동석이 필요적으로 요구되는 경우, 경찰서 출석 전에 피해자에게 조사 시 신뢰관계인을 동석할 수 있음을 설명하고, 조사일시에 신뢰관계인과 동행하여 출석할 수 있도록 안내하여야 조사당일 신뢰관계인 동석 제도가 실현될 수 있다.

b. 2단계-조사도입

목표: 피해자와의 신뢰관계(Rapport) 형성하기

2단계는 피해자가 자신이 경험한 사건을 '담당경찰관에게 털어놓아도 되겠다'는 신뢰관계를 형성하고 수사에 대한 협조적 태도를 이끄는 것을 목표로 한다. 적지 않은 경찰관들이 피해자가 "말만 하면 어떻게든 수사를 하겠는데, 침묵하니 어찌할 바를 모르겠다"는 고충을 토로한다. 경찰조사의 목표는 '상세하고 정확한 진술을 청취하는 것', 정확히 말하면 '사실관계를 특정하고 진술의 진위여부를 확인할 수 있도록 가능한 한 많은 진술을 확보하는 것'인데 피해자가 비협조적인 경우, 수사 초기부터 난항을 겪게 된다. 피해자로부터 협조를 얻기 위해서는 공적인 최초 대응자인 경찰관의 반응과 태도가 무엇보다 중요하다.[32] 또한 2단계에서 형성된 신뢰관계는 조사가 끝날 때까지 유지되어야 한다. 이렇게 형성된 신뢰관계는 피해자의 진술량을 증가시키고 경찰조사과정에 대한 이해를 높여 '2차피해'를 방지한다.

표 10-7 「2단계-조사도입」의 활동개요와 체크포인트

가. 바람직한 첫인상	활동 개요	☐ 피해자와 첫대면을 어떻게 시작할 것인지 계획하기
		☐ 좌석 안내
		☐ 피해자 본인 확인
		☐ 조사관 소개
		☐ 호칭 정리(예: 뭐라고 불러드리면 될까요?)
		☐ 사건과 관련없는 '중립적 주제'로 대화(5~8분 이하) (예: 오시는데 불편하시지는 않았나요?)
	체크 포인트	☐ 라포형성을 위한 대화의 주제 선정이 적절하였나?
		☐ 피해자와 대화하는 수사관의 태도가 적절한가?
		☐ 수사관이 제시한 화제에 맞게 피해자의 진술량이 증가하고 있다면 <나. 사전설명 단계>로 전환한다.
나. 사전설명[33]	활동 개요	☐ 조사 목적 설명(단, 사건 관련 세부정보는 제시하지 않는다)
		☐ 조사 일정 안내
		☐ 휴식 요구 및 불편 사항에 대한 대응방법 안내
	체크 포인트	☐ 피해자가 이해할 수 있도록 설명하였나?
		☐ 피해자가 언급하지 않은 사건정보를 제시하였다면 진술유도의 가능성이 있다
다. 권리고지안내	활동 개요	☐ 국선변호인 선임 ☐ 영상녹화 ☐ 신뢰관계인 동석 ☐ 가명조서 작성 ☐ 2차피해 안내문 ☐ 여성경찰관 조사 ☐ 신변보호 요청 ☐ 사건처리 진행상황 통지
	체크 포인트	☐ 경찰관은 제도의 핵심 취지를 충분히 이해하고 있는가?
		☐ 피해자가 이해할 수 있도록 설명하였나?

2단계는 피해자의 사건 관련 진술을 위한 워밍업(Warming-up) 단계이므로 필요 이상 길게 진행하여 전체 조사시간을 지연시키지 않도록 유의해야 한다. 피해자 권리내용을 잘못 안내하거나 장황하게 설명하여 조사시간을 지연시키지 않도록 제도의 취지를 이해하고 핵심내용이 명료하게 전달될 수 있도록 해야 한다.

c. 3단계-조사

목표: 사건 관련 조사상황에서 2차피해 방지하고 '증거'로서의 피해진술 청취하기

3단계는 피해자조사 중 가장 핵심이 되는 단계이며 경찰관이 적절한 질문유형을 사용하여 '임의적'이고, '신빙성을 평가할 수 있는 수준'의 진술증거를 확보하는 것이 관건이다. 3단계에서 가장 중요한 활동은 경찰관이 '피해자에게 어떻게 질문하여 진술을 촉진하는가'이다. 경찰관은 질문을 통하여 피해자가 사건과 관련하여 있었던 일에 대해 빠짐없이 구체적으로 진술할 수 있는 방법을 제시하게 된다. 경찰관이 조사 시 활용할 수 있는 질문의 기본유형은 [표 10-8]과 같다.

표 10-8 질문의 기본유형

구분		예시
개방형 질문	**(효과)** 개방형 진술권유를 통해 자유진술 촉진	
	▪ 개방형 질문	(특정 화제를 제시하며) ~에 대해 말해 주세요
	▪ 후속 진술권유	그 다음(혹은 그 이전)에 있었던 일에 대해 말해 주세요
	▪ 시간분할 진술권유	가해자가 방에 들어온 순간부터 00씨에게 고함을 지르기 전까지 있었던 일에 대해서 말해 주세요
	▪ 단서제시 진술권유	(진술한 내용은 언급하며) 가해자가 00씨를 강제로 끌고 갔다고 하셨는데, 강제로 끌고 가는 가해자의 행동에 대해서 좀 더 자세히 말해 주세요
구체적 질문	**(효과)** 시간정보 등 구체적인 정보에 대한 진술 촉진	
	▪ Wh-질문, 육하원칙을 확인하는 질문 ▪ 언제, 어디에서, 누구와, 무엇을, 어떻게, 왜로 구성된 질문(예: 언제 있었던 일인가요?)	
폐쇄형 질문	**(효과)** 구체적인 내용을 확인	
	▪ 예/아니오 선택형 질문	가해자는 한 명인가요?
	▪ 보기 선택형 질문	가해자는 한 명이였나요? 아니면 두 명이였나요?

	(효과) 구체적 질문/폐쇄형 질문에 대한 증명력을 보강	
짝짓기 질문	■ (先) 구체적 질문 + (後) 개방형 질문	언제 있었던 일인가요? + (피해자 답변 후) 0월 0일 있었던 일에 대해 처음 부터 끝까지 모두 말해 보세요
	■ (先) 폐쇄형 질문 + (後) 개방형 질문	그날 있었던 가게 기억나요? + (피해자 답변 후) 그 가게에 대해서 기억나는 대로 이야기해 주세요
촉진적 표현	■ 지지, 격려, 끝말 따라하기 등 ■ '아. 그랬군요', '응, 그랬군요', '말씀 잘 하고 계세요' 등의 표현	

자료: 경찰수사연수원(2020). <여성폭력피해자 조사기법 심화 과정> 교재에 수록된 저자 작성 내용
을 재구성한 것임

질문은 개방형 질문을 우선적으로 실시하여 '있었던 일'에 대한 진술을 청취하고,
구체적 질문과 폐쇄형 질문으로 세부정보에 대한 진술을 보완하기를 권한다. 이와 같
은 질문방식은 피해자의 능동적인 진술을 촉진함으로써 2차피해 방지에 도움이 되기
도 한다. 피해자가 진술을 회피하거나 일부 주요내용에 대해 언급하지 않는 경우, 개
방형 질문만으로는 진술확보가 어려울 수 있다. 이런 때에는 구체적 질문 혹은 폐쇄
형 질문을 사용할 수 있으며, 피해자 답변 후에 가급적 피해자 답변과 관련된 개방형
질문을 연이어 사용함으로써 피해자진술을 구체화시키고 진술내용의 증명력을 보강
할 수 있다.[34] 질문의 유형을 이해하였다면 [표 10-9]에서 제시하는 순서와 같이
질문을 구성하여 조사를 진행할 수 있다. '라. 휴식'과 '마. 부적절한 진술에 대한 대
처방안'을 제외하고는 [표 10-9]가 제시하는 순서대로 조사를 진행하기를 권장한다.

표 10-9   「3단계-조사」의 활동개요와 체크포인트

가. 조사의 개시	활동 개요	1. 영상녹화 시 고지해야 할 내용을 이행 □ 영상녹화 사실(조사 전 동의) □ 조사개시 시간 □ 참여자의 이름과 역할 소개
		2. 조사면담 규칙 설명 □ 빠짐없이 모두 말하기 □ 있었던 일 그대로 말하기 □ 추측해서 말하지 않기 □ 수사관이 잘못 이해하였으면 즉시 수정해 주기
		3. 반복 질문, 불편 질문의 가능성과 그 이유, 대응법에 대한 설명
		4. 피해자가 제출한 서류 확인
		5. 사건과 무관한 '중립적 주제'로 조사면담 규칙에 따라 진술연습 하기(필요시 사용, 생략 가능)

	체크 포인트	피해자가 침묵하거나 진술방법을 모를 때 적절하게 대응하 였나? ☐ 규칙 재설명 ☐ 진술 연습 ☐ 심리적 안정 도모 ☐ 걱정에 대해 안심시키기 등
나. 최초 진술	활동 개요	☐ 개방형 질문을 사용하여 최초 발화를 촉진 (예: 신고한 일에 대해 처음부터 끝까지 모두 말해 주세 요)
	체크 포인트	☐ 피해자의 개방형 답변 중에 질문하여 진술을 끊지 않도 록 한다
다. 세부정보 수집	활동 개요	1. 피해자의 최초 발화 후, 개방형 질문을 사용하여 진술을 구체화하기 ⓐ 후속진술 권유 ⓑ 시간분할형 진술권유 ⓒ 단서제시 형 진술권유 ※ 가급적 ⓐ → ⓑ → ⓒ 순으로 사용하기를 권장 2 피해자가 언급한 내용 관련, 아래 질문을 사용하여 진술 을 구체화하기 ⓐ 개방형질문 ⓑ 先구체적 질문+後개방형 짝짓기 ⓒ 先폐쇄형 질문+後개방형 짝짓기 3 피해자가 언급하지 않은 내용 관련, 아래 질문을 사용하 여 진술을 구체화 ⓐ 先구체적 질문+後개방형 짝짓기 ⓑ 先폐쇄형 질문 +後개방형 짝짓기
	체크 포인트	☐ 사건의 쟁점을 파악하고 화제를 명확히 제시하여 질문 하는가? ☐ 지지적인 표현을 사용하며 진술을 촉진하고 라포를 유 지하는가?
라. 휴식	활동 개요	☐ 피해자의 피로해소 및 조사관의 쟁점확인을 위한 휴식 시간 사용 ※ 휴식 이후, '다. 단계'와 같은 방식으로 진술을 청취한다.
마. 부적절한 진술에 대한 대처방안	체크 포인트	☐ 진술이 모순되는 부분에 대해 부정하지 않고 '설명을 요 구'하였나? ☐ 진술 내용이 빈약한 경우, 규칙 재설명, 진술동기를 촉 진하였나? ☐ 피해자가 침묵할 경우, 걱정꺼리 등 원인을 탐색하여 대 응하였나? ☐ 수사와 무관한 내용을 이야기하는 경우, 화제를 다시 알 려주었나? ☐ 외워오거나 적어와서 진술하는 경우, 적어온 자료는 제 출할 수 있음을 안내하고 자유진술을 요청하였나?

사건 관련 조사단계에서는 피해상황에 대해 사건의 발단부터 사건이 종료되는 시점까지, 그리고 사건 종료 이후 경찰조사 전까지 사건과 관련되어 '있었던 일에 대한 이야기'와 그 밖의 수사상 필요한 사항을 청취하게 된다. 사건종료 이후에 있었던 일을 청취할 때에는 피해폭로의 경위, 범죄로 인하여 피해자 및 피해자 주변에 미치는 영향, 피해회복 여부를 조사하도록 한다.[35]

d. 4단계-종료

목표: 마무리도 조사의 한 단계로서 전문적으로 이행하기

4단계는 한 회차의 조사를 마무리하는 단계로서 가해자에 대한 처벌희망 여부를 확인하고, 추가진술의 기회를 제공한다. 이후 피해자조사 내용이 진술한 대로 기재되었는지 또는 사실과 다른 부분이 있는지 유무를 물어 확인하는 단계이다. 그 내용은 [표 10 – 10]과 같다.

표 10-10 「4단계-종료」 활동개요와 체크포인트

마무리	활동 개요	□ 처벌희망 여부 확인　　　□ 추가 진술 기회 제공 □ 진술조서 열람 및 확인　　□ 참여에 대한 감사 □ 귀가방법 및 신변보호 여부 확인 □ 향후 절차 안내
	체크 포인트	□ 마지막까지 피해자와 신뢰관계가 유지되고 있는가?

실무적으로 많은 경찰관들이 조사시간에 쫓겨 진술조서작성을 끝으로 조사 단계를 마무리한다. 다시 말해 4단계를 제대로 이행하지 않는다. 4단계는 피해자조사와 2차피해 방지를 위하여 형성한 신뢰관계를 확인하고, 향후 진행될 수사절차를 안내하는 활동이 포함되어야 한다. 피해자는 피해진술하는 과정에서 다시금 외상사건에 대한 고통 혹은 불편감을 재경험할 수 있다. 경찰관과의 마지막 대화주제는 외상을 경험한 과거피해시점이 아닌 현재로 돌릴 수 있도록 선정해야 한다. 그래서 피해자가 가능한 한 불편감을 안고 조사실 밖을 나가지 않도록 노력해야 한다. 조사 참여에 대한 감사를 전달하고,[36] 귀가 방법 및 향후 절차 안내 등으로 화제를 현재의

시점으로 돌려놓는 활동을 이행하기를 권한다. 피해자진술 확보를 위해 첫 단계에 정성을 기울인 것처럼 마지막 단계까지 최선을 다하기를 바란다.

생각해 볼거리

1. 피해자 중심 수사활동에 있어서 고려되어야 하는 것은 어떤 것들이 있는가?
2. 피해자가 경찰수사에 비협조적일 경우, 어떻게 개입할 것인가?
3. 물적 증거 없이 가·피해자의 상반된 진술만 있는 경우, 어떤 기준으로 사실관계를 판단할 것인가?
4. 물적 증거 없이 가·피해자의 상반된 진술만 있는 경우, 피해자조사 시 유의해야 할 사항은 무엇인가?

찾아보기

1. 영화정보
   1) 하소연(2013). 이숙경 감독

2. 인터넷링크
   1) 세계일보, 「대법, 성희롱 가해 대학교수 '해임 취소' 2심 파기 환송」 2018년 4월 13일자 (https://v.daum.net/v/20180413191309032?f=p) 2022년 9월 18일 최종 접속
   2) 연합뉴스, 「부부 동반자살 초래한 성폭행 무죄… 대법 유죄 취지 파기환송」 2018년 10월 31일자 (https://www.youtube.com/watch?v=smNrgODuALI) 2022년 9월 18일 최종 접속
   3) 법률신문, 「업무상 위력에 의한 추행죄 판단기준 첫 명시」 2020년 2월 17일자 (https://m.lawtimes.co.kr/Content/Article?serial=159239) 2022년 9월 18일 최종 접속
   4) 연합뉴스, 「'성추행 피해자답지 않다'며 가해자에 무죄… 대법 "잘못된 통념"」 2022년 9월 18일자(https://www.yna.co.kr/view/AKR20220916145100004) 2022년 10월 10일 최종 접속

붙임 자료

- 경찰수사연수원(2020-2021). 여성폭력피해자 조사기법 교육 과정, 피해자 표준 조사 모델 수행평가표

1) 헌법 제27조 제4항, 형사소송법 제275조의2.
2) 박형식 · 박호정(2014). 초동수사역량 강화방안에 관한 연구, 융합보안 논문지, vol. 14, no.6, 통권 58호, 85쪽.
3) 권순민(2021). 형사사법에서 '피해자 중심'의 의미와 법정책, 한국비교형사법학회 『비교형사법연구』 제23권 제3호. 173쪽.
4) 권순민(2021). 앞의 글. 175쪽.
5) Rome Statute of the International Criminal Court Article 68(3).
6) 이상돈(2009). 형사사법의 세 가지 지층과 피해자의 지위, 『피해자학 연구』, 제17권 제1호, 50쪽 참조.
7) 헌법 제27조 제5항, 형사소송법 제294조의2(피해자 등의 진술권), 범죄피해자 보호법 제8조(형사절차 참여 보장 등).
8) 범죄피해자 보호법 제8조(형사절차 참여 보장 등), 제8조의2(범죄피해자에 대한 정보 제공 등).
9) 박은아(2015). 성인의 대인외상화경험과 외상후 성장의 관계, 한국사회복지학, vol. 67, no.1. 264쪽(외상 성장 모델 참조).
10) Lauence Miller 저(김태경 역)(2015). 『범죄피해자 상담』, 116쪽.
11) 대법원 2018. 4. 13. 선고 2017두74702 교원소청심사위원회 결정 취소: 대학교수의 학생들에 대한 언동이 성희롱에 해당하는지 및 그에 대한 피해자 진술의 증명력을 인정할 수 있는지가 문제가 된 사건
12) 권인숙 · 이건정 · 김선영(2016). 성폭력 피해자에 대한 피해통념의 2차피해적 영향 연구, 젠더와 문화, vol.9, no.2, 49－84쪽. 참조
13) 대법원 2018. 10. 25.자 선고 2018도7709 판결[강간, 특수상해, 상해, 특수협박, 협박, 폭행] 등: 피해자 진술의 신빙성 판단이 문제가 된 사건
14) 서울중앙지방법원, 2020. 1. 8. 선고 2019고합749, 2019보고31(병합) 성폭력범죄처벌등에관한특례법위반(업무상위력등에의한추행): 피해자의 동의 여부 판단기준을 처음으로 제시한 사건
15) 대법원 2021. 2. 25. 선고 2016도4404, 2016전도49 성폭력범죄의처벌등에관한특례법(장애인강간등) 판결을 재구성한 것임.
16) 범죄피해자 보호법 제9조, 특정범죄신고자등보호법 제13조 · 제13조의2, 특정강력범죄의처벌등에관한특례법 제7조, 성폭력범죄의 처벌 등에 관한 특례법 제23조, 성매매알선 등 행위의 처벌에 관한 법률 제6조, 가정폭력범죄의 처벌등에 관한 특례법 제55조의2
17) 대법원 1998. 5. 26. 선고 1998다11635 손해배상(기) 판결: 피해자로부터 범죄신고와 함께 신변보호요청을 받은 경찰관의 보호의무 위반을 인정한 사례
18) 범죄신고자법 제7조, 성폭력처벌법 제23조, 성매매처벌법 제6조, 범죄수사규칙 제176조.
19) 범죄신고자법 제17조 제1항, 제8조(인적사항 공개 금지).
20) 성폭력범죄의 수사 및 피해자 보호에 관한 규칙(경찰청 훈령 제996호) 제14조(권리고지), 경찰청(2022). 범죄피해자 보호 · 지원 매뉴얼.
21) 형사소송법 제163조의2, 성폭력처벌법 제34조, 청소년성보호법 제28조, 아동학대처벌법

제17조, 성매매처벌법 제8조, 장애인복지법 제59조의8, 발달장애인권리보장및지원에관한
법률(이하 발달장애인법) 제12조.

22) 성폭력처벌법 제27조, 청소년성보호법 제30조, 아동학대처벌법 제17조, 장애인복지법 제
59조의15.

23) 인신매매등방지 및 피해자보호 등에 관한 법률 제16조.

24) 성폭력처벌법 36조, 아동학대처벌법 제17조, 장애인복지법 제59조의16.

25) 장애인복지법 제59조의8, 발달장애인법 제12조.

26) 성폭력처벌법 제30조, 청소년성보호법 제26조, 아동학대처벌법 제17조.

27) 형사소송법 제317조(진술의 임의성) ① 피고인 또는 피고인 아닌 자의 진술이 임의로 된
것이 아닌 것은 증거로 할 수 없다. ② 전항의 서류는 그 작성 또는 내용인 진술이 되었
다는 것이 증명된 것이 아니면 증거로 할 수 없다.

28) 형사소송법 제312조 제4항.

29) 성폭력처벌법 제30조, 청소년성보호법 제27조, 아동학대처벌법 제17조.

30) 경찰청(2018). 성폭력피해자 표준 조사 모델. 72 − 85쪽 참조.

31) 영국, Ministry of Jusice(2011), Achieving Best Evidence in Criminal Proceedings − G
uidance on interviewing victims and witnesses, and guidance on using special measures

32) 1.「피해자 중심 수사」활동은 수사공정성과 상충하는 개념인가. 256쪽 내용에서 활동 의
미를 참조할 것.

33) 3. 피해자 중심 수사활동 − 2)형사절차 참여권 보장 − ② 수사 진행상황 안내 266쪽 내용
에서 활동의 의미를 참조할 것.

34) 이와 같은 형태의 질문을 '짝짓기 질문'이라고 한다. [표 10 − 6] 질문의 기본 유형 참고하
기 바란다.

35) 범죄수사규칙 제72조(피의자 아닌 사람에 대한 조사사항) 경찰관은 피의자 아닌 사람을
조사하는 경우에는 특별한 사정이 없는 한 다음 각 호의 사항에 유의하여「경찰수사규칙」
제39조제2항의 진술조서를 작성하여야 한다.
1. 피해자의 피해상황, 2. 범죄로 인하여 피해자 및 사회에 미치는 영향, 3. 피해회복의 여
부, 4. 처벌희망의 여부, 5. 피의자와의 관계, 6. 그 밖의 수사상 필요한 사항

36) 피해자가 진술을 거부하거나 회피하더라도 조사 참여한 것 자체에 대한 감사를 전달한다.

피해자 표준조사 모델 실습수행 평가표

실습자: _____

o: 수행 X: 미수행 n/a: 해당없음

○ 1단계 조사 계획: 피해자·가해자·사건과 관련된 정보 수집 후, 조사 계획 수립 및 이행 준비		O	X	N
조사준비와 계획	별도 평가			

면담 시작 시각: _____

○ 2단계 조사 도입: 피해자와의 신뢰관계(Rapport) 형성			O	X	N
가. 바람직한 첫인상	구조 이행	□ 피해자와 첫대면			
		□ 좌석 안내			
		□ 피해자 본인 확인			
		□ 조사관 소개			
		□ 호칭 정리			
		□ 라포형성(심리적 안정 도모)			
	면담의 질	□ 라포형성을 위한 화제 선정이 적절하였나?			
		□ 수사관이 선정한 주제에 맞게 피해자의 진술량이 증가하고 있는가?			
		□ 피해자와 대화하는 수사관의 태도(언어적, 비언어적 요소)가 적절한가?			
나. 사전설명	구조 이행	□ 조사 목적 설명			
		□ 조사 시간 등 일정 안내			
		□ 휴식 및 불편 등에 대한 안내			
	면담의 질	□ 피해자가 이해할 수 있도록 설명하였나?			
		□ 언급되지 않은 사건 관련 정보를 제공하고 있나? (감점)			
다. 권리고지 안내	구조 이행	□ 국선변호인 □ 영상녹화 □ 신뢰관계인 동석 □ 가명조서 □ 2차피해 안내문 □ 여성경찰관 □ 신변보호 □ 사건처리 진행상황 통지	해당있음 좌측체크		
	면담의 질	□ 피해자가 이해할 수 있도록 설명하였나? (권리 내용 중 1개 선정하여 설명요구하고 이에 답변할 수 있는지 체크)			

2단계 마친 시각: _____

○ 3단계 조사 단계: 본 면담 상황에서 2차피해 방지 및 증거로서의 진술을 청취하기			O	X	N
가. 조사 개시	구조 이행	영상녹화 시 고지해야 할 내용을 이행하였나? ☐ 영상녹화 사실 ☐ 조사개시 시간 ☐ 조사 참여자			해당있음 좌측체크
		면담 규칙을 설명하였나? ☐ 빠짐없이 모두 말하기 ☐ 사실대로 말하기 ☐ 모른다·기억나지 않는다 말하기(추측해서 말하지 않기) ☐ 수정해 주기			
		반복 질문, 불편 질문의 가능성·그 이유·대응법에 대해 설명하였나? ☐ 사건과 무관한 '중립적 화제'로 진술연습을 하였나? (생략 가능) ☐ 제출한 서류를 확인하였나?			
	면담의 질	☐ 피해자가 침묵하거나 진술방법을 모를 때 적절하게 대응하였나? ('어떻게 말해야 할지 모르겠어요' 질문하고 대응하는지 체크)			
나. 최초 진술	구조 이행	☐ 개방형 질문을 사용하여 최초 발화를 촉진하였나?			
	면담의 질	☐ 피해자의 개방형 답변 중에 다른 질문 등을 하여 답변을 끊었나? (감점)			
다. 세부정보 수집	구조 이행	☐ 피해자의 최초 발화 후, 개방형 질문을 사용하여 덩이진술을 확보하 였나? ⓐ 후속진술 권유 ⓑ 시간분할형 진술 권유 ⓒ 단서제시형 진술 권유			
		☐ 피해자가 언급한 내용 관련, 질문유형을 사용하여 진술을 촉진하였 나? ⓐ 개방형질문 ⓑ 구체적 질문 + 개방형 짝짓기 ⓒ 폐쇄형 질문 + 개 방형 짝짓기			
		☐ 피해자가 언급하지 않은 내용 관련, 질문유형을 사용하여 진술을 촉 진하였나? ⓐ 구체적 질문 + 개방형 짝짓기 ⓑ 폐쇄형 질문 + 개방형 짝짓기			
	면담의 질	☐ 사건의 쟁점을 파악하여 질문하는가? ☐ 지지적인 코멘트로 진술을 촉진하는가?			
라. 휴식	구조 이해	☐ 피해자의 피로해소 및 조사관의 쟁점확인을 위한 휴식시간 사용			
마. 부적절한 진술에 대한 대처방안	면담의 질	☐ 진술이 모순되는 부분을 초점화 하여 '설명요구'하였나? ☐ 진술 내용이 빈약한 경우, 규칙 재설명, 진술동기 촉진하였나? ☐ 피해자가 침묵할 경우, 원인을 탐색하여 대응하였나? ☐ 수사와 무관한 내용을 이야기하는 경우, 주제환기하였나? ☐ 외워오거나 적어와서 진술하는 경우, 자유진술 유도하였나?			

3단계 마친 시각:

○ 4단계 종료단계: 마무리도 조사의 한 단계로서 전문적으로 이행하기			O	X	N
마무리	구조 이해	☐ 처벌 희망 여부 ☐ 추가 질문 기회 제공 ☐ 진술조서 열람 및 확인 ☐ 참여에 대한 감사 ☐ 귀가방법 및 신변보호 여부 확인 ☐ 향후 절차 안내			해당있음 좌측체크
	면담의 질	☐ 마지막까지 피해자와 신뢰관계가 유지되고 있는가?			

4단계 마친 시각: 총 면담 시간:

○ 피드백 종합 의견

찾아보기

저자약력

한민경
전) 한국형사·법무정책연구원 부연구위원
현) 경찰대학 행정학과 교수

고병진
전) 경찰청 여성안전기획과
현) 국방부 성폭력예방대응담당

곽미경
현) 경찰인재개발원 인권리더십교육센터 성평등교육담당 교수요원

김세령
현) 경찰인재개발원 자치경찰교육센터 2차피해 예방담당 교수요원

김향화
전) 광주해바라기센터 부소장
전) 경찰인재개발원 성평등정책담당

양지윤
전) 서울대학교 여성연구소 연구원
전) 경찰대학 성평등정책담당

이동희
전) 경찰수사연수원 여성청소년범죄수사학과장
현) 대전경찰청 사이버수사기획계장

이정원
전) 경찰인재개발원 자치경찰교육센터 피해자위기개입과정담당 교수요원
현) 법무법인 헌원 변호사

조주은
전) 국회입법조사처 입법조사관
전) 여성가족부 장관정책보좌관
현) 경찰청 여성청소년안전기획관

최윤희견
전) 대구경찰청 성평등정책담당
현) 대구여성회 위기청소년교육센터 팀장

젠더와 경찰활동

초판발행	2023년 2월 25일
지은이	한민경 외 9인 공저
펴낸이	안종만·안상준
편 집	장유나
기획/마케팅	정연환
표지디자인	BEN STORY
제 작	고철민·조영환

펴낸곳　　　(주) **박영사**
　　　　　서울특별시 금천구 가산디지털2로 53, 210호(가산동, 한라시그마밸리)
　　　　　등록 1959. 3. 11. 제300-1959-1호(倫)

전 화	02)733-6771
f a x	02)736-4818
e-mail	pys@pybook.co.kr
homepage	www.pybook.co.kr
ISBN	979-11-303-1700-7　93350

정 가　　　19,000원